商务礼仪
实用教程

王　燕　李聪聪　李文婷　主编

山东科学技术出版社

图书在版编目（CIP）数据

商务礼仪实用教程 / 王燕，李聪聪，李文婷主编. — 济南：山东科学技术出版社，2021.2
ISBN 978-7-5723-0815-4

Ⅰ.①商… Ⅱ.①王… ②李… ③李… Ⅲ.①商务—礼仪—教材 Ⅳ.①F718

中国版本图书馆CIP数据核字（2021）第020114号

商务礼仪实用教程

SHANGWU LIYI SHIYONG JIAOCHENG

责任编辑：孙雅臻
装帧设计：孙　佳

主管单位：	山东出版传媒股份有限公司
出 版 者：	山东科学技术出版社
	地址：济南市市中区英雄山路189号
	邮编：250002　电话：（0531）82098088
	网址：www.lkj.com.cn
	电子邮件：sdkj@sdcbcm.com
发 行 者：	山东科学技术出版社
	地址：济南市市中区英雄山路189号
	邮编：250002　电话：（0531）82098071
印 刷 者：	济南普林达印务有限公司
	地址：山东省济南市市中区二环西路12340号西车间
	邮编：250001　电话：（0531）82904672

规格：16开（184mm×260mm）
印张：19.75　　字数：370千　　印数：1~3000
版次：2021年2月第1版　2021年2月第1次印刷
定价：46.00元

《商务礼仪实用教程》编委会成员名单

主　编　王　燕　李聪聪　李文婷

副主编　王燕燕　李忠华　邢伟凤　李玮玮　王丽梅
　　　　　张　俊　王飞飞

编　者　林泽慧　张琼玉　李　蕊　孙雪姣　刘子淇
　　　　　李浩华　唐园园

前言 FOREWORD

商务礼仪是人们在商务活动中，用以维护企业形象或个人形象，对交往对象表示尊重和友好的行为规范和惯例。在商务活动中，商务礼仪不仅有助于塑造良好的职业形象，而且还是人际关系的"润滑剂"、企业利润无形的创造者。所以，商务礼仪具有很强的规范性和可操作性，在商务活动中发挥着越来越重要的作用。

本书编者在编写过程中借鉴了国内外礼仪学领域的诸多著作，从中汲取了智慧与经验，同时结合编者近二十年商务礼仪课程的一线教学经验编写而成。本书具有如下特点。

一、理论框架体系的构建科学合理

本书着力于实际商务活动中需要掌握的知识要点，根据商务礼仪课程的特点构建知识体系，内容突出，逻辑性强。

二、企业案例运用翔实生动可靠

本书在编写时，注重收集企业实际工作中的案例，具有很强的实用性、可操作性，能够帮助读者快速提升商务礼仪修养。在本书编写过程中，编者多次征询企业资深高管，在内容中增设诸多礼仪细节，紧贴工作、生活实际，详细而实用。

三、强化胜任力的目标导向，注重教学实效

本书编写内容结合人际交往学、公共关系学、服务心理学及个人情商提升等相关内容，目的是使学生知其然，也知其所以然，融会贯通。同时，增强学生学习和实践课程的自觉性、主动性和积极性，助力塑造仪表有风度、举止有节制、说话有尺度、交往有分寸、重细节、有格局的成功商务人士。

本书是烟台理工学院商务礼仪课程建设的成果。由王燕、李聪聪、李文婷任主编，王燕燕、李忠华、李玮玮、王丽梅、邢伟凤、张俊、王飞飞任副主编，林泽慧、张琼玉、李蕊、孙雪姣、刘子淇、李浩华、唐园园等人员参与编写，书中仪态图片由烟台工贸技术学院空乘专业师生协助拍摄并提供，作为一名礼仪文化的传承者和传播者，在本书的编写过程中，我们一直秉承严谨、负责、认真的工作态度，但限于编者自身水平和能力有限，书中难免存有疏漏甚至错误之处，恳请同行及读者能够加以批评指正。

知礼、懂礼、明礼、用礼，我们一直努力在路上！

编　者

2020年11月

目录 CONTENTS

第一章 商务礼仪概述 ··· 001
    关键词 ·· 001
    第一节 礼仪的基本概念 ··· 002
        一、礼仪的概念 ·· 002
        二、礼仪的特点 ·· 003
        三、礼仪的作用 ·· 005
    第二节 礼仪的历史沿革 ··· 007
        一、礼仪的演变 ·· 007
        二、现代礼仪 ·· 009
    第三节 商务礼仪 ··· 010
        一、商务礼仪的内涵 ··· 010
        二、商务礼仪的原则 ··· 010
    本章小结 ·· 012
    练习题 ·· 013
    思考题 ·· 013
    小组活动 ·· 014
    案例分析 ·· 014

第二章 仪容礼仪 ··· 015
    关键词 ·· 015

第一节　仪容的基本概念 …… 016
　　一、仪容的概念 …… 016
　　二、仪容美的基本要求 …… 017
第二节　仪容的美化修饰 …… 018
　　一、美发的礼仪 …… 018
　　二、面容的美化 …… 021
　　三、其他仪容的美化 …… 023
　　四、香水的使用 …… 023
本章小结 …… 026
练习题 …… 026
思考题 …… 027
小组活动 …… 027
案例分析 …… 027

第三章　仪表礼仪 …… 028
关键词 …… 028
第一节　仪表礼仪概述 …… 029
　　一、仪表的原则 …… 029
　　二、仪表的注意事项 …… 030
第二节　西装礼仪 …… 032
　　一、西装的起源 …… 032
　　二、西装的穿法 …… 032
　　三、西装的搭配 …… 035
第三节　女士职业装礼仪 …… 040
　　一、职业女性套裙 …… 040
　　二、职业女性着装禁忌 …… 041
第四节　服装配饰礼仪 …… 043
　　一、配饰的使用原则 …… 044
　　二、佩戴饰品需要注意的问题 …… 044
　　三、常见饰物的佩戴 …… 045
本章小结 …… 048
练习题 …… 048

思考题 ·· 049
　　小组活动 ·· 050
　　案例分析 ·· 050

第四章　仪态礼仪 ·· 053

　　关键词 ·· 053
　第一节　仪态的基本概念 ·· 054
　　一、仪态的概念 ·· 054
　　二、仪态的功能 ·· 055
　第二节　仪态礼仪要求 ·· 055
　　一、站姿礼仪 ·· 055
　　二、坐姿礼仪 ·· 058
　　三、走姿礼仪 ·· 062
　　四、蹲姿礼仪 ·· 065
　第三节　手势礼仪 ·· 067
　　一、手势的类型 ·· 067
　　二、商务交往中的常用手势 ·· 068
　　三、手势使用的注意事项 ·· 069
　第四节　面部表情礼仪 ·· 071
　　一、眼神的运用 ·· 072
　　二、微笑的运用 ·· 074
　本章小结 ·· 076
　练习题 ·· 077
　思考题 ·· 078
　小组活动 ·· 078
　案例分析 ·· 078

第五章　商务会面礼仪 ·· 079

　　关键词 ·· 079
　第一节　称呼礼仪 ·· 080
　　一、称呼的功能 ·· 080
　　二、称呼的分类 ·· 082

三、称呼的禁忌 …………………………………………………………… 086

　　四、涉外称呼 ……………………………………………………………… 087

　第二节　问候礼仪 …………………………………………………………… 088

　　一、握手礼 ………………………………………………………………… 088

　　二、拱手礼 ………………………………………………………………… 091

　　三、鞠躬礼 ………………………………………………………………… 092

　　四、亲吻礼 ………………………………………………………………… 093

　　五、拥抱礼 ………………………………………………………………… 094

　　六、合十礼 ………………………………………………………………… 095

　第三节　介绍礼仪 …………………………………………………………… 096

　　一、介绍的类型 …………………………………………………………… 096

　　二、自我介绍 ……………………………………………………………… 096

　　三、为他人介绍 …………………………………………………………… 099

　　四、集体介绍 ……………………………………………………………… 100

　第四节　名片礼仪 …………………………………………………………… 101

　　一、名片的起源 …………………………………………………………… 102

　　二、名片的功能 …………………………………………………………… 102

　　三、名片的制作 …………………………………………………………… 103

　　四、名片的交换 …………………………………………………………… 104

　　五、名片使用的注意事项 ………………………………………………… 105

　本章小结 ……………………………………………………………………… 106

　练习题 ………………………………………………………………………… 106

　思考题 ………………………………………………………………………… 107

　小组活动 ……………………………………………………………………… 108

　案例分析 ……………………………………………………………………… 108

第六章　商务活动礼仪 …………………………………………………… 109

　关键词 ………………………………………………………………………… 109

　第一节　接待礼仪 …………………………………………………………… 110

　　一、接待的原则 …………………………………………………………… 110

　　二、接待的种类 …………………………………………………………… 111

　　三、准备礼仪 ……………………………………………………………… 111

四、迎宾礼仪 ·· 114
　　五、引导礼仪 ·· 115
　　六、招待礼仪 ·· 116
　　七、送客礼仪 ·· 117
　第二节　拜访礼仪 ·· 118
　　一、拜访前的准备工作 ······································ 118
　　二、拜访过程 ·· 119
　　三、拜访后的礼仪 ·· 122
　第三节　商务洽谈礼仪 ·· 123
　　一、洽谈礼仪的基本原则 ···································· 123
　　二、洽谈准备阶段的礼仪要求 ································ 124
　　三、洽谈过程中的礼仪 ······································ 126
　　四、签字仪式中的礼仪 ······································ 128
　　五、结束谈判时的礼仪 ······································ 129
　第四节　舞会礼仪 ·· 130
　　一、舞会的形式 ·· 130
　　二、舞会参加人员仪容仪表要求 ······························ 132
　　三、组织舞会的礼仪 ·· 133
　　四、参加舞会的礼仪 ·· 134
　本章小结 ·· 138
　练习题 ·· 139
　思考题 ·· 140
　小组活动 ·· 141
　案例分析 ·· 141

第七章　商务交流礼仪 ·· 142

　关键词 ·· 142
　第一节　交谈礼仪 ·· 143
　　一、交谈原则 ·· 143
　　二、交谈的语言技巧 ·· 144
　　三、话题的选择 ·· 147
　　四、交谈声音技巧 ·· 149

第二节　电话礼仪 ·· 150
　　一、接打电话的基本礼仪 ································· 150
　　二、移动电话礼仪 ··· 153
第三节　演讲礼仪 ·· 156
　　一、演讲内涵概述 ··· 156
　　二、演讲技巧 ·· 157
　　三、非语言技巧 ··· 159
　　四、辅助设备 ·· 160
第四节　非语言交流 ··· 161
　　一、空间距离 ·· 161
　　二、倾听 ··· 163
本章小结 ·· 170
练习题 ·· 170
思考题 ·· 172
小组活动 ··· 172
案例分析 ··· 172

第八章　商务仪式礼仪 ·· 173

关键词 ··· 173
第一节　签约仪式礼仪 ·· 174
　　一、准备工作 ·· 174
　　二、签约程序 ·· 177
第二节　开业仪式礼仪 ·· 178
　　一、准备工作 ·· 179
　　二、开业程序 ·· 181
　　三、开业仪式的类型 ······································ 182
第三节　剪彩仪式礼仪 ·· 185
　　一、准备工作 ·· 186
　　二、参加人员的要求 ······································ 187
　　三、剪彩过程 ·· 188
第四节　交接仪式礼仪 ·· 190
　　一、准备工作 ·· 190

二、参加人员的要求 191
　　三、交接程序 192
　第五节　庆典仪式礼仪 193
　　一、庆典仪式的类型 194
　　二、准备工作 194
　　三、参加人员的要求 195
　　四、庆典程序 196
　本章小结 197
　练习题 198
　思考题 198
　小组活动 199
　案例分析 199

第九章　商务馈赠礼仪 200

　关键词 200
　第一节　概述 201
　　一、馈赠的含义 201
　　二、馈赠礼仪六要素 201
　　三、商务礼品馈赠的原则 203
　第二节　受赠予拒收礼仪 206
　　一、礼物的接受 206
　　二、礼物的拒收 207
　第三节　国际商务馈赠 209
　　一、国际商务馈赠注意事项 209
　　二、不同国家的馈赠礼仪 209
　　三、不同国家馈赠的具体操作 211
　本章小结 213
　练习题 213
　思考题 214
　小组活动 214
　案例分析 214

第十章　商务宴请礼仪　216

关键词　216

第一节　宴请的形式　217
一、宴会　217
二、招待会　219
三、茶会　220
四、工作餐　220

第二节　宴请活动组织礼仪　222
一、制订宴请计划　222
二、宴请的邀请　223
三、菜单与酒水拟订　224
四、宴请场地布置　226

第三节　赴宴的礼仪　227
一、应邀　228
二、备礼　228
三、修饰　228
四、赴宴时间　228
五、抵达　228
六、入座　229
七、席间　229
八、结束　232

第四节　中餐宴请礼仪　233
一、中餐宴请桌次与座次的安排　233
二、餐具的使用礼仪　236
三、中餐礼仪　239

第五节　西餐宴请礼仪　241
一、西餐宴请座次安排　241
二、西餐餐具的使用　243
三、西餐礼仪　245

本章小结　250
练习题　250

思考题	252
小组活动	252
案例分析	252

第十一章　商务求职礼仪 253

　关键词 253

　第一节　求职前的礼仪 254

　　一、审视自己与分析形势 254

　　二、离开原单位前应做的准备 256

　　三、求职信与求职简历写作 257

　　四、服饰形象的选择 262

　第二节　求职中的礼仪 264

　　一、面试中礼仪的要求 265

　　二、面试中回答提问的技巧 266

　第三节　求职后的礼仪 270

　　一、感谢 270

　　二、忌过早打探结果 270

　　三、收拾心情 271

　　四、适时查询结果 271

　　五、做好再次冲刺的思想准备 271

　本章小结 271

　练习题 272

　思考题 273

　小组活动 273

　案例分析 273

第十二章　涉外商务礼仪 274

　关键词 274

　第一节　涉外商务礼仪的基本原则 275

　　一、涉外商务礼仪的概念 275

　　二、涉外商务礼仪的基本原则 275

第二节　世界主要国家的礼俗概述 ·· 280
　　一、亚洲主要国家的礼俗 ·· 280
　　二、欧洲、美洲主要国家的礼俗 ··· 284
　　三、大洋洲主要国家的礼俗与禁忌 ·· 291
本章小结 ··· 296
练习题 ··· 297
思考题 ··· 297
小组活动 ··· 298
案例分析 ··· 298

参考文献 ·· 299

第一章　商务礼仪概述

学习目标

- 熟记礼仪及商务礼仪的概念
- 掌握礼仪和商务礼仪的特点、作用及原则
- 理解商务礼仪在人际交往中的运用
- 了解礼仪的历史沿革

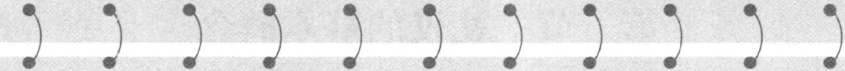

关键词

礼仪　礼貌　仪表　仪式　商务礼仪　历史沿革

引导案例

玉帛成干戈

公元前592年,当时的齐国国君齐顷公在朝堂上接见来自晋国、鲁国、卫国和曹国的使臣,各国使臣带来了墨玉、币帛等贵重礼品献给齐顷公。献礼的时候,齐顷公向下一看,只见晋国的亚卿郤克是个独眼人,鲁国的上卿季孙行父是个秃头,卫国的上卿孙良夫是个瘸子,曹国的大夫公子首是个驼背,齐顷公不禁暗自发笑:怎么四国的使臣都是如此。

当晚,齐顷公见到自己的母亲萧太夫人,便把白天看到的四个人当笑话说给萧太夫人听。萧太夫人一听便乐了,执意要亲眼见识一下。正好第二天是齐顷公设宴招待各国使臣的日子,于是便答应了萧太夫人的要求,让萧太夫人届时躲在帷帐的后面观看。第二天,齐顷公特地挑选了四个人招待这四国使臣。接待独眼人郤克的也是一个盲子,接待秃头季孙行父的也是一个秃子,接待瘸子孙良夫的也是一个瘸子,接待

驼背公子首的也是一个驼背。萧太夫人瞧见独眼、秃子、瘸子、驼背成双成对地走过来，不禁捧腹大笑，她的随从也个个笑得前仰后合。笑声惊动了四国使臣，当他们弄明白原来是齐顷公为了让母亲开心，特意做了这样的安排时，个个怒不可遏，不辞而别。四国使臣约定各自回国请兵伐齐。四年后，晋、鲁、卫和曹四国联合起来讨伐齐国，齐国大败，齐顷公只得讲和。

> **案例分析**
>
> 荀子曰："人无礼则不生，事无礼则不成，国无礼则不宁"。礼仪是一种品德的表现，良好的礼仪可以达到事半功倍的效果，糟糕的礼仪则可能会惹祸上身。齐顷公作为一国之君，居然没有对各国使臣表现出应有的礼仪风范，必然会惹怒众人，最终带来兵燹之灾。因此，大到国家，小到个人，都需加强礼仪学习，让礼仪之风绽放光彩。

第一节 礼仪的基本概念

一、礼仪的概念

中国是举世公认的"礼仪之邦"，中国的礼仪，充分展现了中国文化的特色。《礼记·冠义》载："礼仪之始，在于正容体，齐颜色，顺辞令"。从古人的这句话中可以看出，礼仪的肇始在于举动的得体、态度的端正和言谈的恭顺，它不但包含人的外在表现，而且体现了人的内涵。

广义的礼仪是指人们在社会交往活动中，为了相互尊重，在仪容、仪表、仪态、仪式、言谈举止等方面约定俗成的，共同认可的行为规范。礼仪是对礼貌、礼节、仪表和仪式的统称。

（一）礼貌

礼貌，一般是指人们在人际交往中，通过言语、动作向交往对象表达尊重和友好的行为规范，是文明行为的最基本要求。在日常生活中，人与人之间难免会产生各种矛盾，而礼貌则是化解矛盾的一剂良药，优雅的举止、谦逊的态度、得体的言谈都会让尴尬的局面瞬间缓和；反之，粗鲁的行为、高傲的态度、轻蔑的言行则会加速人际关系的破裂。

礼貌有两种表现形式，一是礼貌行为，二是礼貌语言。礼貌行为是一种无声的表现，往往体现在穿衣打扮和行为举止上，给人以外在的感受；礼貌语言则是有声的表现，通过具体的言辞和音调表现自己，给人以有礼貌的感受。

（二）礼节

礼节是礼仪的惯用形式，具体指人们在社会交往过程中，表示致意、问候、祝愿以及给予必要的协助和照料时所惯用的形式。

礼节与礼貌息息相关，礼节的得体与否往往体现了一个人的礼貌程度。礼节既是礼貌的具体表现形式，同时也是一个人内在品质的外化。例如，一个有礼貌的学生，在路上遇到老师或长辈时，往往能够主动上前亲切地打招呼。这种礼节体现了其礼貌的程度，同时也是其尊重师长的内在品质的外化。

不同地域的礼节往往存在一定的差异，但是，无论礼节的外在形式如何演变，只要人们怀有一颗真挚的心，对方一定可以通过其礼节感受得到他的修养。

（三）仪表

仪表是指一个人的外表，它是一个人总体形象的统称，包括人的容貌、姿态、举止、风度、服饰等。在生活中，人们的仪表非常重要，它反映出一个人的精神状态和礼仪素养，是一个人形象的重要组成部分。

在日常交往的过程中，仪表往往会给人以直观的感受，对一个人在他人心中形成的第一印象有极大的作用。如果一个人邋里邋遢、举止怪异，容易让人产生不好的印象，会被别人认为是不尊重他人的表现，是无礼的行为；反之，如果一个人衣冠整洁、行为规范，往往容易被人接受。

（四）仪式

仪式是指在一定场合举行的具有专门程序化、规范化的活动。

仪式是随着群体互动的增加而产生的，只有仪式规范的存在，人与人之间的互动才能良好展开，仪式的形式有庆典仪式、结婚仪式、剪彩仪式等。每一种仪式都有其具体的程序与形式，能够使参与者有章可循。

二、礼仪的特点

（一）国际性

礼仪作为一种文化现象，是全人类的共同财富。全人类对礼仪的需要是共同的，不论哪个国家、哪个民族，都以讲究礼仪为荣，以不讲究礼仪为耻。随着全球化进程的加快，许多礼仪观念和礼仪规范也已经跨越国家和民族的界限，成为多数国家共同遵循的"国际礼仪"，如微笑礼、握手礼、鞠躬礼等。一般而言，社会的文明程度越高，其成员遵守礼仪的共同性就越强，趋同趋简是礼仪发展的大势。

（二）传统性

礼仪是在社会生活中形成的，因此，礼仪属于当地文化特色的一种体现，也是当地人民智慧结晶的展示。我国的礼仪文化从产生至今，历经了几千年的传承。传统礼仪已经根植于人们的心中，形成了一定的思维观念和价值标准，指导着人们的日常行为，并已经成为社会文化的一部分。

随着时间的推移，礼仪也在不断地变化。但无论如何，传统礼仪不可抛弃，现代礼仪必须根植于传统礼仪这块沃土之上，才能长盛不衰。

知识链接

传统"五礼"，你知道吗？

中国传统上有"礼经三百，威仪三千"之说。这些礼仪，总体上分为吉礼、凶礼、军礼、宾礼和嘉礼五种。

吉礼：是指五礼之冠，主要是对天神、地祇、人鬼的祭祀典礼。

凶礼：是指哀悯、吊唁、忧患之礼。

军礼：是指师旅操演、征伐之礼。

宾礼：是指接待宾客之礼，包括人际交往礼仪和国家之间交往的礼仪。

嘉礼：是和合人际关系、沟通、联络感情的礼仪。嘉是善的意思，嘉礼就是按照人们心中美好的向往所制定的礼仪。嘉礼是与我们的日常生活关系最为紧密的礼仪类型。

（三）差异性

礼仪是根植于某一种文化的，因此必然受到当地文化的影响。同一礼仪在不同时间、不同地点或不同情境下将会出现一定的差异性。如我国传统的拱手礼、跪拜礼在西方就很罕见，而西方某些国家流行的拥抱礼、亲吻礼在我国就较少使用。中国人在见面时多行点头礼或握手礼，而日本人在见面时互行鞠躬礼，鞠躬的深度直接与对方受尊敬的程度有关。另一方面，同一礼仪形式在不同的民族中可能代表不同的意义。国际通行以点头表示肯定，摇头表示否定，而在尼泊尔则恰恰相反；欧美人普遍忌讳"13"这个数字，中国则无此忌；在美国，子女直呼父母的名字是很常见的，这在中国则是极其无礼的表现，是不礼貌的。

礼仪的差异性要求我们学习不同国家、不同民族和地区的礼仪风俗习惯，以防在国际交往中因为不懂异地习俗而出现差错，影响交流。

（四）时代性

一个国家、一个民族的礼仪一旦形成，通常会长时期地为后人沿袭，从而形成千差万别的礼仪形式。但礼仪规范也不是一成不变的，而是继承传统的同时不断与时俱进，具有明显的时代特征。

当今社会，各国的礼仪习惯有相互影响、相互融合的趋势，如中国传统婚礼中以红色象征喜庆，白色只用于葬礼上；而在现代中国，象征纯洁的白色婚纱正越来越普遍地被接受。随着社会经济的不断发展、人际交往的日益频繁，礼仪已经渗透到了社会生活的各个方面，所以，我们要相互了解，相互尊重，求同存异，与时俱进。

（五）规范性

礼仪即社会行为的规范，对人们的言行有着广泛的约束力。虽然各地文化存在差异，但是礼仪可以作为一种通用的语言，使人们的社会交往更加顺畅；同时礼仪也可以作为一种衡量手段，判断他人的言行是否得体。如果一个人能够按照公认的礼仪来行事，那他将会被视为是彬彬有礼的人；反之，他可能会被他人排斥。

礼仪对言行的规范性是在社会生活中约定俗成的。但是，它并不像法律那样具有强有力的约束性，也不像道德那样具有绝对的严肃性。它的推行更多的是依赖人们的自觉性。

三、礼仪的作用

礼仪是人类社会文明发展的产物，是人们社会活动的行为准则。加强礼仪教育，对于提高自身的修养和素质，塑造良好形象，扩大社会交往，促进社会主义精神文明建设，都具有十分重要的作用。礼仪的作用主要表现在以下几个方面：

（一）传承文化，彰显历史

中华民族，素以礼仪之邦著称于世。几千年来，各族人民都创造了一整套独具特色的礼节、仪式、习俗、节令、规章和典制等，并为广大人民所喜爱、所沿袭，这些礼仪习俗，反映了我国民族的传统美德与优良品质，勾画了我国民族的历史风貌。

中国是世界四大文明古国之一，礼仪文化源远流长。我国古代思想家、教育家们十分重视"礼"的教育，把它看作适合当时社会的道德和伦理规范。早在两千多年以前，先人们就对礼仪的作用做过许多重要的论述。孔子就曾指出："不学礼，无以立"，"道之以德，齐之以礼，有耻且格"。另一思想家荀子也指出："人无礼则不立，事无礼则不成，国无礼则不宁"。在我国的历史上还流传着许多讲究礼仪的佳话。比如"张良纳履"（尊老敬贤）、"程门立雪"（尊敬老师）、"管鲍之交"（交友之道）、"三顾茅庐"（待人以诚），这些故事脍炙人口，妇孺皆知，对今人仍有很大的教育意义。

可见，讲究礼仪，按照礼仪要求规范我们的行为，有利于营造相互理解、信任、关心和友爱的良好社会氛围，有利于社会秩序的稳定和融洽，有利于促进社会主义精神文明建设，同时对继承我国礼仪传统，弘扬我国优良的礼仪风范，具有十分重要的作用。

（二）提高素质，文明修身

在人际交往中，礼仪往往是衡量一个人文明程度的准绳，它不仅反映着一个人的交际技巧与应变能力，而且还反映着一个人的气质风度、阅历见识、道德情操、精神风貌。因此，在这个意义上，完全可以说礼仪即教养，而有道德才能高尚，有教养才能文明。也就是说，通过一个人对礼仪运用的程度，可以察知其教养的高低、文明的程度和道德的水准。

（三）塑造形象，协调关系

形象的主要构成部分包括一个人的音容笑貌、言行举止、着装打扮以及气质修养，人的外表形象在社会交际中发挥着重要的作用。形象的重要性在人际交往中显得尤为重要，特别在一些特殊场合，如面试场合，应聘者如果因注重个人形象给考官留下良好印象，就容易获得心仪的工作，但也有不少人虽然有能力但因为忽略个人形象细节而得不到考官的青睐，从而与好的工作机会失之交臂。

（四）加强交流，沟通合作

马克思说过："社会是人们交往作用的产物"。没有社交活动，人类的生活是不可想象的。人们参加社交活动，多为调节紧张的生活，建立友谊、交流感情、融洽关系、广结良友、增长见识、获取信息。现代化的社会对人们的社交提出了新的要求，社会越发展，物质生活越丰富，人们社交的需要就会越显示出它的价值，而处在社交活动中的每个人的仪表、仪态及对礼仪知识的了解也变得极其重要。一个人只要同其他人打交道，就不能不讲礼仪。运用礼仪，除了可以使个人在交际活动中充满自信、胸有成竹、处变不惊之外，其最大的好处就在于，它能够帮助人们规范彼此的交际活动，更好地向交往对象表达自己的尊重、敬佩、友好与善意，增进大家彼此之间的了解与信任。

礼仪与礼貌，用现代人的眼光看，它是一种信息传递，它可以以闪电般的速度把你的尊重之情准确表达出来并传递给对方，使对方立即获得情感上的满足，与此同时，礼貌又反馈回来——对方以礼貌回敬。于是双方热情之火点燃了，支持与协作便开始了。假如人皆如此，长此以往，必将促进社会交往的进一步发展，帮助人们更好地取得交际成功，进而造就和谐、完善的人际关系，取得事业的成功。

（五）建设文明，礼尚往来

世界各国和各民族都十分重视交往时的礼节礼貌，把它视为一个国家和民族文明程度的重要标志，正如古人所说："礼义廉耻，国之四维"，礼仪是立国的精神要素之本。在社会主义精神文明建设中，讲究礼节礼仪，注重礼貌是最基本的要求。它对建设精神文明的大厦起着基础作用，只有基础打得扎实，大厦才能巩固。

随着我国改革开放的深入和社会主义市场经济体制的确立，我国经济发展要和国际接轨，这些都对我国精神文明建设提出了更高的要求。只有提高中华民族整体的文明礼貌素质，才能塑造一个和谐的社会环境和人际关系，吸引更多的外资并促进国际间的贸易往来，从而推动我国经济建设的发展。提倡讲究礼仪礼节，做到文明礼貌，必将有效地促进社会主义精神文明建设。

第二节　礼仪的历史沿革

一、礼仪的演变

（一）礼仪的起源：原始社会时期

关于礼仪的产生，说法不一，具体可归纳为五种。其一，天神生礼仪；其二，礼为天、地、人的统一体；其三，礼产生于人的自然本性；其四，礼为人性和环境矛盾的产物；其五，礼生于理，起源于俗。

考古和人文学者们经过研究，普遍认为第五种说法较为可信，东汉著名经学家、文字学家许慎在《说文解字》中提道："礼，履也，所以事神致福也"。即"礼仪"是原始人为祭祀天地神明，保佑风调雨顺；祈祷祖先显灵、拜求降福免灾而举行的一项敬神拜祖的仪式。

原始社会时期，由于人们的知识水平有限，人们对很多自然现象无法解释，也无力与大自然抗衡，因此对自然界充满了敬畏，由此产生了各种习俗，久而久之，这些习俗便形成了最初的礼仪。

在这一时期，礼仪的形式表现为单纯的祭祀，旨在维护社会秩序，规范生产和活动。

图1-1　"礼"字的不同写法

（二）礼仪的形成：夏、商、西周时期

随着原始社会的解体，社会生产力得到了极大的提高，不均衡发展也日益体现，逐渐形成奴隶制。奴隶主们为了保护自己的既有地位，开始通过礼仪来控制人们的思想意识，使得礼仪由传统的祭祀天地神明转变为对人们的行为的约束，将礼仪打上了深深的"阶级"烙印。

夏、商、西周时期也是礼仪制度飞速发展的时期，在这一阶段中，出现了中国历史上第一部记载"礼"的书籍——《周礼》。《周礼》《仪礼》《礼记》被后世统称为"三礼"。《周礼》又称《周官》，讲官制和政治制度，是一部治国安邦之作；《仪礼》记述有关冠、婚、丧、祭、乡、射、朝、聘等的礼仪制度，它为人们的行为做出了具体的规范；《礼记》则是一部释义之作，其中既有礼仪制度的记述，又有关于礼的理论及其伦理道德、学术思想的论述。

这一时期，礼仪的表现形式为对人们行为的全面制约，旨在不断地强化人们的尊卑意识，以维护统治阶级的利益，巩固其统治地位。对后世的治国安邦、施政教化、规范行为、培养人格起到了不可估量的作用。

（三）礼仪的变革：春秋战国时期

春秋中后期，各诸侯国势力不断强大，王田逐渐被瓜分为私田，分封制变为郡县制，权力不断下移，这些变化使得传统的周礼不再适用，周礼逐渐被废弃，进入了"礼崩乐坏"的时代。

在这一时期，传统礼制面临瓦解，以孔子、孟子、荀子为代表的儒家思想大放异彩。如孔子提出的六艺：礼（礼节）、乐（音乐）、射（射箭技术）、御（驾驭马车的技术）、书（书法）、数（算数），从自我修养上起到约束作用；孔子还倡导尊卑有序，"君君臣臣，父父子子"，从相互关系中进行规范。以孔子为代表的儒家思想在后世的几千年中都得到了统治者广泛的支持，成为社会发展的重要规范。

（四）礼仪的强化：封建社会时期

进入封建社会时期，礼仪进一步为统治者所利用，统治者用礼仪来禁锢人们的思想，稳固自己的地位。在这一阶段，形成了完整的君权神授说，即"唯天子受命于天，天下受命于天子，天不变，道亦不变"，从思想上统治社会。

此时的礼仪已经被深深地烙上了阶级的烙印，并由法律进行保护。如"三纲五常""三从四德"分别从国家政治和人伦关系两个方面对人们进行约束，一旦出现违反者，将会同时受到法律和道德的制裁。礼仪在这一时期成为制约人们思想自由的精神枷锁，人们的行为逐渐被引入封建道德的轨道，形成以儒家学派为主导的正统的封建礼教。

> **知识链接**
>
> **"三纲五常"和"三从四德"**
>
> "三纲"是指"君为臣纲,父为子纲,夫为妻纲",要求为臣、为子、为妻者必须绝对服从于君、父、夫,同时也要求君、父、夫为臣、子、妻作出表率。"五常"即仁、义、礼、智、信,是用以调整和规范君臣、父子、兄弟、夫妇、朋友等人伦关系的行为准则。
>
> "三从"指幼从父、嫁从夫、夫死从子;"四德"指妇德、妇言、妇容、妇工。"三从四德"显示了中国古代社会中女性的社会地位。

(五)现代礼仪的发展

中华人民共和国成立以后,人民当家做主,朴实民主的礼仪特色逐渐形成。随着改革开放的发展,中国礼仪进一步吸取了国外礼仪的精华,逐渐形成了一套符合国际礼仪且具有中国特色的现代礼仪。

中国特色的现代礼仪反映了我国现代的状况,今后随着社会的发展、时代的变迁,礼仪仍将保持着旺盛的生命力,蓬勃发展,并不断演变出新的形式。

二、现代礼仪

现代礼仪是指现代人在社会交往中共同遵守的行为准则和规范。它既可以狭义的指为表示敬意而隆重举行的某种仪式,又可以广义的指人们交往的礼节、礼貌。本书后续的讨论将以广义的概念为准。

现代礼仪的范畴十分广泛,从其适用范围角度出发,可以划分为政务礼仪、商务礼仪、服务礼仪、社交礼仪和国际礼仪。

政务礼仪:是国家机关工作人员、国家公务员在执行国家公务时的礼仪。

商务礼仪:是商务企业从业人员在商务交往时的礼仪。

服务礼仪:是服务行业从业人员,如酒店餐厅、旅行社、银行、医院等从业人员工作时的礼仪。

社交礼仪:是人们在人际交往、社会交往活动中的礼仪。

国际礼仪:是人们在与外国人交往时的礼仪。

在上述现代礼仪的分类中,前四种礼仪分别适用于不同的场合、不同的人群,各有各的规范,而国际礼仪则是在前四种礼仪的基础之上,又融合了各国礼仪规范形成的,既与前四种礼仪紧密相关,又具有自己的独到特色。

第三节　商务礼仪

一、商务礼仪的内涵

商务礼仪是指在商务活动中，商务活动主体以约定俗成的程序、方式来维护企业形象或个人形象，表示对交往对象尊重和友好的行为规范和惯例。一般来讲，商务礼仪的范畴不但包括在商务活动中言行合理、仪态得体，还包括按约定俗成的规矩办事、礼貌待人。

商务礼仪虽有一定的规则可循，但受人物、场合、时间等多种因素的影响，具有较强的灵活性。商务人员要想充分掌握商务礼仪，应学会在实践中探索，在互动中改进，将礼仪融入自我。

二、商务礼仪的原则

（一）真诚敬人

孟子曰："恭敬之心，礼也"。良好的商务礼仪包括两个方面，即真诚和尊重。

商务礼仪是建立在商务活动基础之上的，是以盈利为目的的，但这种盈利行为并非短期行为，如果仅仅采用表面功夫，是无法真正打动对方并与对方建立长期合作关系的。一名优秀的商务人员不仅要追求完美的外在形象，更应该学会从心做起、用心交流，通过真诚的情感，打造坚实的与对方长期合作的关系。

尊重是礼仪的情感基础，只有从尊重的角度出发的商务礼仪，才能被人们真心接受。尊重包括的范围较广，不仅要尊重他人，也要尊重自己、尊重自己的职业、尊重自己的企业等；尊重包括的内容也较多，不仅要尊重他人的习惯，也要尊重他人的隐私、信仰、权利等。

知识链接

难道这就是五星级的服务？

一天上午，某公司在一家五星级酒店的多功能会议厅召开会议。其间，该公司职员李小姐来到商务中心发传真，发完传真后李小姐要求打一个电话给总公司，询问传真稿件是否清晰。

"这里没有外线电话。"商务中心的服务员说。

"没有外线电话,稿件怎么传真出去的呢?"李小姐不悦地反问。

服务员说:"我们的外线电话不提供免费服务。"

"我已预付了20元传真费了。"李小姐生气地说。

服务员说:"我收了你的传真费,可并没有收你的电话费啊?更何况你的传真费也不够。"

李小姐说:"啊,还不够?到底你要收多少呢?开个收据我看一看。"

"我们传真收费的标准是:市内港币10元/页;服务费港币5元;3分钟通话费港币2元。您传真了两页应收港币27元,再以1∶1.08的汇率折合成人民币,我们要实收人民币29.16元。"服务员立即开具了传真和电话的收据。

李小姐问:"传真费、电话费是根据什么规定收费的?"

"这是我们酒店规定的。"服务员出口便说。

李小姐说:"请您出示书面规定。"

"这不就是价目表嘛。"服务员不耐烦地回答说。

李小姐说:"你的态度怎么这样?"

"您的态度也不见得比我好呀。"服务员反唇相讥。

李小姐气得付完钱就走了。心想:五星级酒店的服务,难道就是这样的吗?

案例分析

本案例中的服务员不具备一名合格商务人员的基本素质,违背了以诚待人的原则。接待服务工作是一门综合艺术,是非常讲究接待服务的方法、技巧的,而以诚待人是一切接待服务的基础,只有以诚待人,心生敬意,才能使该酒店无愧于五星级的标志。

（二）灵活变通

商务礼仪有基本的规则,由于各地风俗习惯的不同,商务礼仪也会存在一定的差异,这时就需要商务人员灵活变通地处理。一般来说,有两个原则可以遵循——客随主便和主遂客意。

客随主便,是指处于客位的商务人员应该主动了解并遵循处于主位的商务人员所习惯的礼仪规范。客位的商务人员主动迎合主位的商务人员的商务礼仪习惯,有助于增强主位的商务人员对客位的商务人员的好感，从而促进商务活动的进行。

主遂客意，是指处于主位的商务人员应该主动了解并遵循处于客位的商务人员所习惯的礼仪规范。客位的商务人员作为客人方，理应受到优待，如果主位的商务人员能够主动按照客位的商务人员习惯的商务礼仪规范进行，将会让客位的商务人员有种宾至如归的感觉，从而有利于商务活动的进行。

（三）平等对待

商务礼仪必然与商务活动紧密相关。在商务活动中，各商务人员之间往往存在职位、社会地位的高低之分，但在商务礼仪中则应始终坚持平等对待原则。切不可因为公司一时的优势，就摆出高姿态对待他人，也不可因为公司一时的失势，就摆出趋炎附势的态度。当对方处于劣势时，平等的商务礼仪是高修养的表现；当己方处于劣势时，平等的商务礼仪是不卑不亢的表现，总而言之，无论何时，我们都应以一颗平常心平等地对待他人。

（四）自律原则

商务礼仪贯穿于商务活动中，但是很少有企业会对商务礼仪进行全程监控和考核，并且商务礼仪的效果往往具有滞后性，发现之时往往效果已造成。因此，商务人员应坚持自律原则，自觉学习商务礼仪，自觉遵守商务礼仪，用自己的实际行动塑造良好的企业形象。

本章小结

礼仪是人们在社会交往活动中，为了相互尊重，在仪容、仪表、仪态、仪式、言谈举止等方面约定俗成的、共同认可的行为规范。礼仪是对礼节、礼貌、仪态和仪式的统称。中国素有"礼仪之邦"的美誉，礼仪文化源远流长，有着完备的礼仪体系。讲究礼仪可以使人们在各类场合赢得大多数人的喜爱，获得事业上的成功。更重要的是讲究礼仪有助于树立良好个人形象的意识，提升自我的交际能力、自控能力、应变能力、表达能力及创新能力等。而人们要想在商务活动中塑造良好的自我形象，就要更多地了解、学习商务礼仪，以得体的服饰打扮、幽默的谈吐、高雅的举止及适宜的处世方式来赢得事业的成功。

练习题

一、单项选择

1. "礼者，人道之极也"是（　　　）说的。
   A. 孟子　　　　　B. 荀子　　　　　C. 老子　　　　　D. 庄子
2. 提出"六艺"：礼、乐、射、御、书和数，并要求统治者学习的是（　　　）。
   A. 老子　　　　　B. 荀子　　　　　C. 庄子　　　　　D. 孔子
3. "礼，经国家，定社稷，序民人，利后嗣"——这句话出自（　　　）。
   A.《史记》　　　B.《左传》　　　C.《论语》　　　D.《礼记》
4. 下列哪项不属于现代商务礼仪的特点（　　　）。
   A. 不断变化　　　B. 实用、简约　　C. 严肃、规范　　D. 不断复杂化

二、多项选择

1. 现代礼仪的特点体现在以下哪些方面（　　　）。
   A. 等级性　　　　B. 共同性　　　　C. 自律性　　　　D. 差异性
   E. 移动性
2. 礼仪的内容包括（　　　）。
   A. 礼仪的主体　　　　　　　　　　B. 礼仪的客体
   C. 礼仪的媒体　　　　　　　　　　D. 礼仪的环境法
3. 中国礼仪的演变过程中，礼仪的变革时期的特点是（　　　）。
   A. 修订了比较完整的国家礼仪和制度
   B. 学术界百家争鸣
   C. 以孔子为代表的思想家系统地阐述了礼的起源和本质
   D. 西方一些先进的礼仪礼节陆续传入我国

思考题

1. 礼仪的概念是什么？
2. 礼仪的特点有哪些？

3. 礼仪的作用有哪些?
4. 礼仪的历史沿革是怎样的?
5. 商务礼仪的内涵是什么?
6. 商务礼仪的原则有哪些?

小组活动

1. 课后查找资料,深入理解礼仪的特点与商务礼仪的原则。
2. 查找并分享礼仪历史沿革中的重大事件。

案例分析

程门立雪

杨时(1053—1135)是北宋时一位很有才华的才子,南剑州将乐人(今属福建)。中了进士后,他放弃做官,继续求学。

程颢(1032—1085)、程颐(1033—1107)兄弟俩是当时很有名望的大学问家、哲学家、教育学,洛阳人,同是北宋理学的奠基人。他们的学说为后来的南宋朱熹所继承,世称程朱学派。

杨时仰慕二程的学识,向程颢拜师求学,4年后程颢去世,又继续拜程颐为师。这时他年已40,仍尊师如故,刻苦学习。一天,大雪纷飞,天寒地冻,杨时碰到疑难问题,便冒着凛冽的寒风,约同学游酢(1053—1123年)一同前往老师家求教。

当他们来到老师家时,见老师正坐在椅子上睡着了,他们怕影响老师休息,就静静地侍立门外等候。当老师一觉醒来时他们的脚下已积雪一尺深了,身上飘满了雪。老师忙把两人请进屋里,为他们讲学。

后来,"程门立雪"成了广为流传的尊师典范。

思考:

1. 案例中体现了怎样的礼仪?
2. 结合实例谈谈礼仪的重要性。

第二章 仪容礼仪

学习目标

- 了解商务人员仪容美的基本要求
- 掌握仪容美化修饰的内容和技巧
- 熟悉化妆的程序和应注意的问题

关键词

仪容　化妆　香水的使用

引导案例

仪容的重要性

毕业于同一所大学的小佳和小丽已经在某汽车品牌4S店的汽车销售顾问岗位工作半年了，小丽已经提前转正成为销售顾问，而小佳因工作业绩始终没有起色，还是销售见习生。

一天中午，小佳和往常一样懒洋洋地趴在前台一角发呆，一对夫妇走进展厅，好像打算购车的样子。小佳赶紧迎上去，热情地对两位顾客大声问好："欢迎光临！请问有什么可以帮助您的？"夫妇俩打量了小佳几眼，略微皱了一下眉头，说了一句："哦，随便看看，谢谢！"随后逛了一下，转身离开了展厅。

看到顾客似乎对自己有所戒备，小佳疑惑地皱着眉头，却不知道发生了什么，这时小丽微笑着走了过来，对小佳说："小佳，咱们去一下化妆间，我帮你收拾一下妆容"，听了小丽的一席话，小佳才注意到自己的形象：头发凌乱，面部妆容粗糙，口红和指甲油鲜艳耀眼，夸张的圆形大耳环不停地前后摇摆着，小佳一下子羞得满脸通红，和小丽迅速跑向化妆间。

> **案例分析**
>
> 小佳和小丽都是在同一汽车品牌的4S店实习，而且都是从事的销售顾问岗位，但是半年以后两人的职位却大不一样。这个实例告诉我们，在人际交往中交往对象对自己发自内心的好恶亲疏，往往都是根据其在见面之初对自己仪容的基本印象"有感而发"的，这种对他人仪容的观感除了先入为主之外，在一般情况下还往往很难改变，可见其重要性。

第一节 仪容的基本概念

一、仪容的概念

（一）仪容的概念

仪容即容貌，是个人仪表的基本要素。仪容在个人的整体形象中占据着最为显著的地位。在人际交往中，仪容是一个人的第一名片，是给人留下印象的第一步。商务人员保持良好的仪容，能够给人以稳重、端庄、大方的印象，既能体现自尊自爱的精神，还能表示对他人的尊重和礼貌。

（二）仪容的内涵

仪容通常受两个方面因素的影响。一为个人的先天条件，是自然形成的；二为后天的修饰和保养。正如法国启蒙思想家孟德斯鸠所说："一个女人只有通过一种方式才能是美丽的，但她可以通过十万种方式使自己变得可爱。"仪容美并不是单纯指天生丽质，凡是符合相应礼仪规范的仪容就是美的仪容。"内正其心，外正其容"，商务人员仪容礼仪的首要要求就是仪容美。仪容美的内涵包括以下三个方面。

1. 仪容的自然美

个人容貌是天生的、相对定型的。仪容的自然美是指仪容不应是矫饰造作的，而是自然的。先天美好的容貌，无疑会令人赏心悦目。积极向上、健康有活力的精神状态，能够使仪容美趋于完美。因此，商务人员在仪容美方面要提倡科学地保养、积极地美容。

（1）保持良好的心态和充足的睡眠。这可以保证人体代谢机能正常进行，人会显得神采奕奕，精力充沛，富有活力。

（2）注意科学合理的饮食。科学合理的饮食有利于保持人体机能正常进行，有利于促进血液和人体细胞新陈代谢，有利于体内有毒物质的排放。

（3）注意体育锻炼和户外运动。现代社会工作节奏快，现代人的工作压力也很大，需要合理安排工作时间和锻炼时间，每天坚持适当的体育锻炼可以增强身体新陈代谢功能。此外，个人还要根据个体皮肤性质及季节变化进行保养，积极进行美容。

2. 仪容的修饰美

仪容的修饰美是指依照礼仪规范与个人条件，对仪容进行必要的修饰与美化，扬长避短。设计、塑造美好的个人形象，在人际交往中尽量令自己显得有备而来，自尊自爱。

3. 仪容的内在美

仪容的内在美是指通过努力学习，不断提高个人的文化修养、艺术素养和思想、道德水准，培养自己高雅的气质与美好的心灵，使自己秀外慧中，表里如一。

只有做到以上三个方面的高度统一，才能实现真正的仪容美，忽略其中任何一个方面，都会使仪容美失之偏颇。在这三个方面中，仪容的自然美是人们的普遍心愿，仪容的内在美是最高境界，而仪容的修饰美则是仪容礼仪关注的重点。

二、仪容美的基本要求

商务人员的仪容美通常体现在头发、面部、颈部、肩臂、手掌、腿部和脚部等几个方面。概括而言，仪容美的基本要素是貌美、发型美、肌肤美，基本要求是干净整洁。美好的仪容一定能让人感觉其五官构成彼此和谐并富有表情；发型美使其英俊潇洒、容光焕发；肌肤健美使其充满活力，给人以健康自然、鲜明和谐、富有个性的深刻印象。

人们在意和实现仪容美的过程也是设计美、制造美的过程，它是人际交往中人们都必须遵守的礼仪。在长期的社会实践中，人们对仪容美的要求有了一些共识，并逐渐成为商务礼仪中的一些规则。

（一）体现自然

自然是美化仪容的最高境界。它会使人看起来真实而生动，而不是一张呆板生硬的面具。修饰过度，不仅会使人觉得刺眼，让人对其产生反感，进而会破坏人的自然美。因此，商务人员的妆容应以自身面部客观条件为基础，依靠正确的技巧，适当修饰和美化，体现层次，点面到位、浓淡相宜。达到"妆成有却无"，这样才能使人感到自然、真实之美。

（二）讲究协调

仪容美是一种整体的美，也是一种与周围环境相协调的美。真正懂得美的人，会综合考虑自身的相貌、身材、职业等，用色彩、线条、款式将美协调地统一于一身，并与所处的环境相称，这样才有可能塑造出和谐美的形象。

（三）化妆适度

在职业活动中，适当化妆不仅是职业工作的需要，同时也是对他人尊重的一种表现。化妆适度是仪容美的基本要求。

（四）修饰避人

仪容修饰属于个人私事，应当避免在大庭广众面前修饰仪容，尤其是在陌生人和异性面前化妆或补妆。不然，就有存心表演，意在作秀，轻佻肤浅，搔首弄姿之嫌。所以，忌讳当众化妆或补妆。在众目睽睽之下化妆或补妆是非常不雅的，尤其是在异性面前。这种举动会降低你的身份，有损你的形象。同样，在人前整理头发、衣服、照镜子等行为也应该尽量节制。如果必需化妆或补妆，应在化妆间或无人的地方操作。

第二节　仪容的美化修饰

一、美发的礼仪

人与人在交往中，看人的一般做法是"远看头，近看脚，不远不近看中腰"。头发是人体的制高点，是令人首先关注的地方。"完美形象，从头开始"，所以，作为一名商务人员，要想维护自己的形象，就必须认认真真地对待自己的头发。

（一）美发礼仪的原则

头发的美化主要涉及头发的修剪、造型等方面。头发整洁、发型得体是头发美化的基本礼仪要求。发型的选择要考虑到个人条件和工作场合等，并且需要与脸型、发型、年龄、身材和职业等相适应。要以庄重、美观、简约、典雅、大方为其主导风格，要体现和谐的整体美。

首先，头发要干干净净，勤洗发、勤理发，努力使自己的头发保持清洁卫生的状态。洗发时要选择适合自己发质的洗发剂与护发素，以保持头发的柔软、光滑。其次，头发要整整齐齐。这就要求商务人员必须把头发梳理到位，不允许蓬松凌乱。商务人员最好随身携带一把发梳，以备不时之需，而不宜直接用手抓挠。梳理头发是一种私人性质的活动，应避免在公开场合修饰。最后，头发长度要适当。在头发长度方面，总体要求为：宜短不宜长。具体来说，女士头发不宜长过肩部，不要遮脸，不能因为发型而影响工作或经常用手拢头发，一般以盘发、束发作为变通。男士通常以短发为主，并且要注意经常修饰、修理，做到前发不覆额，侧发不掩耳，后发不及领；尽量不要留长发或某些奇怪的发型，不宜留鬓角，发长最好不要触及衬衫领口。男士们在商务活动中，应当显得刚劲有力、潇洒大方，短发能够体现出男士们真正的阳刚之气。

商务人员不管为自己选定何种发型，在工作岗位上都不允许滥用任何装饰物。一般来说男士不宜使用任何发饰。女士在使用发夹、发绳、发带或发箍时，式样应该庄重大方，色彩宜为蓝、灰、棕、黑，并且不带任何花饰。

（二）头发的护理

1. 洗发

洗发是保护与美化头皮、头发的基本手段。经常清洗头发，不仅可以清洁头皮，而且有助于头发的正常生长。洗发前应把头发理顺，以便除去头皮上的坏死细胞或灰尘。洗发时要选择适当的水温，一般为37℃~40℃。根据自己的发质选择合适的洗发剂。如果是干性头发，要使用含蛋白质的洗发剂；如果是油性头发，可使用酸性洗发剂；如果是中性头发，则使用一般洗发剂即可。

2. 护发

一要勤梳头发。在日常生活中，一部分人很不在意梳头发这一重要环节。其实梳头发是美发、护发的一个重要方法。梳头发时，梳子在头皮上来回轻轻划过，可刺激头发神经末梢，这对于头发的生长、柔润和光泽是很有益处的。二要经常按摩头皮，通过按摩头皮，可促进大脑皮层调节头部神经功能，促进血液循环，有利于身体健康。

（三）发型选择的技巧

在选择发型时应该注意以下几点。

1. 发型要与发质相匹配

（1）细软发质的发型。细软发质的头发不宜留太长，头发太长不容易梳理和定型。细软的发质缺乏丰盈感，如果留有刘海，最好采用斜外卷式，这种向外翻卷的发尾轻盈而活泼，能增加立体感。细软发质适合做小卷曲的波浪式发型，这种发型使头发显得蓬松自然；也可以梳理成俏丽的短发，能充分体现个性。

（2）粗硬发质的发型。粗硬发质的头发可以留不到肩的短发发型和超过肩的长发发型，这样可以避免头发粗硬不服帖和头发太短容易蓬松的弊病。设计发型时应尽量避免花样复杂，应以修剪技巧为主，做成简单而又高雅大方的发型。比如梳理成披肩长发，会给人一种飘逸秀美的悬垂美感；用大号发卷梳理成略带波浪的发型或梳成发髻等，会给人一种雍容、典雅的高贵气质。

2. 发型与脸型要匹配

（1）鹅蛋脸型。这种脸型的人给人端庄娴静、柔和的感觉，梳理成任何发型都合适。但是更适合中分发型，左右均衡、顶部略蓬松的发型，会显示脸型之美。

（2）圆脸型。这种脸型的人要避免将头发全部往后梳的"后掠式"发型和将头发烫成齐耳的"内卷式"。这两种发型都会使圆脸显得更圆。可采用轻柔的大波浪，将头发分层削剪。即眼睛以上尽量不削剪，做成自然的大波纹；眼睛以下层层削薄，直到下巴，并使两颊旁的头发紧贴，让其盖住部分脸颊。头部发路宜用侧分，以减弱圆脸的扁平特征；烫发时，要注意发波宜大不宜小；同时，刘海及重坠的前额头发使头发形态显得清秀一些。

（3）长脸型。这种脸型的人给人老成感。因此，应选择优雅可爱的发型来冲淡这种感觉，头顶部的头发不宜太丰隆、前额部的头发可适当下倾，两颊部位的头发适当蓬松些，可以留长发，也可以齐耳，发尾要松散流畅，以发型的宽度来缩短脸的视觉长度。若将头发做成自然成型的柔曲状，会更理想。

（4）方脸型。方形脸的人要尽量用发型缩小脸部的宽度。首先头顶部的头发可以梳得蓬松些，刘海要往两侧太阳穴梳，以掩盖方额角。留短发至下巴，用两边的垂发遮挡部分舒展的下颚。同时，两边的头发不要有太大的变化，这样使头发形态显得清秀些。如果选择长发型，最好是全发烫成柔软的大波浪，在脸部周围形成松松的感觉。对于男士来说，方脸型的人一定要把头顶弄蓬松、刘海一定要短。

（5）三角脸型。这种脸型的人在做发型时要注意前部的头发向后梳时，发路不论中分还是侧分，都要向左右两侧展开，以表现额部的宽阔感；同时，在头发的下端设计发型时，尽量用头发将额部遮盖一些，注意颧骨两侧的头发要向外蓬松，后脑的头发也要做的蓬松，使其有丰满感。

（6）倒三角脸型。这种脸型额头最宽，下颌窄而下巴尖，这种脸型比较理想。这种脸型的人在做发型时应当着重于缩小额宽，并增加脸下部的宽度。具体来说，其头发以中长发或垂直长发为宜，上面的头发要做的蓬松，下面的头发要做的轻盈一点，层次感大一些，修剪出刘海可以显得年轻有活力。头发多的人也可以将头发盘起来，前额留斜刘海。

3. 发型与体型相匹配

（1）身材矮小的人的发型。身材矮小的人给人以小巧玲珑的印象，所以这种人在做发型时应强调丰满与魅力，从整体比例上，应注意身高印象的建立，不宜留长发，也不宜把头发搞得粗犷、蓬松。可利用盘发增加高度，而且要在如何使头发秀气、精致上下功夫。

（2）身材高瘦的人的发型。这种身材是比较理想的身材，但容易产生眉目不清的感觉，或者是缺乏丰满感。因此，在设计发型时，应尽量弥补这些不足。这种身材的人适合留长发，不宜盘高发髻，也不宜将头发修剪得太短。

（3）身材矮胖的人的发型。矮胖身材的人要尽量弥补自身的缺点，在发型设计上要强调整体发势向上，可选用有层次的短发、前额翻翘式等发型。不宜留长波浪、长直发。

（4）身材高大的人的发型。身材高大的人在发型设计上，应努力追求大方、健康、洒脱的美，减少大而粗的印象。以留简单的短发为好，但对直长发、长波浪、束发、盘发、中短发式也可以酌情运用。切忌发型花样繁复，造作。

另外，选择发型还要注意颈部的特点。颈部长的人适合稍长的、波浪大的发型；颈部短的人适合稍短的发型，尽量把颈部露在外边，以增加美感。

二、面容的美化

面容美化是人整体装扮中不可缺少的环节，商务人员在商务往来中代表的是本单位的形象，洁净、自然、美观的面容能够促进商务沟通，因此商务人员应该做到：形象端正、化妆上岗、妆容自然。

首先，要注意护肤。护肤是面容美化的基础。脸部清洁要保证每天两次，早起后和临睡前。因为脸部全天暴露在外，容易被外界灰尘污染，面对手机、计算机等，也会对脸部造成辐射，尤其是女士们白天使用的化妆品会对皮肤造成负担，如果睡觉之前不做好清洁工作，会对皮肤造成很大的损害。洗脸之后要按顺序涂抹化妆水、乳液、面霜等，做好补水保湿工作。要选择适合自己的护肤品和化妆品，护肤从补水开始，洁面从卸妆开始。同样，男士也应做好护肤工作。

其次，要学会化妆。化妆是一门技术，也是一项重要礼节。重要的场合一定要化妆，否则会被视为对他人的不尊重。化妆要以展现五官的美，掩盖或矫正缺陷部位为目的。化妆之前要涂隔离霜以隔离彩妆，防止对肌肤造成伤害。后续可以使用遮瑕膏遮盖脸部瑕疵，用眉笔、眉粉画出自然眉形，用眼线笔画出眼线，涂上睫毛膏，然后为唇部擦上口红，最后用蜜粉定妆。化妆以淡妆为宜，眼影、眼线、眉形、口红颜色、腮红切忌夸张。男士如果唇部干裂，应用唇膏滋润。

此外，商务人员在工作中要努力维护妆容的完整性，身边要常备口红、粉饼等用来补妆，在用餐之后、休息之后、出汗之后要及时补妆，以防影响妆容。同时，商务人员要注意眼睛、耳朵、鼻子和口腔的保洁问题，要做到无眼屎、无睡意、不充血、不斜视；无耳屎，女性不戴夸张耳环；保持鼻腔清洁，及时修剪鼻毛；早晚刷牙，饭后漱口，不能当着客人的面咀嚼口香糖、剔牙齿。要注意牙齿洁白，口气清新，嘴角无泡沫。咳嗽、打喷嚏时，应用手帕捂住口鼻，面向一旁，尽量减少声响。若佩戴眼镜，应随时保持眼镜端正，洁净明亮，不佩戴墨镜或有色眼镜。

知识链接

化妆的步骤

1. 清洁皮肤。

2. 润肤水或是爽肤水（视皮肤不同性质而选用，给皮肤补充水分或是收缩毛孔）。

3. 上营养面霜（给皮肤补充营养）。

4. 防晒隔离霜（隔离空气中的粉尘，污垢，紫外线的照射，起到保护皮肤的作用。其中，防晒隔离霜适合干性皮肤用，防晒时间为6小时；防晒隔离乳适合油性皮肤用，也适合敏感性皮肤用，防晒时间为2～4小时）。

5. 修颜液（调整肤色，偏黄的皮肤用淡紫色，偏白的皮肤一般用淡绿色）。

6. 打粉底（让皮肤显得细腻。可选择较自己肤色暗一点的粉底，或是与自己肤色相等的粉底，这样的妆容才会显得透明）。

7. 上粉饼或散粉（定妆用）。

8. 画眉（眉头淡，眉坡深，眉峰高，眉尾要清晰）。

9. 眼影（塑造眼睛的轮廓与个性。从外眼角开始，外深内浅，眉的下方处要用亮色。选与衣服相配的眼影）。

10. 画眼线（上方的眼线从眼睛的三分之二处开始画，下方的眼线画二分之一，也有人不画下眼线的）。

11. 画唇线。

12. 涂抹口红（口红的颜色要与自己衣服的颜色相配。亮色的口红一定要用口红刷涂抹上去）。

13. 打胭脂。

14. 夹睫毛（先是根部，进而是中部，最后是睫毛尖）。

15. 上睫毛膏（先是上下涂，后是拉"之"字形涂，让睫毛看起来更长、更浓）。

三、其他仪容的美化

（一）手部

手是人体与外界接触最多的部位，因此，商务人员随时随地都应保持手掌的清洁、卫生和健康，并注重手部的保养。手部的清洁，首先要做到勤于修剪指甲，清除指甲间的脏污；商务人员最好不要留长指甲，指甲长度一般不超过手指尖，不戴结婚戒指以外的戒指。女士则不应涂抹颜色过于鲜艳的指甲油。

（二）脖颈

颈部容易成为人体显示年龄的部位。日常护理除要注意保持颈部的清洁之外，还应注意脖颈处皮肤的护理，防止过早老化或与面部颜色反差太大。日常应加强对颈部的锻炼和按摩，从而帮助颈部除皱纹，延缓衰老，同时让颈部皮肤保持光滑、亮泽。

四、香水的使用

随着时代的发展，香水已经成为整体化妆的组成要素之一。在商务场合，正确选用香水可以体现商务人员的个性与品位。相反，如果香水使用不当，就会对周围环境造成"空气污染"。

（一）香水的类型

1. 根据香水自身的香型划分，香水可分为5种类型。

（1）西普莱香型，其气味甜蜜、优雅、幽深，女性气息十足，适合于成熟的商务女士使用。

（2）东方香型，其气味馥郁独特，香气经久不散，多适用于社交场合使用。

（3）植物香型，其特点是气味爽朗、自然、清新，适合早晨使用。

（4）花香型，其气味甜美、浓郁、温馨，适合白天使用。

（5）合成香型，用人工香料与天然香料调配而成，其气味温柔、浪漫、迷人，适合于女性在晚间使用。

2. 根据香精的含量与香气持续的时间长短划分，香水可分为四种类型。

（1）浓香型香水，又称香精。香精含量为15%～20%，香气可持续5～7小时，这种香水适合于商务人员出席宴会、舞会时使用。

（2）中香型香水。含香精10%～15%，香气可持续5小时左右，这种香水适合于商务人员一般性的交际应酬。

（3）淡香型香水。其香精含量为5%～10%，香气持续的时间为3～4小时，这种香水适合于商务人员上班时使用。

（4）微香型香水，又称微香氛。含香精仅为5%以下，香气持续时间为1~2小时，这种香水主要用于浴后或进行健身活动时使用。

（二）使用香水的注意事项

1. 用量适当

香水不宜过浓或洒得过多，不然会适得其反，还易导致嗅觉障碍症，于精神不利，另外也易给人一种孤傲浮华、孤芳自赏的感觉，一般在1米范围内能够闻到淡淡的香味比较合适，倘若在3米左右的距离仍可闻到香味就显得过浓或洒得过多了。

2. 部位恰当

手腕、手肘、膝盖内侧、耳后等被认为是使用香水较有效果的地方，因为随着身体的摆动，这些部位可使香味向四周扩散开来，甚至也可在裙摆或是衬裙上洒香水，由下往上散出它的香味。香水不宜洒在易被太阳晒到的暴露部位，如脸、手背等；不宜涂在额上、腋下和鞋内等易出汗的部位；不宜喷洒在毛皮、黄金和珍珠等服饰品上。

3. 慎用东方香型

实际上香水的东方香型并不是适合东方人使用的香水。它其实是指在西方人眼中所认为的一些东方特质，比如神秘，奇异等，一些东方的动、植物香料而制成的香料，如芍药、麝香、檀香、藿香、茴香等，虽然都是带有东方民族色彩的典型东方香料，但是其香味却又是浓烈的。所以这种东方香型，对于真正的现代的东方女性而言，未必是实用的。

4. 不可混用多种香水

不同品牌、不同系列、不同香型的香水混合使用会使不同香味之间发生冲突，从而起到反作用。

（三）香水使用的方法

1. 喷雾法

这是最常用的方法，让喷雾器距离喷洒部位10~20厘米处，喷出雾气，喷雾的范围越广越好，随后站立于香雾中约1分钟，这样能涂洒得更加均匀，留下淡淡的幽香。

2. 七点法

所谓七点就是指双手手腕的静脉处、双耳后、后颈、发尖、腰部、膝盖内侧、脚踝，这七点的每个部位都要轻轻点拭，不应摩擦涂抹，否则香水里面的有机物质会发生化学反应，破坏香水的原味。

知识链接

香水的历史

香水的英文"Perfume"源自于拉丁文"Parfumare",意思是"穿透烟雾"。早在公元前1500年,埃及艳后克娄巴特拉七世就已经开始用15种不同气味的香水洗澡了。在她所处的时代,在公共场所不涂香水是违法的。但欧洲香水业的第一步实际上是从16世纪开始迈出的,那时的凯瑟琳·德·梅迪茜为和法国国王结婚从意大利来到巴黎,凭借着自己的高贵身份,她把香水变成了巴黎城中的时髦物品,突然所有人都钟情于用洒香水的皮革来做手套。当时人们认为格拉斯生产的香水最好,这个法国城市也因香水贸易而繁荣起来,适时地发展了香水工业,成为香水之都。17世纪,路易十四时代是法国香水与香料产业的巅峰期,这个时代的巴黎设施非常落后,没有上、下水道的设施,人们也没有沐浴的习惯,而庭院的角落通常就是方便的场所,贵妇也用香水来掩盖身上的气味。到了18世纪,移居德国科隆的意大利人法理那制造了"科隆之水"(古龙水),该香水一时席卷了整个欧洲,彻底改变了人们的生活。

在拿破仑征战期间,拿破仑一天要用掉12公斤"法高纳尔"香水;古埃及国王用香水来浸泡自己的战船;路易十五将皇宫搞成香气四溢的"香水之宫",这些都不足以表明香水的普及性。香水第一次真正造福全人类是在第一次世界大战之后。因为战争的关系,女性人口高于男性人口,于是香水有了很大市场,随即而来的是生产技术的提高,更好、更便宜的香水开始出现,娇兰、香奈尔、迪奥、圣罗兰这些设计师将香水引入时装界,奠定了香水今日的地位。

第二次世界大战之后,香料供应国和香水生产国之间的联系中断,人们开始加大力度开发新原料,此时香水还不是普通的日用品,只是特殊场合互赠的礼物。雅诗兰黛在1953年凭借惊人的直觉,作出了沐浴香油的双功能香水"朝露",香水从此成为任何女士都能买到的日用品。进入20世纪80年代,香水突然由个人物品变成装点门面的必需品,香水不再是纯粹意义上的奢侈品,而更像是一种戴着名师标签的生活方式,香水设计师竭尽所能制造更新奇、更有大师特色的香水产品。20世纪90年代,香水已日臻成熟,各种风格层出不穷,人们不再狂热追求品牌,更看重个性文化的展示,20世纪90年代是香水最繁荣的10年。

本章小结

商务活动中个人形象至关重要，仪容美的基本特征是貌美、发型美、肌肤美。仪容美不仅反映出个人良好的精神风貌和积极向上的生活态度，还能促进商务人员事业的成功，因此，商务人员应该在护发、美发、妆容、外表修饰等方面加强修养。

美发礼仪包括护发礼仪和做发礼仪。护发礼仪的基本要求是健康、秀美、干净、清爽、卫生，做发礼仪的基本要求是大方、庄重、利落、典雅，体现良好的精神面貌。

男、女商务人员发型各有其标准，同时设计发型时要根据脸型、体型、职业特征等进行设计。女性商务人员化妆的原则以淡妆为最佳选择，妆容自然，扬长避短，同时化妆、补妆要注意场合。

练习题

一、单项选择

1. 对手部的礼仪要求有四点：清洁、不使用醒目甲彩、不蓄长指甲和（　　　）。
   A. 腋毛不外现　　　　　　　　B. 不干燥
   C. 不佩戴繁琐的饰品　　　　　D. 以上都不对

2. 下列化妆步骤符合上班妆的是（　　　）。
   ①快速眼影　②自然腮红　③防晒乳液打底　④唇彩　⑤眉毛与睫毛
   A. ①②③④⑤　　　　　　　　B. ①⑤③②④
   C. ③①⑤④②　　　　　　　　D. ③①⑤②④

二、多项选择

1. 美观得体应注意（　　　）。
   A. 浓淡相宜　　　　　　　　　B. 修饰避人
   C. 礼貌原则　　　　　　　　　D. 差异原则

2. 面容的美化包括（　　　）。
   A. 可以戴墨镜或有色眼镜　　　B. 要注意护肤
   C. 要学会化妆　　　　　　　　D. 在工作中要努力维护妆容的完整性

3. 根据香水自身的香型划分，香水可分为（　　）。
   A. 植物香型　　　　　　　　B. 花香系列
   C. 西普莱香型　　　　　　　D. 东方香型
   E. 合成香型
4. 香水涂抹的适当位置包括（　　）。
   A. 手腕　　　　　　　　　　B. 脸上
   C. 耳垂　　　　　　　　　　D. 腹部

思考题

1. 简述仪容美的内涵。
2. 简述仪容美的基本要求。
3. 结合自身实例谈谈仪容美的内涵包括哪些方面？
4. 使用香水的禁忌有哪些？
5. 选择发型的技巧有哪些？

小组活动

1. 小组内讨论各自身上哪些地方不符合仪容美的要求，并有针对性地进行改正。
2. 为小组成员化一次妆。

案例分析

　　Linda是一位美丽又朴素的女孩，她从不化妆，不管什么场合都保持素颜的状态，所以朋友们都用"百合花"来比喻她，形容她犹如百合般素雅而美丽。Linda说："不化妆是我的性格，也是我的标志。"

　　有一次Linda参加一个酒会，与会的都是知名商务人员，到了那里才发现，除了自己，每个人都有精致的妆容，在灯光的映衬下美丽极了。而Linda却被遗忘在角落里。

　　思考：
1. Linda为什么会被遗忘在角落里？
2. 结合实例谈谈商务场合化妆的重要性。

第三章　仪表礼仪

学习目标

- 了解着装礼仪的基本概念
- 掌握商务人员着装礼仪的基本原则
- 掌握男士西装、女士职业套裙的选择与穿着要领
- 掌握饰物佩戴的基本要求

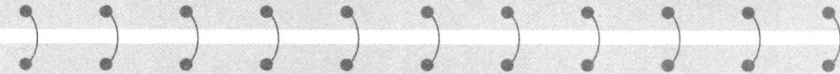

关键词

TPO　西装　三色原则　套裙　配饰

引导案例

王总失礼失商机

王华是一家国有企业的总经理。有一次,他获悉有一家著名的法国企业的董事长正在本市进行访问,并有寻求合作伙伴的意向。他于是想尽办法,请有关部门为双方牵线搭桥。

让王总经理欣喜若狂的是,对方也有兴趣与他的企业进行合作,而且希望尽快与他见面。到了双方会面的那一天,王总经理对自己的形象刻意地进行一番修饰,他根据自己对时尚的理解,上穿西装,下穿牛仔裤,头戴鸭舌帽,足蹬旅游鞋。无疑,他希望自己能给对方留下精明强干、时尚新潮的印象。

然而,事与愿违,这一身时髦的"行头",却偏偏坏了他的大事。法国企业的董事长认为:此人着装随意,个人形象不合常规,给人的感觉过于前卫,尚欠沉稳,与之合作之事当再作他议。

案例分析

根据惯例，在商务交往中，每个人都必须时时刻刻注意维护自己形象，特别是要注意正式场合自己留给初次见面的外国友人的第一形象。王总经理与法国企业的董事长的首次见面属商务交往中的正式场合，应穿西服或传统中山服，以示对对方的尊敬。鉴于每一位员工的个人形象均代表其所在单位的形象及企业的规范化程度，也反映了个人的修养和见识，因此商务人员的着装必须与其所在单位形象、所从事的具体工作相称，做到男女有别、职级有别、身份有别、职业有别。如此这般，才会使商务人员的着装恰到好处地反映自身的素质，反映企业的形象。

第一节　仪表礼仪概述

仪表是指人的外表，它包括人的形体、容貌、姿态、举止、服饰、风度等方面，是人举止风度的外在体现。风度是指举止行为、待人接物时，一个人的德才学识等各方面的内在修养的外在表现。风度是构成仪表的核心要素。

一、仪表的原则

TPO原则概念是由日本"男用时装协会"在1963年提出来的，也是目前国际上公认的着装原则。TPO即英语time、place、occasion三个单词的缩写，意思是人们选择自己的服装和配饰时均应与时间、地点、场合相适应。

（一）时间原则

着装的时间原则是指服装应该与穿着的时间相匹配。不同的时间选择不同的衣服，如上班时间应尽量穿职业装，应根据工作的性质和特点着装，以方便于工作为目的；在正规的社交场合，着装应该符合环境的需要，大方得体，精神干练；在家中休息或户外活动，着装应该随意舒适。

着装还应该考虑到春、夏、秋、冬季节的更替，比如在夏天一般穿着颜色较为鲜亮，以凉爽轻柔为原则，而冬天衣服颜色较为深沉，注重保暖、轻便。另外，着装还应该考虑到自身所处的不同的年龄阶段，一个人在不同的年龄阶段应该表现出不同的气质特色，也应该有不同的着装风格。

（二）地点原则

服装的穿着一定要符合当时的地点，不然，再美的服装也会显得不协调甚至搞笑。如去爬山旅游就不能穿礼服，去参加晚会或朋友间聚会就不要穿便装。华丽的服饰适用于正规的社交场合，但要自然、端庄、大方、高雅，不要显得轻佻俗气。

（三）场合原则

着装的场合原则是指服装应该与穿着的场合相匹配，着装应随着场合和环境的变化而发生变化，不同场合有不同的服饰要求，只有与特定场合的气氛相协调，才能产生和谐的审美效果。在喜庆的场合不能穿得太古板，在悲伤的场合不能穿得太花哨，在庄重的场合不能穿得太随便，在休闲的场合不能穿得太隆重。

例如参加朋友的婚宴，自己不可穿得过于鲜艳夺目，即使是再高档华丽的服装，也会有"喧宾夺主"之嫌；在正规的社交场合，男士、女士应该着正装，休闲装就显得随便无礼。

二、仪表的注意事项

（一）穿着要与年龄协调

一个人在不同的年龄阶段有不同的气质，穿着上要符合年龄，与年龄相协调。不管青年人还是老年人，"爱美之心，人皆有之"，都有权利打扮自己，但是在打扮时要注意一些问题，不同年龄的人有不同的穿着要求。年轻人应穿着鲜艳、活泼、随意一些，这样可以充分体现出青年人的朝气和蓬勃向上的青春之美；而中老年人的着装则要注意庄重、雅致、整洁，体现出成熟和稳重，透出那种年轻人所没有的成熟美和端庄美。因此，无论你是青年、中年还是老年，只要你的穿着与年龄相协调，着装符合这个年龄段的气质，那么都会使你显出独特的美来。

（二）穿着要和体型相协调

俗话说：人无完人。人类真正的标准体型是不存在的。它仅仅是人们心目中的一种理想状态，是大多数人体数据的平均值。

由于每个人的高矮胖瘦不一，选择服装要因人而异。体型较胖的人不宜穿浅色、带格的西服，最好穿单色且颜色较深的西服，且面料的选择应该避免薄透短皱。身材矮小的人衣着要简洁明快，适合穿肩部较宽的上衣，显得较为丰满一些，并可使身材显得高一些，简单、一色的服装能在视觉上增加人的高度。消瘦体型的人不宜穿深色的西服，深色的衣服显得人过于单薄，最好穿颜色浅或是带花格的西服，面料有条形应选择窄条面料。

肤色较黑的人不宜穿浅色的西服，对比反差过于强烈，适宜穿颜色较深的西服。

皮肤较粗糙的人不宜穿质地特别精细的衣服，否则衬托出面部皮肤更加粗糙。

（三）穿着要和职业相协调

每个人所从事的职业不一样，对服装的要求也不一样，着装体现职业特点，穿着除了要和身材、体型协调之外，还要与你的职业相协调。这一点非常重要，不同的职业有不同的穿着要求。例如，教师一般要穿着庄重一些，不要打扮得过于妖冶，衣着款式也不要过于时尚，这样可以给人留下一个端庄高雅、为人师表的印象；学者穿着要力求显得稳重和富有经验，一般不宜穿着过于时髦给人以轻浮的感觉；青少年学生穿着要朴实、大方、整洁，体现这个年龄段的青春动感，不要过于成人化。

（四）穿着要注意色彩的协调

服装色彩对于服装来说是相当重要的，它是服装感观的第一印象，具有极强的吸引力。人们经常根据配色的优劣来决定对服装的取舍，来评价穿着者的文化艺术修养。色彩对他人的刺激最快速，最强烈，最深刻，所以被称为"服装之第一可视物"。不是任何一组色彩都是美的，只有恰当的色彩组合才会符合礼仪规范，给人留下美感。所以，服装配色是衣着美的重要环节。服装色彩搭配得当，可以使人显得端庄优雅、风姿绰越；搭配不当，则使人显得不伦不类，俗不可耐。要巧妙地利用服装色彩神奇的魔力，就要掌握服装配色的基本原理，充分了解色彩的特性。

色彩，是服装给人印象的关键所在，而且在很大程度上也是服装穿着成败的关键所在。以下介绍几种配色技巧：

1. 同种色相配：这是一种简单易行的配色方法。即：把同一色相，明度接近的色彩搭配起来。如深红与浅红，深绿与浅绿，深灰与浅灰等。这样搭配的上装与下衣会产生一种和谐、自然的美感，再比如：青配天蓝，咖啡配米色等，同类色配合的服装显得柔和文雅。

2. 近似色相配：就是把色谱上相近的色彩搭配起来，产生调和的效果。如红与黄，橙与黄，蓝与绿等色的配合。这样搭配时，两个颜色的明度与纯度最好错开，例如用深一点的蓝和浅一点的绿相配或中橙和淡黄相配，就能显出调和中的变化。

3. 互补色配合：在不同色相中，红与绿，黄与紫，蓝与橙，白与黑都是对比色。这几组色彩，既有互相对立的一面，又有互相依存的一面，在吸引人的视觉感官的同时，产生出强烈的审美效果。因此，鲜艳的色彩对比，也能给人和谐的感觉，从而收到较好的效果。

又如红色与绿色是强烈的对比色，搭配不当，就会显得过于刺目、生硬。若是在它们之间适当添一点白色、黑色或含灰的颜色，就能使对比逐渐过渡，从而产生较好的视觉感受。或红、绿双方都加以白色，变成浅红和浅绿，看起来就很顺眼了。

根据以上的配色规律，我们可以按自己的肤色、气质、个性、职业的特点来选择自己的服装配色，用最协调的色彩来装扮自己。

第二节　西装礼仪

一、西装的起源

现代西服形成于19世纪中叶的欧洲。关于西装的起源，有一种观点认为，西装源于北欧南下的日耳曼民族服装，它以人体结构为依据来制作版型，以收省、打褶的形式塑身，形成分片、分体的服装裁剪、缝制方法，流行至今；也有观点认为，西装源于英国王室的传统服装，由上衣、背心和裤子组成。在结构上采用分割、收省、打褶等处理方式，造型合体、高雅，属于日常服装中的正统装束，穿着场合广泛。

自20世纪初，随着妇女社会地位的不断提高，她们参与社会活动的机会越来越多，女式西装应运而生，其搭配多为上衣下裤或上衣下裙，适用于正规的社交场合。女式西装受流行因素影响较大，但不变的是其合体、大方、能够突出女性体形曲线美的特点。

西装在中国的传播，有两种不同的说法：一种是国内服装界公认的1896年由奉化人江辅臣在上海开的"和昌号"西服店，而另一种说法是由宁波人李来义于1879年在苏州创办的"李顺昌"西服店。

西装按穿着对象不同可分为男西装、女西装和童西装三类。按搭配件数不同又可分为三件套西装、两件套西装和单件西装三种。

在国际交往及其他一些公务场合，西装被认为是男士的正统服装。一套合体的西装可以使穿着者显得潇洒、精神、风度翩翩，是他教养、品位、地位的最真实的写照。人们常说：西装七分在做，三分在穿。西装的韵味不是单靠西装本身穿出来的，而是用西装与其他衣饰一道搭配出来的。

西装是一种国际性主流服装，是正式场合着装的优先选择。一套合体的西装，可以使人显得潇洒、精神、风度翩翩。国外的很多机构，包括一些大公司，规定工作人员不能穿短裤和运动装上班，要求男士必须穿西装、打领带。

二、西装的穿法

穿西装时，上衣、背心与裤子的扣子都有一定的系法。通常，单排两粒扣式的西装上衣，讲究"扣上不扣下"，就是只扣上面一粒，或全部不扣。单排三粒扣式的只扣上面两粒或中间一粒，不可全扣。而双排扣西装上衣的扣子都必须全部扣上，以示庄重。

另外，西装背心也分单排扣和双排扣，根据着装惯例，单排扣的背心最下面一粒扣子应当不扣，但双排扣的背心扣子则要全部扣上。

西装的驳领上通常有一只扣眼，这叫插花眼，是参加婚礼、葬礼或出席盛大宴会、典礼时用来插鲜花用的。

西装上衣左边袖子上的袖口处，通常会缝有一块商标，有时，那里同时还会缝有一块纯羊毛标志，在正式穿西服前，一定要将它们先行拆除。现在有些商场在售卖西服时等客人付账后便会为顾客把商标拆除，但也有的人故意将商标露在外边以显示其西装的品牌和档次，这是十分不妥的。

知识链接

你看懂邀请函上的着装要求了吗？

圣诞节是西方的传统节日，圣诞节这天会举办大型party、酒会，圣诞节party、酒会如何着装是有讲究的，下面重点为大家介绍圣诞节派对男士着装指南。

1. Black Tie Party

Black tie即带黑领结的正装，一般在下午6点之后才穿，因此Black tie也被称为dinner jacket。在爱德华时代，穿着黑色无尾礼服搭配黑色背心与领结的方式基本定下了现代Black Tie的穿衣准则。Black tie常常适用于派对、私人晚宴、婚礼、舞会等半正式场合。

绅士着装要领：

（1）西服：最好选择款式较时尚的单排扣西服，领子表面需是绸缎质地，主流领型有尖头翻领（peaked lapel）和披肩翻领（shawl lapel）两种。

（2）衬衫：带有翼领和法式袖口的礼服衬衫，可以巧妙地利用袖扣彰显个性，有些胸前也可以带有褶皱设计。

（3）领结：材质最好与西装领子一致，根据个人不同的气质和喜好选择领结的形状。目前主流的领结形状主要有宽大结、经典结、平直结、钻石菱形结四种（如图3-1所示）。前两种比较沉稳，也是最安全的选择，适合较传统的男性，后两种则适合追求时尚和个性的男士。

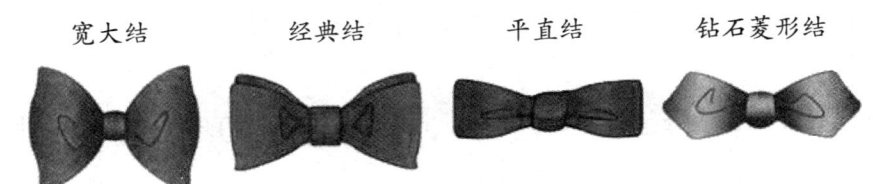

图 3-1 主流领结形状

（4）袜子：无论在任何场合中，袜子都是男装搭配中最不能忽视的细节。对于正式场合的派对，宜选择黑色的丝质或羊毛质地袜子，细节之中彰显品质。

（5）皮鞋：黑色漆皮皮鞋，如果实在没有这种鞋子，可以选择一双高品质的黑色小牛皮皮鞋。

（6）口袋巾：口袋巾被誉为"男人西装中最优雅的角落"，也是可以让男士发挥个性的细节之处，麻、丝、棉质地都可以，可以根据个人喜好选择一字形、三角形或者蓬松形放于口袋中。

（7）马甲与腰封：在有些Black Tie的场合会见到有人着马甲与腰封，但现在已经不是必须装备。

2. Cocktail Party

鸡尾酒会（Cocktail Party）应该是日常生活中最普遍的party类型了，它通常都会有酒水及小食品招待，嘉宾基本都是站着的，在场内走动相互交谈。鸡尾酒会的着装要求不似Black Tie和White Tie那样严格。男士以深色的西装为主，按平时的商务打扮即可，女士则要选择一条鸡尾酒裙。

绅士着装要领：

（1）衬衫下摆不要露出来，应将其藏到裤子里。

（2）不要系上西服外套的最后一粒纽扣。穿着三粒纽扣的西装时，只需扣上最上面和中间的扣子，或只扣中间一粒纽扣也可以。如果里面穿着西装背心，应将上衣的三粒纽扣全部解开，西装背心最底下的一粒纽扣也不能扣上。

（3）衬衫一定要露出袖口。

（4）坐下时，切记要将西服纽扣全部解开。

（5）不要过分凸显皮带。

（6）裤子一定要烫出笔挺的裤线。

（7）袜子要足够长，不能露出小腿。

3. White Tie Party

White-tie即系白领结，常搭配燕尾服；有时候也被称为Top Hat and Tails或者Red Carpet Ready。

White-tie是所有着装规则中最正式也是最古板的，对于商务男士来说，White-tie通常的要求是：黑色的燕尾服、白色的领结、白色的马甲和上浆的翼领衬衣，这些都非常严格地限定了着装要求。

绅士着装要领：

（1）上衣：一定是前短后长的燕尾服，可以选择黑色或深蓝色以及丝质前襟，前衣剪裁在腰部以上，且上衣的门襟一定要盖住里面的马甲。

（2）领结：白色长方形领结，不宜过大。

（3）衬衫：需要带有翼领和法式袖口的礼服衬衣，有些胸前也可以带有褶皱设计；衬衫必须挺括，亚麻、纯棉皆可，选择银色或者金色的袖扣，并且一定要是法式扣法。

（4）马甲：最好选择与衬衫同材质的白色西装马甲，三粒扣子，马甲的长度必须遮住裤腰部分，而且还需扣上所有的扣子。

（5）背带：背带须是扣子的而不是夹子的，背带属于内衣范畴，一定不要露在外面。

（6）裤子：最传统带腰封的黑色礼服裤，侧缝需要有两条装饰缎带，而且装饰缎带的材质必须和上衣领子的拼接材质一样，裤子长度要适当。

（7）袜子：黑色的丝质袜子。

（8）皮鞋：皮鞋要选择鞋面有蝴蝶结装饰的礼服鞋，也可以是黑色正装漆皮皮鞋或高品质的黑色小牛皮皮鞋。

（9）口袋巾：最好的材质是上等亚麻材质的，而不是丝绸材质的。

（10）高顶礼帽：礼帽并不是必需的，像白手套、围巾和手杖这些都可要可不要。

三、西装的搭配

男士穿西装时还要注意西装与衬衫、领带、鞋袜和公文包进行组合搭配。

（一）西装与衬衫的搭配

1. 正装衬衫要选用精纺的纯棉、纯毛面料为主。以棉、毛为主要成分的混纺衬衫，亦可酌情选择。

2. 正装衬衫必须是纯色。白色是首选。除此之外，蓝色、灰色、棕色、黑色，有时亦可加以考虑。但是，杂色衬衫，比如红色、粉色、紫色、绿色、黄色、橙色等穿起来有失庄重之感的衬衫，则是不可取的。

3. 正装衬衫大体上以无任何图案为佳。印花衬衫，格子衬衫，以及带有人物、动物、植物、文字、建筑物等图案的衬衫，均非正装衬衫，可在休闲场合穿着。唯一的例外是，较细的竖条衬衫在一般性的商务活动中可以穿着。但是，必须禁止同时穿着竖条纹的西装。

4. 正装衬衫的领型多为方领、尖领和小方领。具体进行选择时，须兼顾本人的脸形、脖长以及将要打的领带结的大小，千万不要使它们相互之间反差过大。扣领的衬衫，有时亦可选用，适用于商务休闲场合。此外，立领、翼领和异色领的衬衫，大都不适合于同正装西装相配套。

5. 穿西装时，衬衫袖应该比西装长出1~2厘米。衬衫领应高出西装1厘米左右。衬衫下摆必须扎进裤内。若不系领带，衬衫的第一粒纽扣应敞开。

6. 正装衬衫以无胸袋者为佳，免得在口袋里乱放东西，破坏衬衣的版型。即便穿有胸袋的衬衫，也要尽量少往胸袋里塞东西。

（二）西装与领带的搭配

英国剧作家奥斯卡·王尔德曾说"学会系好领带是男人生活中最严肃的一步"。男士穿西装时，最抢眼的通常不是西服本身而是领带，因此，领带被称为西装的"画龙点睛"之处，被誉为西装的灵魂。穿西装特别是穿西装套装时不打领带，往往会使西装黯然失色。

最早的领带，可以追溯到古罗马帝国时期。那时的战士胸前都系着领巾，用作擦拭战刀的擦刀布，在战斗时把战刀往领巾上一抹，可以擦掉上面的血。因此，现代的领带大多用条纹型的花纹，起源于此。

领带在英国经历了漫长而有趣的发展过程。英国原来是一个长期落后的国家，在中世纪，英国人以猪、牛、羊肉为主食，而且进食时不用刀叉或筷子，而是用手抓起一大块肉捧在嘴边啃。由于那时尚无刮胡子的工具，成年男子都蓄着乱蓬蓬的大胡子，吃肉时，弄脏了胡子就用衣袖去擦抹。妇女们经常要为男人洗这种沾满油垢的衣服，在不厌其烦之后，她们想出了一个对策，在男人的衣领下挂一块布，可随时用来擦嘴，同时在袖口上钉几块小石块，每当男人们再按老习惯用衣袖擦嘴时，就会被石块划伤。日久天长，英国的男人们改掉了以往不文明的行为，而挂在衣领下的布和缀在袖口的小石块自然也就成为英国男式上衣的传统附属物。后来，就演化为受人欢迎的装饰品——系在脖子上的领带和缀在袖口的纽扣，并逐渐成为世界流行的式样。

领带是西装最重要的饰物，是西装的灵魂，领带的选择讲究甚多。

1. 领带的款式

领带的款式往往受到时尚的左右。在这个问题上，商界人士主要应注意以下四点：一是领带有箭头与平头之分。一般认为，下端为箭头而且是大箭头的领带，显得比较传统、正规；下端为平头的领带，则显得时髦、随意一些。二是领带有着宽窄之别。根据常规，领带的宽窄最好与本人胸围和西装上衣的衣领成正比，而不是随自己的喜好选择。三是简易式的领带，如"一拉得"领带、"一挂得"领带，过于休闲不规范，均不适合在正式的商务活动中使用。四是领结宜于同礼服、翼领衬衫搭配，并且主要适用于社交场所。

2. 领带的配套

有时领带与装饰性手帕会被组合在一起成套销售。与领带配套使用的装饰性手帕，最好与其面料、色彩、图案完全相同。二者同时"亮相"，起到相互辉映的作用，大多见于社交活动之中。

3. 领带的位置

穿西装上衣与衬衫时，应将领带置于二者之间，并令其自然下垂。在西装上衣与衬衫之间加穿西装背心或羊毛衫、羊绒衫时，应将领带置于西装背心、羊毛衫、羊绒衫与衬衫之间。领带打好之后，大箭头应在腰带位置，最好是腰带的下沿，但也有一种说法相反，认为应该到腰带的上沿，不宜过长或过短。

4. 领带的结法

领带打得漂亮与否，关键在于领带结打得如何。打领带结的基本要求是，要令其挺括、端正，并且在外观上呈倒三角形。领带结的具体大小，最好与衬衫衣领的大小形成正比。要想使之稍有变化，则可在它的下面压出一处小窝或一道小沟来，此之谓"男人的酒窝"，彰显这是一条高品质的领带，也是当今流行的领带结法之一。

打领带时，最忌讳领带结不端不正、松松垮垮。在正式场合露面时，务必要提前收紧领带结。千万不要为使自己爽快，而将其与衬衫的衣领"拉开距离"。

5. 领带的配饰

领带配饰主要指领带夹，通常别在领带打好后的"黄金分割点"上，即衬衫自上而下的第四粒至第五粒纽扣之间，并且要求穿上西装以后，从外面看不到领带夹。如果愿意，打领带时亦可使用领带针或领带棒。而在日常生活中，使用领带的配饰，数量上应以一件为限，千万不要同时使用多件，更不要滥用、乱用。

6. 领带的打法

领带有五大结法，主要是指平结、双交叉结、交叉结、双环结及温莎结。

（1）平结

平结为最多男士选用的领带结打法之一，几乎适用于各种材质的领带。要诀：领结下方所形成的凹洞需让两边均匀且对称。

图 3-2　平结 –Plain Kont

（2）双交叉结

这样的领带结很容易让人有种高雅且隆重的感觉，适合正式的活动场合选用。该领带结应多运用在素色且丝质领带上，若搭配大翻领的衬衫不但适合且有种尊贵感。

图 3-3　双交叉结 –Double Cross Kont

（3）交叉结

这是对于单色素雅质料且较薄领带适合选用的领带结，对于喜欢展现流行感的男士不妨多加使用"交叉结"。

图 3-4　交叉结 –Cross Kont

（4）双环结

一条质地细致的领带再搭配上双环结颇能营造时尚感，适合年轻的上班族选用。该领带结完成的特色就是第一圈会稍露出于第二圈之外，注意别刻意给盖住了。

图 3-5　双环结 –Double Kont

（5）温莎结

温莎结适合用于宽领型的衬衫，该领带结应多往横向发展。应避免材质过厚的领带，领带结也勿打得过大。

图 3-6　温莎结 –Windsor Kont

（三）西装与鞋的搭配

鞋袜在正式场合亦被视作"足部的正装"。不遵守相关的礼仪规范，必定会令自己"足下无光"。选择西装配套的鞋子，选择皮鞋。布鞋、球鞋、旅游鞋、凉鞋或拖鞋，显然都是与西装不协调的。按照惯例，深色西装搭配黑色皮鞋，男士商务场合首选黑色皮鞋。男士们在穿皮鞋时要注意保持鞋内无味、鞋面无尘、鞋底无泥、鞋垫相宜、尺码恰当等事宜。

（四）西装与袜子的搭配

袜子除了保暖作用，也是腿部和脚部颜色的过渡。穿西装、皮鞋时所穿的袜子，最好是纯棉、纯毛制品。有些质量好的以棉、毛为主要成分的混纺袜子，也可以选用。不过，最好别选择尼龙袜、丝袜。袜子以深色、单色为宜，并且最好是黑色的。

若西裤的颜色与皮鞋的颜色不一样时，袜子的颜色应与裤子的颜色一样。着深色西装和黑皮鞋不能穿白色袜子。

（五）西装与公文包的搭配

公文包，被称为商界男士的"移动式办公桌"，是其外出之际须臾不可离身之物。

公文包的面料以真皮为宜，并以牛皮、羊皮制品为最佳。色彩以深色、单色为好。在常规情况下，黑色、棕色的公文包，是最正统的选择。最标准的公文包，是手提式的长方形公文包。箱式、夹式、挎式、背式等其他类型的皮包，均不可充当公文包之用。使用公文包时要注意：一是包不宜多，以一只为限。二是包不宜张扬，使用前须先行拆去所附的真皮标志。三是包不可乱装，放在包里的物品，一定要有条不紊地摆放整齐，绝不能使其"过度膨胀"。四是包不能乱放。

最后要强调的是，西装就像跑车一样，讲究线条的流畅之美，在西装的口袋里尽量不放物品，以保持西装的线条和版形；男士西装左侧的上口袋原则上不放任何东西，只是在出席社交场合时搭配绢花，如果有需要，不破坏版型的东西放于西装内侧口袋。

第三节　女士职业装礼仪

"云想衣裳花想容"，相对于偏于稳重单调的商务男士着装，女士们的着装则亮丽丰富得多，合体、得体的服饰将增添女士的自信；商务女士在正式场合的着装以裙装为佳，在所有适合商务女士在正式场合所穿的裙式服装之中，西服套裙是商务女士标准的正装着装，既可塑造出专业女性的形象，也可在一定程度上展现出职业女性的品位。

一、职业女性套裙

西服套裙是女性的标准职业着装，它可塑造出强有力的形象。职业装的关键是面料。面料上要求质地上乘、纯天然。上衣、裙子和背心等必须是用同种面料。要用不起皱、不起毛、不起球的匀称平整，柔软丰厚，悬垂挺括，手感较好的面料。

1.颜色。在选择西服套裙时，应尽量避免选择过于艳丽的颜色，一般以黑色、蓝色、纯白色、藏青色、米色、灰色等颜色为首选。

2.衬衫。衬衫的颜色可以是多种多样的，正装款式比较单一，只要与套装相匹配就可以了。白色衬衣与大多数套装都能搭配。有色彩专家说，女人的衣橱里必须有一件白衬衣。

3. 套裙在整体造型上的变化，主要表现在它的长短与宽窄两个方面，其中以长短最为重要。

职业女装的套裙曾被要求上衣不宜过长，下裙不宜过短。通常套裙之中的上衣最短可以齐腰，而裙子最长则可以达到小腿的中部，最短到达膝盖2厘米以上。

4. 丝巾。丝巾能起到提亮女士套裙的作用。选择丝巾时，要注意丝巾的颜色中最好能够包含有套裙的颜色。

5. 袜子。女士穿裙子应当配长筒丝袜或连裤袜，颜色以肉色为最佳。穿着时，袜口不能低于裙摆，而且也不能在公众场合整理自己的长筒袜。为避免丝袜拉丝或跳丝，应随身携带一双备用的丝袜。

6. 鞋。正式的场合要穿高跟皮鞋，不要穿凉鞋、露脚趾或露脚后跟的鞋。高跟鞋的鞋跟高度以3~4厘米为主。鞋的颜色应与衣服下摆一致或稍深一些。如果鞋是另一种颜色，人们的目光就会被吸引到脚上。

二、职业女性着装禁忌

1. 忌过分的时髦。穿着职业服装不仅是对服务对象的尊重，同时也使着装者有一种职业的自豪感、责任感，是敬业、乐业在服饰上的具体表现。规范穿着职业服装的要求是整齐、清洁、挺括、大方。

2. 忌过分的性感。许多职业女性不够注重自己的身份，穿着颇为性感的服装，在社交场合反而弄巧成拙，给人随意轻浮的印象。

3. 忌过分的保守。虽然职场着装最好以黑、白、灰、蓝、咖啡色为主，相对于休闲装来说，职业装往往色调单一，样式循规蹈矩。其实，只要在细节点缀处善于发现，使平淡的着装平添一种青春亮丽的亲和感，重视与服装相呼应的胸花或胸针的魅力，优雅的味道便呼之欲出。

4. 忌过分可爱型。可爱俏丽的款式会给人不可信、不稳重的感觉，故在职场中也应该避免穿着。

5. 忌配饰乱用。配饰在整个服装的搭配中能起到画龙点睛的作用，但是如果这个"睛"点得不好，反而会起到反作用。因此，配饰使用尽量简单些。

知识链接

女性着装搭配技巧

每个人的性格不同,适合穿的服装也会不同,但是都需要注意TPO原则。对着装者来说,什么样的服饰最美,也须因人、因时、因地而异。当你决定穿某一件衣服时,一定要考虑你穿这件衣服是要到什么场合,是要和谁见面,是在什么时间穿。同时,还不能孤立地只看一件衣服本身,另外需要注意衣服是否与鞋、围巾、腰带等服饰的搭配和谐一致,这样才可能取得服装款式、色彩与个人气质、身材以及外在环境的和谐美感。要将这些都仔细考虑到,你的衣服才会穿着得当。

女性都希望能挑选符合自己体型的衣服,把自己打扮得更年轻秀美。一般来说,人们的体型是千差万别的,不同的人具有不同的体型,但是女性的体型可以在大致上归纳为四类:"X"型、"V"型、"A"型和"H"型。

1. "X"型

"X"型体型比较标准、完美,整体看上去线条优美,体态窈窕。因此,具有"X"型体型的女性在先天上就有较大的优势,无论穿上哪种款式的服饰都显得高雅妩媚。"X"型款式的风格是稍微夸张肩部与下脚线,同时修饰腰线。例如,束腰连衣裙和猎装都属于线条优美而有生气的服装。这种款式变化万千,将浪漫的色彩融合在活泼之中,被女士广泛接受,尤其是得到了少女们的青睐。

2. "V"型

"V"型体态的女性上身比较浑厚,胸部过分丰满,肩部也比较宽。与上半身相比,其臀部和腿部则略显消瘦。由于具有这样的缺陷,"V"型体型的女性在挑选衣服时要避免别人的注意力集中到上身。例如,前胸不要绣花,挑选连衣裙时不宜采用大领口、蓬蓬袖等一类的款式,否则,丰满的胸部和宽厚的肩部将更加突出。这种体型的女性可以选择简洁式样的衣服,不用过多的装饰与堆砌,避免层次过多的搭配。素色的无领无袖的X型连衣裙,或是紧袖公主线型长裙都是很好的选择。不要穿过于宽松的服装,那会给人胖的感觉。颜色以鲜艳或素净的单色组合优于大的印花图案。"V"型体型服装的款式主要通过夸张肩部来相应修饰下脚线,形成边缘线的延长,增加人的挺拔感和修长感。

3. "A"型

"A"型体型的女性下身比较突出,臀部宽大,腹部突出,大腿粗壮。与其相比，上半身更为单薄瘦削些。因此，"A"型体型的女性着装的原则在于上松下紧及上身浅亮下身深沉的色彩规则。最重要的是加重上身的分量，比如垫肩的衣服，醒目的衣领，胸前有两个贴袋的衬衣、西装，配紧身窄裙或紧身裤。要避免无袖的长裙、紧身衣袖的紧身衣，过低的V领衫以及宽肥的长裤。平时，这类女性比较适合穿质地柔软、线条柔和、色彩纯实的长摆式喇叭裙，配上一件宽松的蓬蓬袖衬衫，腰间以一条皮带系住。这样，整体上体态就显得更为匀称。

"A"型体型的服装款式主要突出肩部的修饰以及夸张下脚线，有助于达到高度上的夸张。正因为这样，多数女性都很喜欢此类风格的衣服，具有稳重、文雅、端庄、矜持的造型特点，生活中常见的无袖连衣裙和婚纱类服装等都是这种"A"型服装的代表。

4. "H"型

"H"型体态的女性上下平直，腰身粗壮，缺乏线条。为了通过服装来造成一种纤细修长、线条起伏的感觉，这种体型的女性可以选用色彩对比强烈的面料做衬衫，下身穿一条深色牛仔裤，再束一根宽宽的黑皮带，就会在视觉上突显其腰身，制造轻巧玲珑的效果。直筒裙和直筒裤一类的"H"型服装款式的特点在于放宽腰围，使肩宽、三围及下脚线横度基本一致，给人以轻松、随和、舒适、自由的感觉（如图3-7所示）。

图 3-7　H 型体态服装款式

第四节　服装配饰礼仪

服装配饰，从表面上理解，是指除主体时装（上衣、裤子、裙子、鞋）之外，为烘托出更好的表现效果而增加的配饰，其材质多样，种类繁杂。服装配饰逐渐地演变成为服装表现形式的一种延伸，已成为体现美的不可或缺的一部分。

一、配饰的使用原则

（一）符合身份

在正式商务交往中选戴饰品时，商务人员要使之与自己的身份相称，讲究"三不戴"。首先，有碍于工作的首饰不戴，如果某些首饰会直接影响自己的正常工作，就应该不要戴。其次，炫耀自己财力的首饰不戴，在工作场合佩戴过于名贵的首饰，难免给人招摇的感觉。最后，突出个人性别特征的首饰不戴，胸针、耳环等往往会突出佩戴者的特征，从而引起异性的过分注意，在工作场合最好不要戴。

（二）以少为佳

佩戴饰品时数量上应注意的礼仪是以少为佳。在必要时，可以一件饰品也不必佩戴。若有意同时佩戴多种饰品，其上限一般为三，即不应当在总量上超过三种。除耳环、手镯外，最好不要让佩戴的同类饰品超过一件。

二、佩戴饰品需要注意的问题

（一）色彩

佩戴饰品首饰时色彩方面应注意的礼仪是力求同色。若同时佩戴两件或两件以上饰品，应使其色彩一致。戴镶嵌饰品时，应使其与主色调保持一致。千万不要使所戴的几种饰品色彩斑斓，把佩戴者打扮得远看像一棵"圣诞树"，近看实质是一"杂货铺"。

（二）材质

佩戴饰品时材质上应注意的礼仪是争取同质。若同时佩戴两件或两件以上饰品，应使其材质相同。戴镶嵌饰品时，应使其被镶嵌物质一致，托架也应力求一致。这样做的好处，是能令其总体上显得协调一致。另外还须注意，高档饰物，尤其是珠宝饰品，多适用于隆重的社交场合，但不适合在工作、休闲时佩戴。

（三）身份

佩戴饰品时，身份上应注意的礼仪是要令其符合身份。选佩戴饰品时，不仅要照顾个人爱好，更应当使之服从于本人身份，要与自己的性别、年龄、职业、工作环境保持大体一致，而不宜使之相去甚远。

（四）体型

佩戴饰品时，体型上应注意的礼仪是要使饰品为自己的体型扬长避短。选择饰品时，应充分正视自身的形体特色，努力使饰品的佩戴为自己扬长避短。避短是其中的重点，扬长则须适时而定。

（五）季节

佩戴饰品时，季节上应注意的礼仪是所佩戴饰品应与季节相吻合。一般而言，季节不同，所佩戴饰品首饰也应不同。金色、深色饰品适于冷季佩戴，银色、艳色饰品则适合暖季佩戴。

（六）搭配

佩戴饰品时，搭配应注意的礼仪是要尽力与服饰相协调。佩戴饰品，应视为服装整体上的一个环节。要同时兼顾服装的质地、色彩、款式，并努力使之在搭配、风格上相互般配。

（七）习俗

佩戴饰品时，佩戴者应注意的礼仪是遵守习俗。不同地区、不同民族，佩戴饰品的习惯做法多有不同。对此一是要了解，二是要尊重。

在较为正规的场合使用饰品，务必要遵守饰品使用应注意的礼仪。这样做的好处是，既能让饰品发挥其应有的美化、装饰功能，又能合乎常规，在选择、搭配、使用时不至于弄出洋相，被人耻笑。

三、常见饰物的佩戴

（一）丝巾、围巾

丝巾、围巾是女士的钟爱。挑选丝巾、围巾的重点是丝巾的颜色、图案、质地和垂坠感。可以用丝巾、围巾调节脸部气息，如红色可映得面颊红润；或是突出整体打扮，如衣深巾浅、衣冷巾暖、衣素巾艳。

但佩戴丝巾、围巾时要注意：

1. 如果脸色偏黄，不宜选用深红、绿、蓝、黄色丝巾；脸色偏黑，不宜选用白色、有鲜艳大红图案的丝巾。

2. 围巾一般在春、冬季节使用的比较多。它的搭配要和衣服、季节协调。厚重的衣服可以搭配轻柔的围巾，但轻柔的衣服却绝不能搭配厚重的围巾。围巾和大衣一般都适合室外或部分公共场所穿着，室内就要及时摘掉，不然会让人感到有压力。

（二）手表

在社交场合人们所戴的手表往往体现其地位、身份和财富状况。因此在人际交往中人们所戴的手表，尤其是男士所戴的手表，大都引人瞩目。在正规的社交场合，手表往往被视同首饰，对于平时只有戒指一种首饰可戴的男士来说，更是备受重视。有人甚至强调说："手表不仅是男人的首饰，而且是男人最重要的首饰。"在西方国家，手表与钢笔、打火机曾一度被称为成年男子的"三件宝"，所以手表是商务人士尤其是男性最重要的一个饰品。佩戴手表若要正确无误，自然先要了解手表，并且善于选择手表。选择手表，往往应注重手表种类、功能、形状、图案、色彩等方面。

（三）眼镜

眼镜除了具有矫正视力的功能外，还有巨大的装饰作用。眼镜能使人外表增色，也能使人的脸部显得不协调。所以，如果必须戴眼镜的话，就应该考虑眼镜和脸型的配合，尽量选择适合自己的镜框，以增添美感。镜框的选择原则，一是适合自己的脸型，二是戴着的时候感觉舒适。镜架的颜色不一定要与所穿着服饰相协调，而应选择与肤色或是头发的颜色相协调的色彩。

方脸型的人适合佩戴和面部肤色接近的镜框，避免色彩反差大的镜框，否则会使脸型显得更短。半镜框眼镜在视觉上容易和肤色相融，也很适合短脸型的人。还可以选择金丝细边、银丝细边的眼镜，注意避免戴大镜框眼镜。

圆脸型的人避免深色、宽边镜框、圆镜框或方正的镜框，这样会显得脸型更圆。适合佩戴与面部肤色颜色相近的镜架，同时可选用无边框的款式。

女士要避免在职业场合中戴太阳镜，并且要时刻注意保持眼镜片的清洁。在非常隆重的社交场合，请尽量选择隐形眼镜。也可以准备两副眼镜，一副在日常工作中使用，另一副在社交场合使用。

知识链接

脸型、肤色与服装搭配技巧

人的身体有胖瘦之别，脸型、肤色每个人也有差别。针对不同的脸型、肤色，要选择不同的服装来搭配。

1. 脸型与服装搭配

（1）圆脸型

圆脸型活泼可爱，如果变得椭长一点就更有味道。袒露的脖子会起到延长脸形的作用。"V"字领、马蹄领和"U"字领也能帮助美化脸形，以使脸型显得长些。

（2）三角脸型

如果是上小下大的倒三角脸型，最好挑选带有尖角的领型，如"V"字领、细长的尖领或大敞领，以使脸部显得不那么尖削。

如果是上大下小的三角脸型，"一"字领和"U"字领增添了下巴的宽度，减弱了上宽下窄的感觉，使脸蛋更为圆润。

（3）长脸型

"一"字领是理想的选择，肩部的平挺可以减弱长脸的视觉，有垫肩或蓬蓬袖的服装使你看来温柔又有气质。选用高领、六角领、一字领、方领等，在视觉上有缩短的效果。

2.肤色与服装搭配

脸部的色彩要因人而异。假如考虑人的皮肤、头发、眼睛、眉毛和脸上的色素沉着等颜色，我们可以说世上绝无二人相同。人身上各种颜色的综合，使得人与人不相同。另外，人的服装的面料、款式也影响了人的外表。很多人身着彩色服装楚楚动人，可换上黑色、深黄色、灰白色和绿色的服装就黯然失色。由此可见，衣着的色彩要因人而异。假使你的皮肤色调发黄或发褐色，就要避免穿亮度大的蓝色或紫色衣服。肤色黄黑的女性，黑色、蓝色和绿色是你最天然的伴侣，尤其是黑色围巾、绿色或蓝色的上衣最能显现你的美，粉色、紫色应避免。假使你的皮肤色调很暗，就要避免深褐色、黑紫及黑色；红润的肤色，本身就有健康的自然美。不过，红得恰到好处时，反而要避开抢色的鲜绿。强烈的对比，会使肤色显得红得发紫。如肤色不健康，不宜选用粉红、淡绿、鹅黄之类娇嫩的色彩。如果脸色苍白的人，穿菜绿色上衣，就会显得更具病态。

假使肤色白，大红、正绿、鲜蓝等原色不是最佳配色，粉红、浅绿、天蓝、淡咖啡、白色、浅灰等浅淡色才使女性散发出浪漫温柔的魅力。如果穿深色的衣服，会在对比的衬托下显得更加白净；穿淡色的衣服也显得素净淡雅；有时显得人有些苍白，浅红、橙黄、奶黄和咖啡色等浅暖色调的衣服，自然使你显得健康，大红、玫瑰红、殷红、深红的单色和以这类色为主的碎花图案同样能映照脸庞。肤色黝黑的人，适宜挑选较明朗的色彩、图案较柔和的料子；在式样上也略可紧身，这样可扬长避短，使人显得俊俏秀丽。深咖啡、墨绿颜色的衣服，在暗色调的衬托下，会使脸色更加黝黑。有的人肤色略带有灰黄，则不宜穿米黄、土黄或香灰色，因为它们会使人显得没精打采。

本章小结

TPO原则是世界通行的着装打扮的最基本原则。它要求人们的服饰应力求和谐，以和谐为美，给人留下良好的印象。更重要的是要知道，规范着装是每个事业成功者的基本素养。

要多了解西装款式与场合、西装与纽扣、西装与衬衫、西装与领带、西装与鞋袜等方面的基础知识，了解女性职业套裙中上衣、裙子、衬衫、鞋袜、妆饰等规范。

着装是一门系统的工程，体现着一种社会文化，体现着一个人的文化修养和审美情趣，是一个人身份、气质、内在素质的无言的介绍信，同时也代表着企业的形象。

练习题

一、单项选择

1. 男士在正式场合穿西服套装时全身颜色必须限制在几种颜色之内（　　　）。
   A. 2种　　　　　　B. 3种　　　　　　C. 4种　　　　　　D. 5种

2. 以下说法不正确的是（　　　）。
   A. 男性腰上所挂东西的多少与地位成反比
   B. 女性在正式场合中不可以穿黑色皮裙
   C. 在所有的商务交往中都要强调女性看包、男性看表的基本要求
   D. 与客户面谈时要保证手机不响，最好当着客户的面关机

3. 以下关于饰品搭配的原则，说法错误的一项是（　　　）。
   A. 佩戴饰品时数量上的原则是以少为佳
   B. 佩戴饰品时力求同质、同色
   C. 高档饰品可以在工作时佩戴
   D. 项链与领口应避免重复

4. 穿着西装，纽扣的扣法很有讲究，穿（　　　）西装，不管在什么场合，一般都要将扣子全部扣上，否则会被认为轻浮不稳重。
   A. 两粒纽扣　　　　B. 三粒纽扣　　　　C. 单排纽扣　　　　D. 双排纽扣

5. 在西方，"男人有三宝"的说法中的"三宝"不包括（　　　）。
   A. 金笔　　　　　　B. 香水　　　　　　C. 打火机　　　　　D. 手表

6. 商务女性穿职业套裙时，应（　　）。
   A. 穿短袜　　　　　　　　　　B. 穿彩色丝袜
   C. 光腿　　　　　　　　　　　D. 穿长筒袜或连裤袜

二、多项选择

1. 以下属于仪表修饰原则的是（　　）。
   A. 适体性原则　　　　　　　　B. TPO原则
   C. 整体性原则　　　　　　　　D. 适度性原则
2. 以下关于男士西服的穿着说法正确的是（　　）。
   A. 穿西服必须要穿长袖衬衣　　B. 穿西服不一定要穿皮鞋
   C. 较正式的场合，穿西服应系好领带　　D. 穿西服忌穿过多内衣
3. 关于商务礼仪中对着装的说明正确的有（　　）。
   A. 社交场合可穿时装、礼服、中山装、单色旗袍、民族服装等
   B. 通常情况下，男士不用领带夹，但穿制服时可使用
   C. 女性在商务交往场合不能穿皮裙
   D. 高级场合：男性看表，女性看包。普通商务场合：男性看腰，女性看头
4. 男性的"三个三"是指（　　）。
   A. 全身不能多过三种品牌
   B. 鞋子、腰带、公文包三处保持一个颜色，黑色最佳
   C. 全身颜色不得多于三种颜色（色系）
   D. 左袖商标拆掉；不穿尼龙袜，不穿白色袜子；领带材质选择真丝和毛的，除非制服配套否则不用"一拉得"，颜色一般采用深色，短袖衬衫打领带只能是制服短袖衬衫，夹克不能打领带

思 考 题

1. 如何理解着装的TOP原则。
2. 着装有哪些重要的原则？
3. 西装在搭配上有哪些技巧？
4. 职业套裙选择的注意事项有哪些？

小组活动

1. 小组内讨论商务男士着装的要求。
2. 练习领带的打法。

案例分析

为什么这次面试会失败？

一位年轻的硕士研究生即将从某重点大学金融管理专业毕业，她得到了一家银行招聘面试的机会，职位是银行的市场推广部门做项目推广工作。于是在约定好的时间她兴致勃勃地来到了那家银行。

面试很快结束了，她的感觉很不好。虽然银行方面并没有明确告诉她结果，但是她自己很清楚结果是失败，因为面试她的人对她一点热情也没有，只是说现在银行没有合适她的职位，希望明年再来试试看。而她很明白所应聘的职位是银行在招聘广告中写得清清楚楚的一个急需的职位，银行人事部门给她打的电话确认时也说得很清楚。

问题出在哪里呢？带着满脑袋的困惑，她找到了形象咨询设计公司的老师，请老师帮助分析一下到底什么地方出了差错。

老师通过和她的交流，发现她在学术和专业能力上没有任何问题。她是就读大学里的优秀大学生，由于学业上的优秀表现，大学毕业那年直接升研究生深造。她所具备的专业潜力，是被正在寻找人才的那家银行认可的。女孩谈吐虽然有些腼腆，但是说话时清晰的发音和语速、语调及音量都显示出受过良好教育的一面。

被拒绝的问题出在哪里呢？

老师请她谈谈当时面试时的着装，她告诉老师，穿的就是现在见老师所穿的衣服。当时正是夏季，那是一件藕黄色带衬里的薄纱无袖短衫，短衫是大领口，在领口和袖口边上有宽宽的折叠花边；短衫下面是一条同色的短裙，裙边也是宽宽的折叠花边。可能因为热，她没有穿袜子，脚上是一双贴有闪亮水晶片的细高跟黑色凉鞋，手上拿的是一个印有卡通图像的帆布手提包。

问题出在面试时候的着装上，老师告诉她。

为什么呢？她很不理解。她告诉老师，学校很多同学在天热的时候都穿这种风格的服装，大街上很多女孩也是这样穿着，她还告诉老师，在学校时很多女孩子讨论到如何应付面试，大家都说着装要装嫩才更容易通过面试被录取。

老师告诉她，现在她身上穿的这套服装，在夏天这个季节作为私人场合的着装非常好，但是作为应征银行工作的职业着装是非常失败的。为什么呢？老师解释说，银行工作是一个非常严谨且仔细严肃的工作，我们平时到银行的时候，从银行工作人员的着装上就可以反映出来，通常银行工作人员的着装要给人信任和具有权威性的感觉，所以很多时候，银行选择灰色的西服套装。灰色的西服套装会给人们踏实可靠的感觉，因为如此，很多银行选择它作为职业装。作为一名即将毕业的大学生来说，应征这份工作，可以不必像银行正式员工那样穿灰色的西套装，但是当你穿其他服装的时候，要体现出来的是和银行对员工要求相同的严谨踏实仔细的风格，所以你的着装应该选择保守的款式和颜色才能符合银行的需要。

女孩依然困惑地看着老师问，"现在是夏天，如果穿西服套装一定非常热，面试人员会认为我完全是为了要这份工作才这样做的，我应该怎样穿才对呢？"

老师说，"你可以穿全棉或者涤棉面料的短袖衬衫，但是款式要简单大方，衬衫颜色以浅单色为主；下面可以穿一条深颜色款式保守的裙子或者长裤。同时要记住，如果穿裙子就要穿连裤袜或者袜筒长度足够遮蔽腿部肌肉的肉色袜子；鞋子最好穿中高跟的皮鞋，不要穿细高跟的皮鞋。还有不要使用给人感觉很幼稚或者很大牌的提包，因为幼稚的款式很难让人信任可以承担那份工作；大牌会使人联想一个没有收入的年轻人使用价格昂贵的包是一个奇怪的现象，甚至还会想到更多的事情，这些都会给面试官员留下不好的印象。"

老师接着说，"另外一点你一定要记住，当你进入银行大门的时候，很有可能面试已经开始了，银行的面试官员已经在你不知道的地方观察你了，但是不用担心，中粗跟的皮鞋会帮助你走路姿势平稳踏实，你的着装让你表现出一个充满青春活力又稳重踏实严谨的职业形象，你的着装和银行大环境相吻合，这会让你自然而然产生一种与环境相融合的自信。当你自信地进入面试办公室时，很多时候，银行的面试官员对你总体印象打分可能已经完成了。"

女孩此时脸上露出轻松的笑容，高兴地对老师说，"听老师这番话，我心里真的有了底，下一次面试机会来了时，我一定会按照老师的要求做。"

两个月以后，她打来电话，告诉老师，按照老师的职业着装要求，又应征了另外一家银行的职位，面试不久银行便给了她录取通知，现在她很高兴找到了自己的第一份工作。

最后女孩说，"我还会找老师，希望老师能帮助我提升我的职业形象，我希望自己能够成为一个成功的职业人。"

思考：

1. 这个案例带给你怎样的思考？
2. 女孩为什么一开始并没有成功得到工作机会？
3. 女孩一开始对职业着装的看法你是否认同？
4. 如果你有这样的机会你将如何做准备？
5. 你是否可以从容面对即将来到的面试？

第四章 仪态礼仪

学习目标

- 了解仪态概念的功能
- 掌握仪态中站、坐、走、蹲各姿态的标准要求
- 理解手势礼仪和表情礼仪
- 掌握目光注视区间的范围及作用

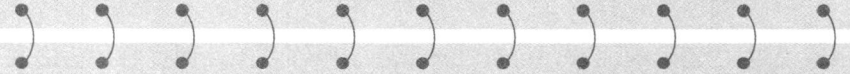

关键词

仪态礼仪　站姿　坐姿　走姿　蹲姿　手势　表情

引导案例

老板与无赖

我国民间流传着这样一则故事。一个人走进饭店要了酒菜,吃罢摸摸口袋发现忘了带钱,便对店老板说:"店家,今日忘了带钱,改日送来。"店老板连声说:"不碍事,不碍事,"并恭敬地把他送出了门。这个过程被一个无赖给看到了,他也进饭店要了酒菜,吃完后摸了一下口袋,对店老板说:"店家,今日忘了带钱,改日送来。"谁知店老板脸色一变,揪住他,非剥他衣服不可。无赖不服,说:"为什么刚才那人可以赊账,我就不行?"店家说:"人家吃菜,筷子在桌子上的盘子里找齐,喝酒一盅盅地筛,斯斯文文,吃罢掏出手绢揩嘴,是个有德行的人,岂能赖我几个钱。你呢?筷子往胸前找齐,狼吞虎咽,吃上瘾来,脚踏上条凳,端起酒壶直往嘴里灌,吃罢用袖子擦嘴,分明是个居无定室、食无定餐的无赖之徒,我岂能饶你!"一席话说得无赖

哑口无言，只得留下外衣，狼狈而去。

> **案例分析**
>
> 动作姿势等仪态往往比口头语言更能真实地反映一个人的道德品质、性格气质、文化修养和精神状态。一个品德端庄、富有涵养的人，其姿势必然优雅。一个低级趣味、缺乏修养的人，是做不出高雅的姿势来的。商务交往中，商务人员同样须留意自己的仪态。因为仪态，是别人了解我们的一面镜子。同时，商务交往中，商务人员也可以通过别人的仪态来衡量、了解和理解别人。

第一节　仪态的基本概念

一、仪态的概念

培根曾说过："就形貌而言，自然之美要胜于服饰之美，而优雅行为之美又胜于单纯仪容之美。"这句名言道出了仪态在人际交往中的重要性。

（一）仪态的基本概念

仪态也叫仪姿，泛指人们身体所呈现出的各种姿态，它包括人的举止、动作、神态表情和相对静止的体态。在人际交往中，仪态以一种无声的体态语言反射出一个人的精神状态、心理活动、文化修养以及审美眼光等。仪态包含基本的站姿、坐姿、走姿、蹲姿、手势、表情等。仪态美是姿势、动作的美，是一种综合的美、完善的美，是仪态礼仪所要求的。

（二）仪态的特征

仪态是人们在成长和交往中逐步形成的，因此具有习惯性的特征。

首先，仪态的习惯性是指人们对某一动作理解的习惯性，一方面表现在某些动作表情达意的一致性，比如人们总是用微笑表示友好、高兴；另一方面，也表现在同一动作由于地域和文化环境的不同而具有不同的含义。比如，人们常认为的"点头Yes，摇头No"在印度、土耳其等国家却表示相反的意思。

其次，仪态的习惯性是个人在成长过程和生活环境中形成的，这种习惯性并不都是先天的，也可以通过后天的训练形成，一旦形成，就很难改变。人的仪容美会随着时间的流逝而失色，而仪态美却能够随着年龄的增长而增添几分成熟、稳重、深刻的美。

二、仪态的功能

（一）仪态是一种"无声的语言"

在日常交往中，人们能够通过语言交流信息，但在说话的时候，个人的面部表情、身体的姿态、手势和动作也在传递着信息。对方在接收信息时，不仅"听其言"，同时也在"观其行"。仪态语言是一种极其丰富、复杂的语言。据估计，世界上至少有70多万种可以用来表达思想意义的表情姿态动作，这个数字远远超过当今世界上最完整的一部词典所收集的词汇数量。从表面上看，信息的传递与反馈主要通过嘴、耳、眼的运用。实际上，表情、姿态等所起的作用远远超过自然语言交流的本身。仪态语言往往比有声语言更富有魅力，可以达到一种"此处无声胜有声"的效果。

（二）仪态是内在素质的真实表露

仪态在表情达意方面也许不像语言那么明确和完善，但它在表露人的性格、气质、态度、心理活动等方面却更真实可靠。一个人所说的话可能是真实的，也可能是虚假的，但人的仪态总是真实的。

（三）仪态美有助于加深交往对象的第一印象

在商务交往中，商务人员可以通过自己规范的、美的仪态向他人传递自己的学识与素养等信息。一般来说，给人第一印象较好的人都具有以下共同之处：有风度、有气质、沉着冷静，对什么都有所了解；谦逊、温和，对下级也彬彬有礼；正直开朗，思维独特，仪态端正。可见，在人际交往中，对一个人第一印象的好坏常常取决于其气质和风度，而一个人的气质和风度又主要通过仪态表现出来。

第二节　仪态礼仪要求

一、站姿礼仪

站姿是生活静力态造型的动作，优美、典雅的站姿是发展人的不同质感美、动态美的起点和基础，能衬托一个人美好的气质和风度。

站姿的基本要领，从正面观看，全身笔直，精神饱满，两眼正视，两肩平齐，两臂自然下垂，两脚跟并拢，两脚尖张开60°，身体重心落于两腿正中；从侧面看，两眼平视，下颌微收，挺胸收腹，腰背挺直，手中指贴裤缝，整个身体庄重挺拔。归纳起来是：头正、肩平、臂垂、躯挺、腿并。在商务活动中常会用到以下几种站立姿势。

（一）标准站姿

俗话说"站如松"，就是说人的站立姿势要像青松一般端直挺拔才会美丽。站立时，整个人要收腹、立腰、提臀。站立时不要过于随便，驼背、塌腰、耸肩、两眼左右斜视、双腿弯曲或不停颤抖以免影响站姿的美观。

标准站姿又称肃立站姿（如图4-1所示）。要点是：抬头挺胸，下颌微收，双眼平视前方，两腿绷直，收腹、立腰，双臂自然下垂，两脚脚跟相靠并齐。肃立站姿适用于隆重的场合，如升旗、庆典、剪彩等仪式。

图4-1　男士标准站姿

（二）前腹交叉式站姿

对于男士来说，前腹交叉式站姿的要点是：**两脚并列并齐（如图4-2）或两脚平行分开（如图4-3，两脚之间的距离以小于肩宽为宜），双手在腹前交叉，右手大拇指与四指分开搭在左手腕部，身体重心放在两脚掌上，腰背挺直，注意不要挺腹或后仰。**

图4-2　男士前腹交叉式站姿1

图4-3　男士前腹交叉式站姿2

对于女士来说，前腹交叉式站姿的要点是：两脚尖稍稍展开，左脚在前，将左脚跟靠于左脚内侧前端，呈丁字步站立，两腿绷直并拢，腰背直立，两手在腹前交叉，右手握住左手手指部分，使左手四指不外露，左、右手的大拇指内收在手心处（如图4-4所示）。

图 4-4　女士前腹交叉式站姿

（三）后背式站姿

后背式站姿又称体后交叉式站姿，其站立的要点是：男士双脚自然分开，与肩同宽；女士双脚呈丁字步站立，两腿绷直，腰背直立，两手在身后交叉，右手搭在左手腕部，两手心向上收。女士后背式站姿如图4-5所示。

图 4-5　女士后背式站姿

（四）体后单背式站姿

体后单背式站姿的要点是：两脚尖展开的角度呈90°，左脚向前，将左脚跟靠于右脚内侧中间位置，呈左丁字步，身体重心放在两脚上，左手后背半握拳，右手自然下垂。也可以站成右丁字步，即右脚向前将右脚跟靠于左脚内侧，两脚尖展开呈90°，右手后背半握拳，左手自然下垂。此种站姿适用于给客人指示方向，或解决疑难问题等服务。

知识链接

站姿禁忌

1. 不论男女，站立时切忌歪头、耸肩、含胸、塌腰、撅臀。
2. 切忌两脚分得太开或两腿交叉而站，一个肩高一个肩低，两腿交叉斜靠着墙壁，和别人勾肩搭背地站着等。
3. 切忌手位失当，如手插腰间或裤袋中，手托下巴、抱在胸前等。
4. 切忌下意识地做小动作，如摆弄打火机、香烟盒，玩弄衣服、头发等。
5. 切忌双腿不停地抖动或不停地摇晃身体。

二、坐姿礼仪

坐姿是一种可以维持较长时间的工作劳动姿势，也是一种主要的休息姿势，更是人们在社交、娱乐中的主要身体姿势。良好的坐姿不仅有利于健康，而且能塑造沉着、稳重、文雅、端庄的个人形象。

坐姿的基本要领：无论从什么方位走向座位，通常讲究左进左出，即从椅子的左边入座，从椅子的左边离座。入座时走到座位前，背对座位，把右脚向后撤半步，使腿部接触到座位边缘后轻稳坐下，然后使右脚与左脚并齐。入座后，上体要保持自然正直、头部端正，不要倚靠在座位的背部。臀部坐在椅子二分之一或三分之二的位置即可，两臂自然弯曲，双手分别放在双膝上，女士双手可叠放在左膝或右膝上。双目平视，下颌微收，表情要亲切自然。穿着裙装的女性要特别注意，入座前要先用双手拢平裙摆后再坐下，入座后双膝一定要并齐。男士坐下后两腿之间最多可以有一个拳头的距离。不论男女坐下时尽量不要发出声响，即便调整坐姿也不要发出声响。起立时右脚先收半步然后站起来，起立后右脚与左脚并齐。

久坐会使人感到疲劳、不自然，这时可以调整一下坐姿：男士可以将双脚略向前伸或两脚交叉；女士可以将两腿并拢，两脚同时向左或右放，两手叠放，置于左腿或右腿上形成优美的S型，或者可以将两腿交叉重叠，但要将上面的小腿回勾，脚尖向下。在商务活动中常会用到以下几种坐姿。

（一）标准式坐姿

标准式坐姿又称正襟危坐式坐姿，适用于最正规的场合，男女皆适用。要点是：上身挺直，上身与大腿，大腿与小腿，小腿与地面之间都应该呈直角；双腿双膝完全并拢；坐满椅子的三分之二。男士、女士标准坐姿如图4-6、4-7所示。

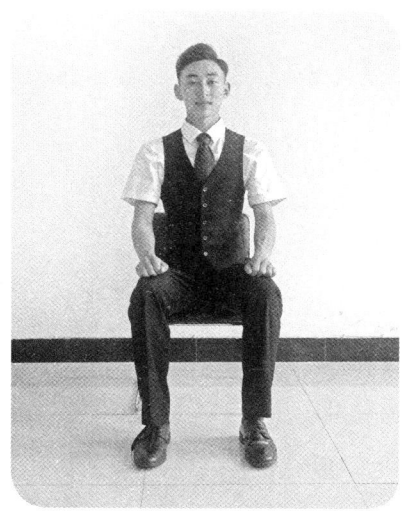

图4-6　男士标准站姿

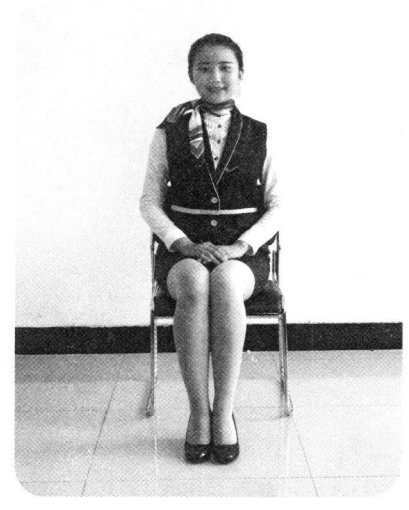

图4-7　女士标准站姿

知识链接

"安坐"——古代最合礼仪的坐姿

古代的"坐"与现代的"坐"并不一样。在秦汉以前，"坐"的概念比较宽泛，"坐""踞""跪""拜"等都属于坐的范畴，这是当时最合乎礼仪的坐姿。"坐"，又叫"安坐""正坐""跪坐"，成语"正襟危坐"里所说的"坐"，指的就是这种坐法。

安坐，是古代最体面的一种坐姿，即以膝居地，小腿平置于地，臀部贴于脚后跟。据考证，安坐源于神灵安置受祭的特殊姿势"尸坐"，乃一种权威姿势，当时的贵族或者有身份者，在公开场合都采用安坐。

同一个坐姿,也有不同的"坐法"。有关坐姿的理论,古人称之为"坐容",系"容经"的组成部分。西汉贾谊在《新书》中专门写了《容经》一章,其中"坐容"这样要求:"坐以经立之容,胻不差而足不跌,视平衡曰经坐,微俯视尊者之膝曰共坐,仰首视不出寻常之内曰肃坐,废首低肘曰卑坐。"用今天的话来说就是:身体挺直了坐下,小腿不要伸得一长一短,脚掌不要着地。两眼平视的,称为"经坐";头微低,目光注视对面尊者的膝盖,叫"恭坐";低头,目光不超出身边数尺远,则为"肃坐";头完全低下来,甚至连手肘都下垂,则叫"卑坐"。

贾谊所说的"经坐",其实就是常规的"安坐",即"席地而坐"。据分析,贾谊的《容经》可能是专为诸侯王写的"礼仪教材"。可见,当时"怎么坐"确实很重要。

(二)双腿叠放式坐姿

双腿叠放式坐姿又称架腿式坐姿,适用于穿短裙的女性(如图4-8所示)。要点:将双腿交叠在一起,两腿之间不留缝隙,犹如一条直线,双腿斜放在左侧或右侧,腿部与地面呈45°夹角,叠放在上面的脚尖垂向地面,双手虎口相交轻握放在位于上方的腿上。

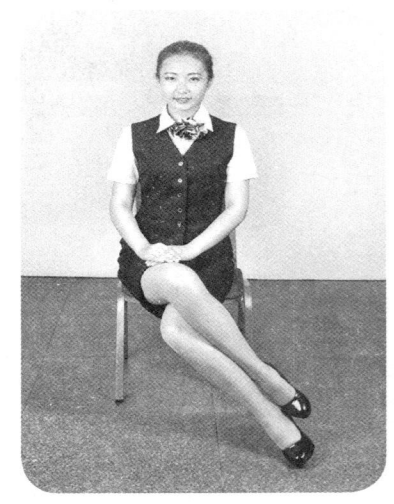

图4-8 双腿叠放式坐姿

图4-9 男士叠放式坐姿

男士叠放式坐姿适用于男性在非正式场合采用。要点是:两条腿在大腿部分叠放在一起,叠放之后位于下面的一条腿小腿应垂直于地面,脚掌着地。位于上面的一条腿的小腿则向内收,同时脚尖向下,如图4-9所示。

（三）双腿斜放式坐姿

双腿斜放式坐姿适用于穿裙装的女性在较低处就座时使用。要点是：双膝并拢，然后双脚向左或向右斜放，力求使斜放后的腿部与地面呈45°，双手虎口相交轻握放在腿上，挺胸直腰面带微笑，如图4-10所示。

（四）双脚交叉式坐姿

双脚交叉式坐姿适合用于各种场合，要点是：双膝并拢，双脚在脚踝处交叉，双脚可以向内回收，也可以斜放。该坐姿男女皆适用。

（五）双脚内收式坐姿

双脚内收式坐姿适用于一般场合，男女皆适用。要点是：两腿并拢，双膝略打开，两小腿分开后向内侧屈回。

（六）前伸后屈式坐姿

前伸后屈式坐姿又称曲直式坐姿，是适用于女性的一种坐姿。要点是：上身挺直，大腿并紧，将一条腿向前伸出，另一条腿屈后，两脚掌着地，双脚要保持在同一条直线上，如图4-11所示。

坐姿如果不正确，除了看起来没精神外，也容易腰酸背痛，甚至影响脊椎、压迫神经。在商务场合，不雅的坐姿诸如双腿过度叉开，跷二郎腿或"4"字形腿；腿脚抖动摇晃；身体东歪西靠，左顾右盼，摇头晃脑；弯腰曲背；双手撑椅；双手位置乱放，或端臂，或抱膝盖，或抱小腿，或置于臀部下面；脚尖指向他人等这些都属错误坐姿，应避免出现。

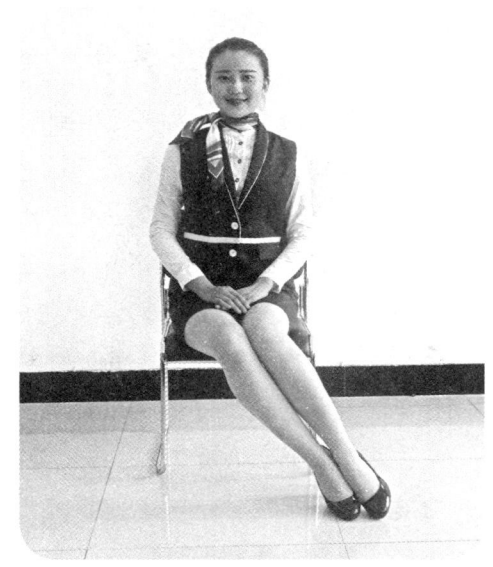

图 4-10　双腿斜放式坐姿

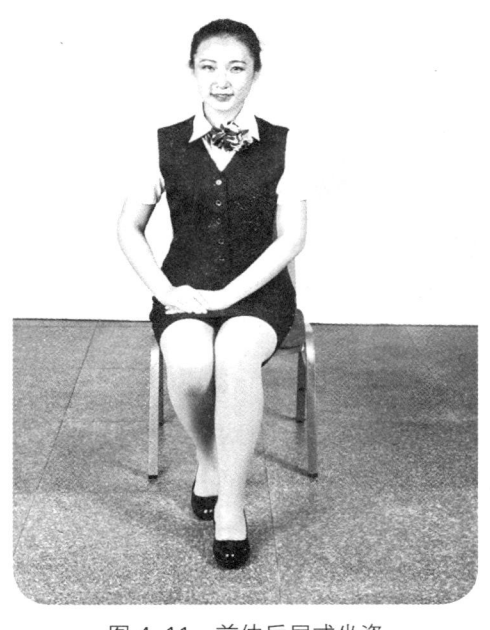

图 4-11　前伸后屈式坐姿

> **知识链接**
>
> ### 箕踞——古人的休息性坐姿
>
> 先秦时期，不会坐或是乱坐都属不懂礼仪的行为。孔子的老朋友原壤，就曾因乱坐而被孔子臭骂一通。一次，原壤张开两腿，坐等孔子，即"原壤夷俟"一说。据《论语·宪问》记载，孔子见到原壤的坐姿后当场就发火了，用拐杖敲打着原壤的小腿骂道："幼儿不孙弟，长而无述焉，老而不死，是为贼。"其大概意思是，你从小就不懂礼数，长大也是废物一个，老了白浪费粮食，是个害人精。
>
> 实际上，在日常生活中人们不可能都是"正襟危坐"，孔子大骂原壤显然是过于"上纲上线"了。秦汉以前，除了礼仪性质的坐外，还有不少生活化的坐法，在非公开场合有蹲踞、箕踞等姿势。蹲踞与箕踞相对舒适、自由，是古人较为随意的休息性姿势。
>
> "蹲踞"是脚底和臀部着地，两膝上耸，就是"蹲着坐"。"箕踞"是怎么个坐法？清人段玉裁《说文解字注》中称，"箕踞，则臀着席，而伸其脚于前。"就是两腿伸直拉开，呈八字状，看起来似簸箕。

三、走姿礼仪

走姿，是一个人在行走之时所采取的姿势。它以端正的站姿为基础，是站姿的延续动作，它是自始至终都处于动态之中的，体现的是人类的运动之美和精神风貌。从一个人的走姿就可以了解其精神状态、基本素质和生活节奏。无论是在商务场合还是在社交场合，走姿往往是最引人注目的身体语言，轻盈自然、协调稳健的走姿最能表现出一个人的风度和活力。

（一）规范的走姿

走姿的基本要求是从容、平稳。保持优雅的走姿有四句口诀："以胸领动肩轴摆，提髋提膝小步迈，跟落掌接趾推送，双眼平视背放松。具体要求为：上身保持站立的标准姿势，抬头挺胸、收腹立腰，上身正直，重心稍向前倾；两臂自然下垂，以身体为中心，前后自然摆动。前摆约35°，后摆约15°，手掌朝向体内；脚尖略开，脚跟先接触地面，依靠后腿将身体重心送到前脚脚掌，使身体前移。

走路时要特别注意：一是步幅要适中，要直线前进。跨步时两脚间的距离，一般为前脚跟与后脚的脚尖相距为一脚长。但因性别和身高的不同，步幅会有一定的差异，着裙装的女性更要注意放小步幅。脚落在地面上时，两脚内侧行走的线迹应是一条直线，而不是两条平行线。二是双肩要平稳，自然摆臂。在走路过程中，肩与臂都不要过于僵硬，肩不要晃。三是全身协调，匀速行走。走路时速度要保持适中，不要忽快忽慢。四是避免走路时声响过大和走路时脚为内八字、外八字，以及走路时心神不宁。

（二）行走时的礼仪规范

1. 向他人告辞

向他人告辞时，应先向后退两三步，再转身离去。退步时，脚要轻擦地面，不可高抬小腿，后退的步幅要小。转体时要先转身体，头稍后再转。

2. 陪同引导

在商务活动中，需要陪同引导对方时，要注意方位、速度、关照及体位等。

（1）当双方并排行走时，陪同引导人员应居于左侧，引领的手势要求是：手指并拢，手掌朝上，以指尖方向表示前行方向，待客人明白后，再前行；当被陪同人员不熟悉前行方向时，陪同引导人员应该走在客人的左前方，采用侧身步，髋部朝向前行的方向，上身稍向右转体，左肩稍前，右肩稍后，侧身向着来宾，与来宾保持两三步（约1.5米）的距离。

（2）陪同引导人员行走的速度要考虑到和对方相协调，不可以走得太快或太慢，要考虑到对方的情况。

（3）当经过拐角、楼梯或道路坎坷、照明欠佳的地方时，陪同引导人员要提醒对方留意。

（4）陪同引导人员有时也有必要采取一些特殊的体位。如请对方开始行走时，要面向对方，稍微欠身；在行进中与对方交谈或回答提问时，把头部、上身转向对方。当走在较窄的路面或楼道中与人相遇时，陪同引导人员也要采用侧身步，两肩一前一后，并将胸部转向对方，不可将后背转向对方。

3. 上下楼梯

坚持"右上右下"的原则。上、下楼梯、自动扶梯的时候，都不应该并排行走，而要从右侧上、下。这样可以给有急事的人留出左侧空间通过。上、下楼梯时，不要跟别人抢行，可让对方先行。当自己陪同引导客人时，上、下楼梯要先行在前，如图4-12所示。

图 4-12 陪同客人下楼梯

4. 进、出电梯

在进、出电梯时，应注意以下几个问题：

（1）使用专用电梯。假如公司有员工专用电梯，一定要使用员工专用电梯，工作人员尽量不要与客人混用一部电梯。

（2）使用无人操作的电梯时，工作人员需要"先进后出"，以方便控制电梯，照顾好客人；如果是有人操作的电梯，工作人员应当"后进后出"。

（3）要尊重周围乘客。进、出电梯时，应侧身而行，免得碰触到其他人。进电梯之后，要尽量站在里面。人多的话，最好面向内侧，或者与别人侧身相向。出电梯前，应提前换到电梯门口。

5. 出入房门

（1）要先通报。进入房门之前，要以轻轻叩门或按门铃的方式，向屋内主人进行通报。离开时也应向主人示意。贸然进入房门或一声不吭地进入房门，都是对他人的不尊重。

（2）以手关门。进出房间时应用手开门或关门。开、关房门时，最好是反手关门、反手开门，并且始终面向对方。和他人一起先后出入房门时，应当请对方先进门、先出门。

（3）在陪同引导客人时，陪同引导人员还有义务在出入房门时替对方拉门或推门。在拉门或推门后要使自己处于门后或门边，以方便客人的进出。

知识链接

走姿与人的性格

一个人的走姿可以反映出一个人的性格。走大步，步子有弹力并摆手臂的人是有自信、快乐和有雄心的人；走路拖拉地或步速时快时慢的人则是喜欢支配别人的人；走路时脚向后踢是性格冲动的人；喜欢低头急走的人通常是不快乐或内心苦闷的人。一个人在沮丧时往往会双手插在口袋里，拖着脚走很少抬头注意过往的人；一个人在心事重重时，走起路来会摆出一副若有所思的姿态，低着头，双手反握在身后，步伐很慢；走路时双手叉腰的人，往往精力充沛，做事风风火火；自满而傲慢的人，走路时下巴抬起，手臂夸张地摆动，步伐迟缓而执重。

一个步伐急促的男人是典型的行动主义者。他们大多精力充沛、精明能干，敢于面对现实生活中的各种挑战，适应能力特别强，凡事讲求效率，从不拖泥带水等。

一个步伐平缓的男人，总是一副慢腾腾的样子，典型的现实主义派。凡事讲求稳重，"三思而后行"，绝不好高骛远。

走路身体前倾，甚至看上去像是猫着腰走路的男人性格大多比较温柔内向，见到漂亮的女性时多半要脸红，但他们为人谦虚，一般都有良好的自我修养。从不花言巧语，非常珍惜自己的友谊和感情，平时不苟言笑。

一个踱方步的男人，非常稳重。他们认为面对任何困难时，最重要的是保持清醒的头脑，不希望被任何带有感情色彩的东西左右自己的判断力和分析力。这种男人有时也觉得累，为了保持自己的尊严，他们很少在人前笑口常开，这是他们的准则。会受到别人的敬畏，独处时却感到压抑。这种人涉世极深，了解人情冷暖。

踱着军人步伐的男人，走路如同上军操，步伐整齐，双手有规则地摆动。意志力较强，信念非常专注，选定的目标一般不会因外在环境的变化而变化。

四、蹲姿礼仪

蹲姿是由站立姿势转变为两腿弯曲和身体高度下降的姿势。在商务场合中，蹲姿多用于捡拾物品、帮助别人或照顾自己。

（一）基本要求

蹲姿的基本要求是：下蹲时，应自然、大方、得体，尽量使头部、胸部、膝关节在一个水平线上，这样会使蹲姿看起来优美一些；一脚在前，一脚在后，两脚之间有小半步的距离；前脚全脚着地，后脚脚尖着地，臀部向下；两腿夹紧，合力支撑身体，掌握好身体的重心，避免摔倒。

（二）常见的蹲姿

1. 高低式蹲姿

下蹲时，一脚在前，一脚在后。两脚之间有小半步的距离，两腿同时向下蹲。前脚全着地，小腿基本上垂直于地面，后脚脚尖着地，脚跟提起，臀部向下坐。女士保持两腿并拢，男士可将腿分开45°~60°，如图4-13所示。

图4-13 高低式蹲姿

2. 交叉式蹲姿

下蹲时右脚在前，左脚在后。右小腿垂直于地面，全脚掌着地。左膝由后面伸向右侧，左脚脚跟抬起，脚掌着地。两腿靠紧，合力支撑身体。臀部向下，上身稍前倾，如图4-14所示。在实际生活中常常会用到蹲姿，如集体合影前排需蹲下时，女士可采用交叉式蹲姿。

3. 半跪式蹲姿

半跪式蹲姿又称单蹲姿，与半蹲式蹲姿一样，也属于一种非正式的蹲姿，多适用于下蹲的时间较长时。其要点是下蹲以后，改用一腿单膝点地，臀部坐在脚跟上。另外一条腿应当全脚着地，小腿垂于地面。双膝必须同时向外，双腿则需尽力靠拢，如图4-15所示。

图4-14　交叉式蹲姿

图4-15　半跪式蹲姿

（三）蹲姿的注意事项

1. 弯腰捡拾物品时，切不可两腿叉开，臀部向后撅起，这是十分不雅的姿态。也不可两腿展开平衡下蹲。

2. 下蹲时注意内衣"不可以露，不可以透"。若用右手捡东西，可以先走到东西的左边，右脚向后退半步后再蹲下来。脊背要保持挺直，臀部一定要蹲下来，避免弯腰翘臀的姿势。男士两腿间可留适当的缝隙，但女士则需两腿并紧，穿旗袍或短裙时需更加留意，以免尴尬。若女性穿着低领上衣时，要用一只手护住胸口位置。

第三节　手势礼仪

手势，又叫手姿，是运用手指、手掌、拳头和手臂的动作变化来传递信息、表达思想情感的一种态势语言。俗话说："心有所思，手有所指"。手的魅力并不亚于眼睛，甚至可以说手就是人的第二双眼睛。手势表现的含义非常丰富，表达的感情也非常微妙复杂。如招手致意，挥手告别，拍手称赞，拱手致谢，举手赞同，摆手拒绝。手势的含义，或是发出信息，或是表示喜恶，能够恰当地运用手势表情达意，会为交际形象增辉，所以在商务交往中，手势具有不可低估的作用。

一、手势的类型

通常手势分为以下四种类型：

（一）情绪手势

情绪手势是伴随着说话人的情绪起伏发出的，常常用来表达或强调说话人的某种思想感情、情绪、意向或态度。比如，高兴时拍手称快，悲痛时捶打胸脯，愤怒时挥舞拳头，悔恨时敲打前额，犹豫时抚摸鼻子，着急时双手相搓，而用手摸后脑勺则表示尴尬、为难或不好意思，双手叉腰表示挑战、示威、自豪，双手摊开表示真诚、坦然或无可奈何，扬起巴掌猛力往下砍或往外推，常常表示坚决果断的态度、决心或强调某一说词。情绪手势是说话人内在情感和态度的自然流露，往往和表露出来的情绪紧密结合，鲜明突出，生动具体，能给倾听者留下深刻的印象。

（二）指示手势

指示手势是用来指示具体对象的手势动作。比如，用手指指自己的胸口，表示谈论的是自己或跟自己有关的事情；伸出一只手指向某一座位，是示意对方在该处就座。指示手势还可以用来指点对方、他人、某一事物或方向，表示数目、指示谈论中的某一话题或观点等。指示手势可以增强谈话内容的明确性和真切性，便于及时掌握倾听者的注意力。

（三）模拟手势

比画事物形象特征的手势动作叫作模拟手势。如抬起手臂比画张三的高矮，伸出拇指、食指构成一个圆圈比画鸡蛋的大小，抡起胳膊侧身往后模仿骑马。模拟手势在一定程度上能使倾听者如见其人，如临其境，模拟手势往往还带有一点夸张意味，因而极富有感染力。

（四）象征手势

象征手势是表示抽象意念的一类手势动作。这类手势往往具有特定的内涵，使用十分普遍。如第二次世界大战期间，英国首相丘吉尔推广的一种象征胜利的"V"型手势（伸出右手的食指和中指构成"V"字形状，余指屈拢），19世纪初风行于美国而后在欧洲被普遍采用的表示良好、顺利、赞赏等意思的"OK"手势（大拇指与食指构成一个圆圈，其余三指伸直张开），就是属于此类手势。再如在我国，举起握成拳头的右手宣誓表示庄严、忠诚和坚定；少先队员们将右手举过头顶象征人民的利益高于一切；跷起大拇指表示称赞、夸奖；跷起小指表示贬斥、蔑视。象征手势能给谈话制造特定的气氛和情境，从而加强语言的表达效果。

必须指出，以上四类手势的划分并不是绝对的，有时一个手势可以包含几种意义。比如说到要去"拥抱明天，拥抱未来"可能会激动地撒开双手向前伸出，这既是一种情绪的自然流露，又带有指示或象征意味。

二、商务交往中的常用手势

（一）横摆式手势

横摆式手势的要点是：上臂自然垂直，前臂向外侧横向摆动时微弯曲，与腰间呈45°角左右，指尖指向被引导或指示的方向。另一只手下垂或背在体后。双脚并拢或呈右丁字步，面带微笑。这类手势用来指引较近的方向，常表示"请""请进""请往这边走的意思"。

（二）直臂式手势

直臂式手势的要点是：五指并拢伸直，手臂穿过腰际线，曲肘由身前向前方指起，抬至约与肩部同高时，肘关节伸直，再向要指示的方向伸出前臂。身体向要指示的方向微倾。身体侧向宾客，眼睛要看向手指所指示或引领的方向，同时加上礼貌用语，例如"先生，请一直往前走""先生，里边请"等。直臂式手势通常用来指示或引领较远的方向。

（三）屈臂式手势

当一只手拿物品，或一只手扶把手时，常用屈臂式做出"请"的姿势或指示方向。以右手为例，屈臂式的要点是：五指伸直并拢，从身体的侧前方由下向上抬起，以肘关节为轴，手臂由体侧向体前摆动，摆到距身体约20厘米处停住，手心向上，手尖指向一方，头部随客人由右方转向左方。

（四）斜摆式手势

请来宾入座时，先用双手扶椅背将椅子拉出，然后一只手屈臂由前抬起，再以肘关节为轴，前臂由上向下摆动，使手臂向下呈一斜线，并微笑点头示意来宾，表示"请坐"。

（五）双臂式手势

双臂式手势的要点是：两手五指伸直并拢，掌心向上，从腹前抬起至上腹部处，双手一前一后同时向身体一侧摆动，摆至身体侧前方，肘关节略弯曲，上身稍向前倾，面带微笑，向客人致意。当宾客人数较多时，该手势用来表示"请"或指示方向。

三、手势使用的注意事项

在实际生活中手势使用不当，会适得其反，甚至会影响商务交际。因此，在使用手势时要注意以下几个方面：

（一）手势应简洁、明确

简洁，是指在交往中手势不宜过多，一般情况下，手势只是语言的点缀和配角，切不可喧宾夺主，让你的动作或姿势减低倾听者对你说话的注意力；许多人的手势动作幅度过大，而使倾听者将其注意力集中到其动作上去了。在交往中，切忌"指手画脚"和"手舞足蹈"。明确，是指手势所表达的意义应使别人易于理解，多余的、繁琐的、意义不明的手势不仅于事无补，反而有损讲话者的整体美感。

（二）手势的幅度、速度要适度

手势的幅度过大，有做作的嫌疑，手势的幅度过小又会使人觉得猥琐。一般手势的上界不要超过对方的视线，下界不要低于胸区，左右摆幅不要太宽。使用手势宜亲切自然，手势的曲线宜软不宜硬，动作表现切忌快、猛，稍慢一些会使人感到亲切。

（三）手势应准确、规范，符合礼节

在任何情况下，都不要用大拇指指点自己的鼻尖或用手指指点他人。谈到自己时应用手掌轻按自己的左胸，那样会显得端庄、大方、可信。用手指指点他人的手势是不礼貌的。一般认为，掌心向上的手势有诚恳、尊重他人的含义；掌心向下的手势意味着不够坦率、缺乏诚意等。攥紧拳头暗示进攻和自卫，也表示愤怒。伸出手指来指点，是要引起他人的注意，含有教训人的意味。因此，在介绍某人、为某人引路、指示方向、请人做某事时，应该掌心向上，以肘关节为轴，上身稍向前倾，以示尊敬。这种手势被认为是诚恳、恭敬、有礼貌的。

（四）手势使用时应注意区域和各国的不同习惯，不可乱用

因为各国各地区习俗迥异，相同的手势表达的意思不仅有所不同，而且有的大相径庭。

（五）注意戒除不良手势

在日常生活中，有些人不知不觉地染上了一些不良手势，比如，当着众人或客人的面搔头皮、掏耳朵、抠鼻孔、剔牙缝等，这些动作不文明、不雅观、不礼貌，应经常提醒自己，尽快加以戒除。

知识链接

生活中常见的几种手势的含义

在实际生活中，有很多我们常见的手势，如：OK手势、V形手势、竖起大拇指、伸直食指、举手致意、两臂相交手势、拳掌相击等。在不同国家、不同地区、不同民族，这些手势因文化习俗不同，所表达的含义也是不一样的。因此，在实际交往中，一定要仔细分辨不同手势的含义和使用场合，避免出现不可挽回的错误。下面简单介绍几种常见的手势。

1. OK手势。拇指和食指合成一个圈，其余三指伸直，掌心向外，呈现OK的手势。此手势源于美国，在美国和欧洲大部分国家，该手势表示同意、赞同、好、顺利、准备好了的意思；在法国表示零或毫无价值的意思；在德国表示笨蛋的意思；在突尼斯表示傻瓜的意思；在日本、韩国、缅甸表示金钱的意思；在印度表示正确的意思；在泰国表示没问题的意思；在巴西、希腊、俄罗斯表示对人的咒骂和侮辱的意思；在印度尼西亚表示不成功，什么也干不了的意思。

2. V形手势。食指和中指分开并伸直，掌心向外，呈现V形手势。此手势源于英国，是第二次世界大战时英国首相丘吉尔首先使用的。在美国和欧洲大部分国家这一手势表示胜利、成功；在中国这一手势则表示数字"2"或胜利。世界范围内多数国家表示数字"2"的意思。在澳大利亚、新西兰、英国，做V形手势时，如果掌心向内，手背对着对方，则表示背叛、下贱的意思，就变成了骂人、贬低人的意思。

3. 竖起大拇指。在中国这种手势表示夸奖、赞赏、鼓励；在美国和欧洲大部分国家，拇指上伸表示"好""行"的意思，拇指左伸、右伸则表示向司机示意搭车方向的意思；在德国、意大利拇指上伸表示数字"1"的意思；在日本这种

手势表示"老爷子"或数字"5"的意思;在希腊,拇指上伸表示"够了"的意思,拇指下伸表示"厌恶""讨厌"的意思;在尼日利亚、澳大利亚和新西兰,该手势表示对他人人格侮辱的意思。

4. 伸直食指。在中国、韩国、印度尼西亚、墨西哥等国家这种手势表示数字"1";在新加坡这种手势表示重要的意思;在澳大利亚这种手势则表示"请再来一杯啤酒"的意思;而在法国用这种手势是请求、提出问题的意思。

5. 举手致意。举手致意是用来向他人表示问候、致敬、感谢的意思。当看到熟悉的人又无暇分身的时候,可举手致意,用以消除对方的被冷落感。同时注意要掌心向外,面对对方,指尖朝向上方。千万不要忘记伸开手掌。一般认为,掌心向上的手势有一种诚恳、尊重他人的意思;掌心向下则显得不够坦率、缺乏诚意等意思,有时也可用来表示权威性的意思。在中国,掌心向下的招手动作表示招呼别人过来的意思,但下级不可对上级用此手势;在美国,掌心向下的招手动作则表示招呼狗过来的意思。

6. 两臂相交手势。在中国,两臂交叉放在胸前表示旁观、不参与、与他无关的意思;两手摊开并耸肩表示无可奈何、毫无办法、毫无希望的意思;坐在椅子上或沙发上讲话时,双手交叉放于脑后且身体略向后倾,表示其有一种优越感,对对方说的话不以为然;双手抬起,轻轻摩擦双掌表示做完了该做的事;女性将掌心放在胸前,表示"是真诚的""可以信赖"的意思;举起手来不停摆动表示"再见"的意思。

7. 拳掌相击。在中国,拳拳相击多表示为自己鼓劲或叫好的意思;在意大利、智利等国家该手势则表示诅咒语的意思。

第四节　面部表情礼仪

人的面部表情能够反映出一个人的心理活动和情感信息。人类在神经系统的控制下,面部肌肉及其各个器官综合运用,变化调整,在面部外观上呈现出某种特定的形态,这就形成了可以表情达意的不同的面部表情。在非语言符号中,面部表情最为生动和丰富。如喜悦、兴奋、悲伤、忧郁、惶恐、愤怒、失望、爱慕等。面部表情可以把悲喜交加、爱憎交织、喜忧参半的复杂心理表现得淋漓尽致。

在人际交往中，面部表情真实地反映着人们的思想与情感，以及其他一切方面的心理活动和变化。传播学认为：在人们所接受的来自他人的信息之中，只有45%的信息来自有声的语言，55%以上的信息则来自无声的语言。而在后者之中，又有70%以上的信息来自面部表情，由此可见其在人际交往中所处的重要位置。面部表情十分讲究"和谐适度"，板起面孔或媚笑都会让人感觉不舒服。本节主要探讨的是眼神、笑容这两个方面的问题。面部表情礼仪总的要求是，要理解面部表情，把握面部表情，在各类场合努力使自己的面部表情热情、友好、轻松、自然，以向对方表达轻松、友好、热情、尊重的态度。

一、眼神的运用

俗话说："眼睛是心灵的窗户。"人们在日常交往中，常借助眼睛来传递信息，因此眼可以称为"眼语"。从一个人的眼神可以看到他整个内心世界。所以，孟子才说："存乎人者，莫良于眸子。眸子不能掩其恶。胸中正，则眸子了焉。胸中不正，则眸子眊焉。听其言也，观其眸子，人焉廋哉。"印度诗人泰戈尔也曾说过："一旦学会了眼睛的语言，表情的变化将是无穷无尽的。"许多社会学家和心理学家的实验也表明，在人体的各个器官中，眼睛最能传情达意。"人的眼睛和舌头说的话一样多，不需要字典，却能够从眼睛的语言中了解整个世界。"

（一）眼神的作用

1. 表达情感

眼睛的表现力既非常丰富，又十分微妙。正确运用眼神，能够准确地传达出内心的感情。因此，在商务交往过程中，要学会利用眼睛的作用。无论是和人第一次见面还是遇到熟人，无论是偶然遇见还是提前约定，都要抖擞精神，面带微笑，以精神的目光与对方对视片刻，从而向对方表示出欢迎与热情。对于初次见面的人，还应以微笑示意，头部微点一下，注视对方，表示礼貌和尊敬。

2. 传递信息

眼神不仅能够表达感情，还可以传递相应的信息。尤其是在一些不方便用语言或动作表达的场合，眼神能够发挥作用。信息的交流应以眼神的交流为起点。在交流的过程中，眼神能够表达情感与感受，从眼神中能够读出对方的态度。在不同的场合，眼神所起到的作用也不尽相同。例如，在公开场合发表讲话或主持时，首先要用眼神扫视全场，表示"我要开始讲话了，请予以注意"或表示"活动即将开始，请保持安静"。在与人交谈时，要不断通过目光交流，以调整交谈的速度、进程与气氛；同时，眼神的交流能够让对方感受到你对交谈对方的诚意和尊重。

(二)眼神礼仪

1. 注视的时间

商务人员在与他人交谈的过程中,应该把握好与对方的目光相接触的时间,使交谈双方感觉舒服、自然。相关研究表明,在人们交谈的过程中,视线接触对方脸部的时间应占全部谈话时间的30%～60%。视线接触对方脸部的时间若低于30%,则表明对于谈话内容或对方不感兴趣;视线接触对方脸部的时间若高于60%,则表明对于对方的兴趣要大于对于谈话内容的兴趣。与对方目光接触的时间无论是高于这个范围或者低于这个范围,都会被视为失礼的表现。如果谈话时心不在焉、东张西望,或仅仅是因为紧张、害羞而不敢正视对方,双方视线接触时间不到谈话时间的30%,也会令谈话对方的印象大打折扣。

在一般情况下,如果想表达对对方的友好,应该在交谈的过程中,不时地注视对方,使对方感觉到温暖舒适,注视对方的时间大约占全部谈话时间的1/3左右;如果想表达对对方的重视,则应该在交谈中常常将目光投到对方脸上,注视时间占全部谈话时间的2/3左右,以使对方感受到诚意和尊重。

2. 注视的角度

根据注视对方时目光的角度,可以判断出其与谈话对象的亲疏远近和喜恶。

注视的角度分为:平视、俯视、仰视和侧视。其中,平视,即视线处于水平的状态,通常用于与身份地位平等的人交往的普通场合。平视会使人感觉平等亲切。俯视,即向下注视他人。俯视既可以表示长辈对晚辈的怜爱,也可以表示对他人的轻视、蔑视等。俯视会使对方感受到压力和不自在,因此,在与人交往时要谨慎使用。仰视,抬头向上注视他人,表示对对方的尊重或敬畏。在面对尊长时,晚辈经常用仰视的方式,但同时应该注意眼神要从容,满含敬意,不能过分畏缩,以免让人轻视。侧视,即面部侧向平视对方,这是平视的特殊情况,用于在与位于自己左右方向的人交往,但不能斜视,否则会失礼。

3. 视线的位置

一般来说,商务人员交往的场合不同,在与对方交谈时,目光注视对方的身体部位也应随之改变。通常目光所在的范围应该是上至对方的额头,下至对方衬衣的第二粒纽扣以上,左右以两肩为界。根据注视的范围不同,注视方式区间可分为以下三种。

一是公务注视区间,顾名思义公务注视区间是在进行业务洽谈、商务谈判、布置任务等谈话时采用的注视区域。注视范围为对方的双眼或双眼与额头之间的"上三角"区域,如图4-16所示。商务人员注视对方的这个区域,就会给对方一种严肃认真的印象,会使对方觉得你很有诚意,为你争取到谈话的主动权和控制权。公务注视区间是商务人员和外交人员经常会用到的一种注视区域。

二是社交注视区间，其注视范围是对方眼部至唇部连接成的"中三角"区域，如图4-17所示。人们在普通的社交场合会经常用到这种注视区域。采用该注视区域会给对方创造一种轻松、自然、平等、融洽的氛围，从而使谈话对象能够自由发表观点和见解。社交注视经常被用于舞会、酒会、茶话会、联欢会等一般社交场合。

三是亲密注视区间，其注视范围是对方的眼部至胸部之间的"下三角"区域，是具有亲密关系的双方在交谈时采用的注视区间，如亲人之间、恋人之间和家庭成员之间，如图4-18所示。这种注视区域往往带有亲昵爱恋的感情色彩，如果不是亲密关系的人采用这种注视区域，则会使对方误会。

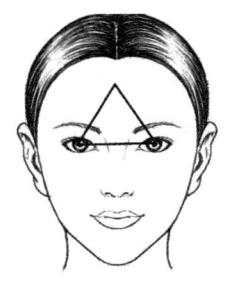 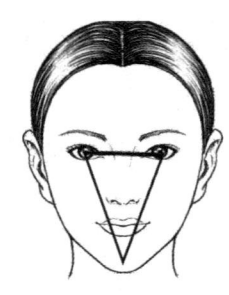 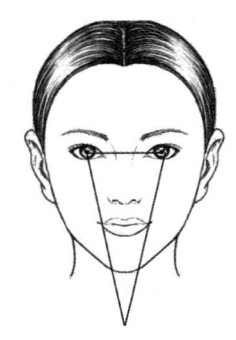

图 4-16　公务注视区间　　　　图 4-17　社交注视区间　　　　图 4-18　亲密注视区间

（三）眼神使用禁忌

1. 忌浑身上下打量他人或将目光绕过他人头顶向上看。
2. 忌盯住对方尤其是异性某一部位看，更不要盯住对方身体有缺陷或有缺点的部位看。
3. 忌频繁的眨眼看人，一般眨眼的正常次数是每分钟5~8次。
4. 在与对方交谈时，忌左顾右盼、东张西望或不停地看时间。

二、微笑的运用

面部表情中的微笑是人的一种"情绪语言"，是人际交往中最重要也是最基本的礼仪，其在人际交往中，传达着友好的信息；微笑在人际交往中体现着重要的实践性价值，见面时的点头微笑，人们会意识到这是尊重和欢喜的意思。微笑是最富魅力的体态语言之一。发自内心的微笑是渗透情感的微笑，包含着对人的关怀、热忱和爱心。情是微笑的一种重要内力，它赋予微笑以色彩、能量而形成强烈的感染力。

（一）微笑是一种动态表情过程，而不应该是刻板、僵化，没有生气的静的状态

微笑是所有表情中最美的一种。每个人都会有一个瞬间的微笑是最美的，但是如果将这个瞬间定格，让其保持在整个交往活动过程中，就失去了表情的灵动性，失去了生气。

正确的微笑应该体现出动态的特点。其要点在于：

1. 把握微笑的时机

什么时候展现出笑容是至关重要的。人们应该在与交往对象目光接触的瞬间展现微笑，表达友好的意思。反之，如果与人对视，面无表情，则会传达出冷漠、厌恶、敌视的含义。

2. 把握微笑的层次变化

微笑的程度有很多层次，有浅浅一笑，眼中含笑，也有热情的微笑，开朗的微笑。要根据交往过程中的交流情况和个人特点自然、随机地发生变化。

3. 注意微笑维持的长度

微笑的最佳时间长度以不超过大约3秒钟为宜，时间过长会给人假笑或不礼貌的感觉。注意微笑的启动和收拢动作要自然，切忌突然用力启动微笑和突然收拢微笑。

（二）微笑是一种个性化表情

国际商务礼仪中倡导的微笑要露出6~8颗牙，但也有人指出，中国的礼仪习惯是笑不露齿。但是，彭林的《中华传统礼仪概要》指出，"人跟人不同，笑容也因人而异。如果硬性规定，人们反而无所适从，礼仪的作用也就无从谈起。设想一下，如果满世界的人微笑时都笑不露齿或六齿裸露，岂非骇人听闻。"每个人都有各自的生理和心理特点，展现出的美丽笑容也是大相径庭的。有的人开朗、热情，笑时露出一排漂亮的牙齿；有的人内向、含蓄，笑时轻轻抿起嘴唇；有的人成熟、大方，笑时眼睛像会说话。"大嘴美女"朱莉娅·罗伯茨，笑时几乎可以看见所有的牙齿，嘴角更是高高地提起，谁又能否认"大嘴美女"这副笑容的魅力呢？在美国普通观众投票选出的"观众人气大奖"中，朱莉娅·罗伯茨被提名最佳迷人微笑奖。可见，微笑是一种个性化的表情，不应该以技术化、标准化的形式加以规定，对微笑要求表现得整齐划一是不符合礼仪的。

（三）微笑是内心情绪的自然流露

微笑的美在于文雅、适度，亲切自然，符合礼仪规范。微笑要诚恳和发自内心，做到"诚于中而形于外"，切不可故作笑颜，假意奉承，虚伪、做作、做一系列程式化的动作，表现为"职业化的微笑"。发自内心的微笑是扑面的春风，能温暖人心，化除冷漠，获得理解和支持。在生活中用善良、包容的心对待他人，用敬业奉献的热

情对待工作。只有调整好自己的心态才能够表现出表里如一的微笑。

（四）微笑是多部位协调的动作表情

微笑是人们的眉、眼、鼻、口、齿以及面部肌肉所进行的协调行动。微笑要注意眉、眼、鼻、口、齿以及面部肌肉的整体协调配合，若忽视其整体的协调配合，微笑便失去了应有的作用。有些人出于职业的需要，经常在公众或者镜头前展现出标志性的笑容。仔细观察、分析就会发现，其笑容只是嘴角稍稍上提，其余的部位几乎没有变化。这样的笑容往往无法让人感受到亲切、自然，从这样的表情中流露出的只有专业和冷淡。

（五）微笑要适时、适地、适度

微笑是人际交往中最常用的礼仪，但是在某些时候，微笑却是不合时宜的表情。在严肃庄重、悲痛伤感的场合，就不应该流露出微笑的表情，而应该与周围环境、气氛保持一致。微笑是为交往服务的礼仪，为微笑制订标准，其前提是要遵循礼仪的基本要求，要体现出尊重的内涵。

本章小结

仪态，指的是人的姿势、举止与动作。社交人员应当力求使自己的仪态文明、自然、美观、敬人。

姿态美是身体各部分在空间活动变化而呈现出的外部形态的美。如果说人的容貌美和形体美是人体静态美的话，那么姿态美则是人体的动态美。一个人即使有出众的容貌和身材，如果他举止不端、姿态不雅，就不可能有完善的仪表美。

追求仪态美一是要注意按照美的规律进行锻炼和适当的修饰打扮；二是要注意自身的内在修养，包括道德品质、性格气质和文化素质的修养，因为人的外在仪态美在很大程度上是人的内在心灵。

仪态敬人，是要求力戒失敬于人的仪态，同时努力注意以仪态体现敬人之意。比如，在与人交谈时，以手指点对方、跷着二郎腿并以脚尖指向对方晃悠，是失敬于人的动作；目视对方，面含微笑，不时点头表示理解与支持，则是敬人的仪态。个人良好仪态的养成，需要一个不断强化、不断规范并辅之以严格训练的过程。

练习题

一、单项选择

1. 下列哪种蹲姿不适用于男性（　　）。
   A. 高低式　　　　　B. 交叉式　　　　　C. 半蹲式　　　　　D. 半跪式

2. 下列不属于仪态礼仪内容的是（　　）。
   A. 面部表情　　　　B. 手势　　　　　　C. 气质　　　　　　D. 体味

3. 以下关于站势的说法，描述错误的是（　　）。
   A. 在庄严的仪式场合，应采取严格的标准站姿
   B. 门口迎宾人员双腿可分开站立，分开距离可以超过肩宽
   C. 主持文艺活动时女士可以站成丁字步
   D. 发表演说时可以双手撑在讲台上，两腿轮流放松

4. 以下关于坐姿的说法，描述错误的是（　　）。
   A. 脚尖不要并拢　　　　　　　　　　B. 双脚交叉
   C. 不可将脚搭在另外的物体上　　　　D. 正面相对而坐时，可倾身就座

5. 以下关于手势的说法，描述错误的是（　　）。
   A. 非洲大多数国家用"V"形手势表示数字"2"
   B. "O"形手势在日本代表钱
   C. 在英国竖起大拇指代表搭车
   D. "O"形手势在法国代表零

6. 以下关于化妆的礼仪，描述错误的是（　　）。
   A. 男士不要使用过多的化妆品　　　　B. 白天工作场合应该化淡妆
   C. 公共场合可以化妆　　　　　　　　D. 不要借用他人的化妆品

二、多项选择

1. 以下说法正确的有（　　）。
   A. 高低式蹲姿的操作难度较大
   B. 交叉式蹲姿主要适合于女性
   C. 半蹲式蹲姿多为人们行走中临时采用
   D. 半跪式蹲姿捡拾物品方便

2. 女士呈"丁"字步站立时站姿较为优美，该站姿的错误要求为（　　）。
   A. 上体前倾　　　　B. 背部放松　　　　C. 腰部倾斜　　　　D. 双腿稍分开

思考题

1. 常见的蹲姿有哪些？
2. 简述公共场合男士与女士分别可采用的站姿类型。
3. 简述六种同一手势在不同国家表示不同的含义。
4. 社交注视区域的具体范围是什么？
5. 社交中眼神的作用是什么？

小组活动

1. 小组内讨论练习坐姿的礼仪。
2. 练习眼神的运用。

案例分析

请另谋高位

一次某公司招聘文秘人员，由于待遇优厚，应聘者如云。中文系毕业的小李同学前往面试，她的背景材料可能是最棒的：大学四年中，她在各类刊物上发表了3万字的作品，内容有小说、诗歌、散文、评论等，还为六家公司策划过周年庆典，英语表达极为流利，书法也堪称佳作。小李五官端正，身材高挑、匀称。面试时，招聘者拿着她的材料等她进来。小李穿着迷你裙，露出藕段似的大腿，上身是露脐装，涂着鲜红的唇膏，轻盈地走到一位考官面前，不请自坐，随后跷起了二郎腿，笑眯眯地等着问话，孰料，三位招聘者互相交换了一下眼色，主考官说："李小姐，请下去等通知吧。"她喜形于色："好！"挎起小包飞跑出门。

思考：

1. 李小姐的应聘为什么会失败？
2. 培根曾说过："就形貌而言，自然之美要胜于服饰之美，而优雅行为之美又胜于单纯仪容之美。"对于这句话你是怎样理解的？

第五章　商务会面礼仪

学习目标

- 恰如其分地使用各种称谓
- 掌握问候的各种方式并灵活运用
- 掌握介绍的顺序与方式并能学以致用
- 了解名片的制作,并正确使用名片

关键词

称呼礼仪　问候礼仪　介绍礼仪　名片礼仪

引导案例

朱小艳的难题

朱小艳进入了一家新的单位,领导带她熟悉周围环境,并把她介绍给部门的老同事认识。

当领导把她带到一位中年女同事面前时,领导告诉朱小艳,以后就跟着这位同事学习,有什么不懂的就请教她,朱小艳恭敬地称对方为"老师"。这位同事连忙摇头说:"大家都是同事,别那么客气,直接叫我名字就行了。"

朱小艳仔细想想,觉得叫老师显得太生疏了,但是直接叫名字又觉得不尊敬,不知道该怎么称呼对方比较合适。朱小艳看着对方胸牌上"刘娟"的名字陷入了沉思。

案例分析

新员工刚到单位时，不能随便以自己的想法来称呼对方，对于难以把握的称呼，可以先询问对方，比如："请问我该怎么称呼您呢？"对方可能会把通常同事们对她的称呼告诉你。案例中，同事要求朱小艳直呼其名，只是客套话，作为一名新人，最好不要这样做。在职场上，过分亲昵和过分生疏的称呼都不值得提倡，因此，必须学好称呼的使用，掌握商务会面的礼仪，在职业道路上，做一位懂礼仪有素质的员工。

第一节　称呼礼仪

称呼，即在人际交往过程中双方招呼对方时所采用的称谓。一个人在与他人打交道时，能否恰如其分地使用称呼，不但体现着其自身的修养、尊重对方的程度，而且还反映着双方的关系达到的友好程度。

一、称呼的功能

（一）呼唤功能

呼唤功能是称呼最基本的功能，称呼可以直接起到呼唤对方的作用。

（二）关系功能

每个人在社会上会扮演多种不同的角色，不同种类的称呼可以直接表明其所处的角色，同时反映双方之间的关系。如"爸爸、儿子"说明双方是父子关系；"老师、同学"说明双方是师生关系。但是，目前社会中的称呼关系也发生了一定程度的变化，如叫对方老婆，并不一定真的是夫妻；称呼儿子，也可能只是自己养的一只宠物，所以在人际交往中，要注意把握称呼的真实关系。

（三）情感功能

称呼的使用在一定程度上可以反映出双方当事人之间的态度和感情。如一个人叫王欣欣，别人称呼其为"王欣欣"和"王宝贝"时就是两种截然不同的感情程度；而当今使用泛滥的淘宝体称呼"亲"正是一种卖家对买家情感的体现。

（四）展示功能

称呼的使用可以直接体现称呼发出者的道德修养和个人素质。如果一个人可以恰如其分地称呼对方，说明其在交往中用心对待，且个人修养较高，反之，如果一个人滥用称呼，则是应付他人，甚至道德低下的表现。

案例一

古时候，有个年轻人骑马赶路，眼看天近黄昏，前不着村，后不着店，心里十分着急。正好，有个老汉路过，年轻人高声喊："老头儿，这儿离客栈还有多远啊？"老汉回答："五里。"然而年轻人跑了十几里路都没有见到客栈的影子，他在暗暗骂着那个老汉时，却突然省悟：哪是"五里"呀，分明是"无礼！"老汉在责怪他不讲礼貌！于是马上掉头往回赶，见着那老汉就翻身下马，叫了一声"大爷"，没等他说完，老汉就说："客栈早已过了，你要不嫌弃的话，就到我家住一宿吧。"

请问：老汉开始为什么要这样对待年轻人，后来为什么又要留年轻人住一宿呢？

案例二

有一次，演讲家张鹏应邀到一所监狱向犯人讲座，到了那里却遇到了一个难题，那就是怎么称呼的问题。如果叫"同志们"吧，好像不大合适，毕竟是犯人；叫"罪犯们"吧，又会伤害到对方的自尊。经过慎重考虑，张鹏在称呼他们时，说的是"触犯了国家法律的年轻的朋友们。"谁知这句称呼一出来，全体罪犯热烈鼓掌，有人还当场落下了热泪。

触犯了国家法律是他们的现状，但是张鹏还称他们为朋友，说明并没有因为他们是犯人就歧视他们，从心底拉近了双方之间的感情，也让在座的犯人们感到了温暖。

请问：张鹏选择的称呼好吗？

二、称呼的分类

称呼的种类很多，从性质上来看，可以大体分为三类：谦称、美称以及敬称。

（一）谦称

谦称是表示谦虚的称呼，往往用于自己和与自己有关系的人。通过谦称，一方面表达自己谦卑的态度，另一方面表示对他人的尊敬。

1. 谦称自己

谦称自己往往用"臣、妾、不才、在下、下官、鄙人、晚生、老朽、小生"等，谦称自己的见解则用"愚见、鄙意"等，谦称自己的住处用"寒舍、舍下、蓬门、陋屋"等，谦称自己的文字为"拙笔、拙著、拙文"等。

2. 谦称和自己有关的人

"家"字一族，谦称比自己辈分高或年纪大的亲戚。如家父、家母、家兄、家姐等。

"舍"字一族，谦称比自己辈分低或年纪小的亲戚。如舍弟、舍妹、舍侄等。

（二）美称

美称，即美好的称呼。表达自己对他人的赞美、喜爱之情，多用于长者对晚辈。如贤婿、贤侄、千金、公子等。

（三）敬称

敬称，也叫尊称，是指对他人表示尊敬的称谓。在现代商务礼仪中，敬称使用较多。

1. 一般性称呼

一般性称呼是指在大多数场合都通用的称呼方式，常用类型如下。

对长辈、平辈中的长者，可以使用敬辞"您"；对晚辈、平辈等可以使用"你"。

对男性普遍使用的称呼是"先生"，对女性普遍使用的称呼为"女士"，如果明确知道对方未婚，可以称呼其"小姐"，如果对方已婚，则可称"夫人"或"太太"。

除此之外，对于志同道合的人也可称"同志"，在学校里学生之间可以互称"同学"等。

案例分析

怀特小姐为何生气

有一位先生为一位外国朋友订做生日蛋糕。他来到一家酒店的餐厅,对女服务员说:"小姐,您好,我要为我的一位外国朋友订一份生日蛋糕,同时写一份贺卡,你看可以吗?"女服务员接过订单一看,忙说:"对不起,请问先生,您的朋友是小姐还是太太?"这位先生也不清楚这位外国朋友结婚没有,从来没有打听过,他为难地抓了抓后脑勺想想说:"小姐?太太?一大把岁数了,应该是太太。"生日蛋糕做好后,女服务员按地址到酒店客房送生日蛋糕,敲门,一女子开门,女服务员有礼貌地说:"请问,您是怀特太太吗?"女子愣了愣,不高兴地说:"错了!"女服务员丈二和尚摸不着头脑,抬头看看门牌号,再回去打个电话问那位先生,没错,房间号码没错。再敲一遍,那位女子又开门,"没错,怀特太太,这是您的蛋糕"。那女子大声说:"告诉你错了,这里只有怀特小姐,没有怀特太太。"啪一声,门被用力关上。

思考: 怀特小姐为什么如此生气?

知识链接

"小姐"称呼的由来

"小姐"一词,最初是宋代王宫中对地位低下的宫婢、姬、艺人等的称谓。

元代,"小姐"逐渐上升为大家贵族未婚女子的称谓,如《西厢记》中:"只生得个小姐,字莺莺。"

明、清两代,"小姐"一词终于发展成为贵族大家未婚女子的尊称,并逐渐传到了民间。

"女士"称呼的由来

女士是在不确定对方婚姻状况时使用的女性称谓。近代对女性称谓通常视对方已婚与否而定,未婚者称"小姐"(英文:Miss),已婚者称"太太"(英式英文:Mrs;美式英文及旧英式英文 Mrs.)。但有时不知道对方的婚姻状况,或已婚者不从夫姓,又或根本不想别人知道其婚姻状况,即可使用。例如年轻者称

"小姐"，较年长者称"女士"；又或不论年纪一律称"女士"。

在英语社会，"女士"（英式英文：Ms；美式英文及旧英式英文：Ms.）此称谓由来已久，但广泛使用始于20世纪后期美国，由于女权高涨，要求男女平等，认为既然男性有不反映婚姻状况之"先生"（英式英文：Mr；美式英文及旧英式英文：Mr.）称谓，亦应有对应不反映婚姻状况之女性称谓，因而产生"女士"这一头衔，并逐渐传至东亚。

"女士"亦可用作 Madam 或 Lady 的翻译。

而在跨性别课题上，以女士身份社交的人员，仅从其心理性别角度上而不论其生殖性别为女性（尤其当该人员希望透过被视为女士而在社交上得到与其他女士相同或相似的待遇），也会被称为"小姐"或"女士"。

"先生"称呼的由来

"先生"这个称呼由来已久。不过历史上各个时期，"先生"这个称呼是针对不同对象的。《论语·为政》："有酒食，先生馔。"对"先生"的注解是："先生，父兄也。"意思是有酒肴，就孝敬了父兄。据《孟子》记载："先生何为出此言也。"这一"先生"是指长辈或有学问的人。

到了战国时期，《国策》记载："先生坐，何至于此。"均是称呼有德行的长辈。第一个用"先生"称呼老师的，始见于《曲礼》："从于先生，不越礼而与人言。"注解为："先生，老人教学者。"

汉代，"先生"前加上一个"老"字。

清初，称"相国"为"老先生"，到了乾隆后期，官场中已经很少用"老先生"这个称呼了。

辛亥革命后，"老先生"这个称呼又盛行起来。交际场中，彼此见面，对老成的人，都一律称呼为"老先生"。

现在，妻子多称自己的丈夫为"先生"。对别的妇女的丈夫也叫"先生"。有时候，"先生"也不一定完全指男士，对德高望重的女性也可称为"先生"，比如"宋庆龄先生"。

2. 亲属性称呼

亲属性称呼包括两类，一类是具有亲属关系的人之间的互称，另一类是对他人的亲属的尊称。

当双方有亲属关系时，可以直接使用表明关系的称呼，如爷爷、奶奶、叔叔、阿姨、大伯、伯母等。有时，即使双方没有亲属关系，但是由于关系较为亲近，也可使用该类称呼，如称左邻右舍的长辈为赵爷爷、李奶奶、王叔叔、张阿姨等。

当尊称他人的亲属时，可以通过使用"尊、令、贤"等敬辞，以体现对他人的敬重。如尊母、尊兄、令郎、令爱、令堂、贤侄、贤婿等。

3. 姓名称呼

姓名称呼是指在交往中通过姓名进行招呼。姓名称呼的形式多种多样，可以直称姓名，也可只称名或姓，甚至可以在姓名的基础上加以演变。

直呼全名的方式适合于长辈对晚辈或平辈之间，如王国庆等。关系亲密者也可去掉姓氏，直呼其名，如国庆，甚至单字"庆"。

直呼其姓时往往要在姓前加前缀，若长辈叫晚辈，可以加"小"，如小赵、小李，以表亲切；若平辈相称，可以加"老""大"，如老田、大牛等，以示亲密。

姓名称呼大都较口语化和私密化，交流双方在使用时要结合双方当事人之间的关系和亲密程度，选择合适的形式，否则可能会被人认为是不敬或不得体。

4. 职务性称呼

职务性称呼是指在交往中，以对方的职务作为称呼内容，是商务活动中较常用的方式，通过职务性称呼可以表达对对方身份的敬意。

职务性称呼可只称对方职务，如总理、局长等。

职务性称呼也可采用"姓+职务"的方式，如王经理、李秘书等。

职务性称呼也可采用"姓名+职务"的方式，如张强主任、李峰书记等，但这种方式仅适用于及其正式的场合。

5. 职业性称呼

职业性称呼是指在交往中，以对方的职业作为称呼内容，这种方式体现了对对方职业的尊重。

运用职业性称呼时往往会在职业前冠以姓氏或姓名，如李老师、王医生、刘律师等。

6. 职称性称呼

职称性称呼是指在交往中，以对方的职称作为称呼内容，职称性称呼的使用往往体现了对对方工作能力的认可。

运用职称性称呼往往会在职称前冠以姓氏或姓名，如李教授、王研究员。有时，出于简化的目的，也会直接使用简称，如王工程师或简称王工，但简称的使用必须以交谈人存在共识为前提，否则容易引起歧义。此外，在我国，对于副职，职称性称呼中一般不体现"副"字。

7. 学衔性称呼

学衔性称呼是指在交往中，以对方的学术头衔为称呼内容，学衔性称呼的使用往往体现了对对方学术权威的敬重。

学术性头衔有很多，如学士、硕士和博士，但一般情况下只有"博士"才使用此称呼方式，具体可以在学衔前冠以姓氏或姓名。如周博士、刘涛博士等。

三、称呼的禁忌

（一）禁读错别字

姓名是一个人的代表，在称呼中使用他人姓名时，务必要保证发音的准确性，否则容易造成笑话甚至是尴尬。

中国文字，博大精深，对于一些生僻字的使用，应提前查阅好，如果时间紧迫，则可以大方向对方请教，切忌猜测与含糊其词。

多音字也是一种极易出现错误的情况。有些时候，多种发音皆可，如"茜"既可以读作"xi"，也可以读作"qian"，称呼对方之前，应先弄清楚；有些时候，多种发音中只有一种是恰当的，如姓氏"仇"，往往读作"qiu"而不是"chou"。

（二）禁用庸俗称呼

在公众或正式场合中，禁止使用一些私下的庸俗性称呼。如在商务场合称对方为"大哥、姐妹儿"貌似私交甚密，实则庸俗低下。

（三）禁用绰号称呼

绰号是私下社交常常用到的称呼形式，但是和庸俗称呼一样，在公众或正式场合应慎用，否则容易给对方造成不必要的尴尬。如在商务谈判中，当着众人的面叫对方儿时的绰号"臭蛋儿"，不仅不会拉近彼此之间的感情，反而会给对方带来困扰。

（四）禁用歧视性称呼

歧视性称呼是对他人甚至一个民族的不尊重，在社交场合尤其要注意。如不要因为他人的身高就叫对方"傻大个"或"小矮子"；不可以随意用绰号称呼外国朋友那样是很不礼貌的。禁用歧视性称呼是礼仪的基本体现。

（五）注意地方差异

各地文化的差异性造就了各地文字寓意的差别，在使用称呼的同时，要注意不同称呼在不同地方的实际含义。

如济南人口中的"老师"并不是传统意义中教书育人的那个老师，与朋友、同志等一样，仅是一般性称呼。

如烟台人口中的"师傅"并不是真正意义上给予你指导的那个师傅，也只是一个一般性称呼。

如山东人常说的"伙计"，在南方的意思则为"打工仔"。

礼仪小故事

得体的称呼是交际的"敲门砖"

著名作家叶永烈在撰写《陈伯达传记》时，采访了陈伯达，对采访时如何称呼陈伯达，颇费了一番心思。叫"伯达同志"，当然不合适，因为陈伯达是在监狱服刑的犯人；直呼"陈伯达"也不行，毕竟他已是八十四岁的老人，比叶永烈年长一辈；叫"陈先生"或者"陈老师"，也不很恰当，考虑再三，叶永烈觉得还是称呼"陈老"最为妥帖，一则他确实"老"，二则这是中国人对年长者的习惯称呼，亲切之中包含着尊敬之意。果然，采访时，叶永烈一声"陈老"亲切得体的称呼，令陈伯达听了万分感动，眼里充满了泪花。

四、涉外称呼

在涉外称呼中，面对不同的对象往往还存在一些特定的要求，具体如下：

对商务活动中的人士，一般不使用职务性称呼，而是采用一般性称呼。

在商务活动中遇到政界人士时，除了常见的一般性称呼外，对地位高的官方人士（一般为部长以上的高级官员），按国家情况称"阁下""职务"和"先生"，既可单用，也可组合使用，组成顺序为：先职务，次"先生"，最后"阁下"。如主席先生阁下、部长阁下、大使先生等。但美国、墨西哥、德国等国没有称"阁下"的习惯，因此在这些国家可称先生。对有地位的女士可称夫人，对有高级官衔的妇女，也可称"阁下"。

在商务活动中遇到军界人士时，可用其军衔相称。具体可采用纯军衔，如将军、上校；"军衔+先生"，如少校先生、上尉先生；"姓名+军衔"，如布莱尔将军；"姓名+军衔+先生"，如维尔斯中尉先生。

在商务活动中遇到君主制国家的王公贵族时，应尊重对方国家的传统。按习惯称国王、皇后为"陛下"，称王子、公主、亲王等为"殿下"，对有公、侯、伯、子、男等爵位的人士既可称爵位，也可称阁下，一般情况下也称先生。

在商务活动中遇到宗教人士时，一般可称其在教会中的称谓。具体可采用纯神职，如牧师；"姓名+神职"，如亚当神父；"神职+先生"，如传教士先生。有时主教以上的神职人员也可称"阁下"。

第二节　问候礼仪

商务人士之间进行会面时，为了表示对他人的尊重或友好，通常需要用到问候礼仪。问候方式包括口头问候和肢体问候两种，一般来说都是二者结合使用。现代社会，常用的口头问候包括：您好、见到您很高兴、最近不错吧等；常用的肢体问候包括：握手、拱手、鞠躬、亲吻、拥抱、双手合十、招手、点头等。由于社会文明以及历史文化的不同，不同文化的国家见面时问候的肢体方式有时是不同的，需要商务人士重视，以免失礼。下面介绍几种常用的肢体问候方式。

一、握手礼

史前时期，人类的祖先以打猎为生，世界对他们来说是充满着危险的，他们会拿着棍棒或石头用以防身和狩猎。因此，当陌生人相遇时，如果双方都没有敌意，便放下手里的东西，伸开双手让对方抚摸掌心，以示友好。久而久之，这种表示友好的习惯沿袭下来就成为今天的握手礼。

关于握手礼来源的另一种说法是：中世纪时，骑士们都穿着盔甲，全身披挂后，除两只眼睛外，其余都包裹在盔铁甲里，随时准备冲向敌人。如果表示友好，互相走近时就应脱去右手的甲胄，伸出右手，表示没有武器，互相握手，这是和平的象征。

现如今，握手已经成为商务活动中使用最多，也是最灵活的问候方式，握手是世界上生活和商务活动中最为普遍的一种礼节。握手有极强的表现力，既大方又优雅地与人握手，也是一种交际艺术。

（一）握手的顺序

握手时不可贸然伸手，要遵循"尊者优先"的原则，由位尊者优先伸手，位卑者积极响应。

（1）男女之间：女方伸手后，男方才能伸手相握。

（2）上下级之间：上级伸手后，下级才能伸手相握。

（3）长辈和晚辈：长辈伸手后，晚辈才能伸手相握。

（4）已婚和未婚：已婚者伸手后，未婚者才能伸手相握。

（5）宾客之间：当客人抵达时，应由主人（不论男女）首先伸出手来与客人相握。表示"欢迎"；当客人告辞时，应由客人首先伸出手来与主人相握，表示"再见"。

（6）和多人握手：按照由尊而卑的原则进行，即先女士后男士、先上级后下级、先长辈后晚辈、先已婚者后未婚者、先身份高者后身份低者。

问候时如果人数较多，可以只跟相近的几个人握手，向其他人点头示意，或微微鞠躬。需要注意的是，每一个人都可能有多个身份特征，握手时选择用何种身份特征作为握手顺序的依据，取决于其所在的场合，如在公务场合，握手时伸手的先后次序主要取决于职位和身份；在社交、休闲场合，则主要取决于年龄、性别和婚否等。

（二）握手礼的基本要求

握手双方起身站立、相距1米左右，双腿立直，上身略向前倾，面带微笑，目视对方，双方相互握住对方右手拇指之外的其他四个手指，双方手掌处于垂直状态，上下稍许晃动几次。握手时应用力适度，力度过大会使对方感到疼痛，力度过小会给人一种勉强应付之感。握手时间以3秒为宜，但若是表达强烈的感情，可以适当延长，握手姿势如图5-1所示。

图5-1 握手姿势

知识链接

从握手方式看出你的性格特点

控制式。用掌心向下或向左下的姿势握住对方的手。这种人想表达自己的优势、主动、傲慢或支配地位。一般具有说话干净利落、办事果断、高度自信的特点，凡事一经自己决定，就很难改变观点。

谦恭式。用掌心向上或向左上的手势与对方握手。这种人往往性格软弱，处于被动、劣势地位，处事比较谦和、平易近人，不固执，对对方比较尊重、敬仰甚至有几分畏惧。

双握式。用右手握住对方右手后,再以左手加握对方右手的手背、前臂、上臂或肩部。加握部位越高,其热情友好的程度也显得越高。这种人热情真挚、诚实可信、信赖别人。这种方式适用于亲朋故旧之间,用以表达自己的深厚情谊。一般而言,此种方式的握手不适用于初识者与异性,因为它可能被理解为讨好或失态。

对等式。与人相握时,右手握住对方的右手,手掌均呈垂直态,拇指张开,肘关节微屈抬至腰中部,上身微前倾,目视对方。这是礼节性的握手方式,也称它为"平等式"握手,表示自己不卑不亢,一般适用于初次见面或交往不深的人。

捏手指式。握手时只捏住对方的几个手指或手指尖部。女性与男性握手时,为了表示自己的矜持与稳重,常采取这种方式。如果是同性别的人之间这样握手,就显得几分冷淡和生疏。若换成显贵人物,则其意在显示自己的"尊贵"。

拉臂式。握手时将对方的手拉倒自己的身边相握。这种人往往过分谦恭,在他人面前唯唯诺诺、轻视自我,缺乏主见与敢作敢为的精神。

死鱼式。握手时伸出一只无任何力度、质感,不显示任何积极信息的手。这种人的性格不是生性懦弱,就是对人冷漠无情,待人接物消极傲慢。

（三）握手礼的禁忌

（1）忌用左手相握,尤其是和阿拉伯人、印度人。

（2）忌在握手时争先恐后,秩序混乱。

（3）忌在握手时戴着手套,与晚礼服搭配的女士手套除外。

（4）忌在握手时戴墨镜,患眼疾需要墨镜遮蔽者除外。

（5）忌在握手时另外一只手插在衣袋里或拿着东西。

（6）忌在握手时把对方的手拉过来、推过去,或者上下左右抖个没完。

（7）在和基督教信徒握手时,要避免与另外两人相握的手形成交叉状。

（8）不要拒绝和别人握手,即使有手疾或汗湿、弄脏了,也要和对方说一下"对不起,我的手现在不方便",以免造成不必要的误会。

> **案例分析**
>
> ### 会面的问题
>
> 爱丽是个热情但又有些敏感的女士,目前在中国某著名房地产公司任副总裁。一日,她接待了来访的建筑材料公司主管销售的李经理。李经理被秘书领到了爱丽的办公室,秘书对爱丽说:"爱总,这是××公司的李经理。"爱丽离开办公桌,面带微笑走向李经理。李经理伸出手来,让爱丽握了握,然后恭敬地说道:"爱总,终于见到您啦",说话间还不忘使劲晃动了几下握着的爱丽的手。爱丽客气地说:"很高兴您来介绍你们的产品,这样,您把资料留下,我们研究研究,我看看再和您联系"。只几分钟,李经理就被送出了爱丽的办公室。此后,李经理多次打电话,却总是被秘书告知"爱总不在"。
>
> **思考**:这次会面问题出在了哪儿?

二、拱手礼

拱手礼西周时就已出现,至今已经有三千年的历史了。该手势有模仿戴手枷奴隶的含义,意为愿做对方奴仆,后来逐渐演变成了相见的礼节。《论语》中有"子路拱而立"的记载,便是拱手礼的体现。近现代,拱手礼已基本成为日常交往的主要礼节之一,在华人圈中更为流行。很多礼学专家都认为,拱手礼才是最体现中国人文精神的见面礼节,因为拱手礼的行礼过程中并没有像其他礼节那样,有较多的身体接触,而是通过人和人之间的距离表现出了"敬",整个礼节散发着典雅与高贵的气息。

拱手礼的行礼方式是起身站立,上身挺立,两臂前伸,双手在胸前高举抱拳,男士行拱手礼时左手在外右手在内,女士行拱手礼时则相反,右手在外左手在内。目视对方的同时,自上而下有节奏地晃动两三下。若要向对方表达谦恭与尊重,可将双拳抬高,直到与额同高,如图5-2所示。

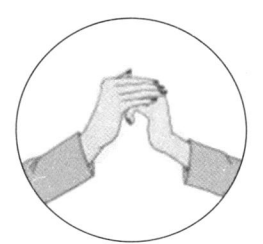 

图 5-2 拱手礼姿势

三、鞠躬礼

鞠躬礼起源于中国，商代有一种祭天仪式"鞠祭"——祭品牛、羊等不切成块，而将整体弯卷成圆的鞠形，再摆到祭处奉祭，以此来表达祭祀者的恭敬与虔诚。这种习俗在一些地方一直保持到现在，人们在现实生活中，逐步沿用这种形式来表达自己对地位崇高者或长辈的崇敬。目前来看，鞠躬礼在中国、日本、韩国和朝鲜使用较为普遍。

（一）鞠躬礼的基本要求

行鞠躬礼时，应立正脱帽，双腿并拢，距受礼者两三步，面带微笑，目视对方，自腰以上向下前倾，上半身和头部呈一直线，目光随身体向下，直至对方脚部，然后慢慢抬起，起身应慢于下弯。男士双手自然下垂，贴放于身体两侧裤线处，女士的双手需叠放在腹前（鞠躬姿势如图5-3所示）。

图5-3　女士鞠躬礼姿势（15度、30度、45度）

（二）鞠躬礼的分类

1. 根据鞠躬幅度来分

15°左右的鞠躬礼，又称为点头礼，多用于普通朋友或一般初识者之间见面；30°左右的鞠躬礼，幅度较深，表达了对他人的尊重和重视，多用于各种商务场合，如与客人会面；45°左右的鞠躬礼，多用在冠婚葬祭等正式场合，从头顶到腰身保持一条直线，表达感激之情，道歉时也同样如此；90°左右的鞠躬礼最为隆重，表达了行礼者的忏悔、谢罪或者对他人的至高敬重。

2. 根据鞠躬次数来分

一鞠躬，身体上部前倾一次，适用范围比较广泛，几乎适用于一切社交场合。比如初次见面、演出谢幕、受奖人领奖等；三鞠躬，身体上部前倾三次，适用于传统婚礼、悼念活动。

（三）鞠躬礼的注意事项

（1）地位较低者先鞠躬，地位较低者鞠躬幅度要大一些。

（2）接受鞠躬礼后，应还以鞠躬礼。

（3）鞠躬礼并不是全球通用礼节，如欧美各国及非洲国家并不常用该礼节。

礼仪小故事

梅兰芳的三鞠躬

20世纪20年代，京剧《霸王别姬》红遍中国，梅兰芳饰演的虞姬大获好评。可是，梅兰芳在一次演出过程中，有位老者却在台下喝起了倒彩。演出结束后，梅兰芳问起此事，别人都说："一个老头胡言乱语，不必在意！"梅兰芳没再多言，而是四处打听找到了老者的住处。一见到老者，梅兰芳便鞠躬说："我演得不好，特来向您求教。"老者却说："你是名角，我哪敢指教。"梅兰芳又鞠了一躬，说："晚辈一心想弘扬国粹，希望得到您的指点。"老者还是拒绝，梅兰芳继续鞠躬恳求。老者看出他的诚意，这才说："你演得很好，但美中不足的是，虞姬是美女，而你却舞了男人的剑法。"梅兰芳听完，当即跪拜，向老者求教剑法。此后，梅兰芳将老者教授的剑法应用到表演中，果然收到良好效果。

梅兰芳对艺术的执着精神，使他在戏曲道路上越走越远，终成大师。

四、亲吻礼

亲吻，是源于古代的一种常见礼节，据文字记载，在公元前，罗马与印度已流行公开的亲吻礼。但对于亲吻礼的起源却说法众多，尚无定论。有人认为亲吻礼产生于婴儿与母亲间的嘴舌相昵，也有人说它产生于史前人类互舔脸部来吃盐的习俗，还有人认为，古罗马人爱嚼香料，为了传播口中的芳香，从而产生了亲吻礼，最后，还有人提出，古人用亲吻时努唇的形状来表示爱情的心形，并流传了下来。

这种礼节虽在我国不多见，但在涉外活动中可能遇到。亲吻礼主要包括吻面礼和吻手礼。

（一）吻面礼

行礼时，双方关系不同，亲吻的部位也会有所不同。一般而言，夫妻或恋人之间，宜吻唇；长辈吻晚辈，宜吻额头；晚辈吻长辈，宜吻面颊；平辈之间，宜贴面。吻面颊与贴面往往进行一次，若双方见面时情绪较为激烈，可左右脸部各一次，甚至反复多次。

（二）吻手礼

在公共场合，男子对尊贵的女宾可以吻手指或手背，这叫吻手礼。吻手礼是流行于欧美上流社会异性之间的一种最高层次的见面礼。

正确的吻手礼是：男士行至女士面前，首先垂首立正致意，女士将右手向左前抬起约60°时，男士以右手或双手捧起女士的右手，俯首用自己微闭的嘴唇，去象征性地轻吻一下其手指或手背。如图5-4所示。

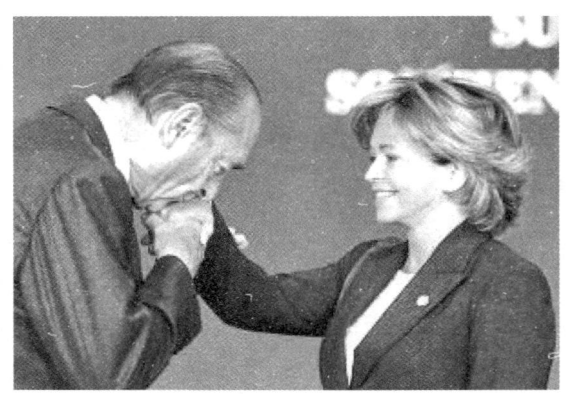

图5-4　吻手礼姿势

吻手礼的受礼者，一般来说应是已婚女士，在部分国家，男性牧师也有权接受吻手礼。

五、拥抱礼

在欧美各国、中东和南美洲，久别重逢的亲友、熟人见面或告别之时，常常使用拥抱礼。

拥抱礼的动作要点是，两人相距20厘米相对而立，各自抬起右臂，将右手扶着对方的左后肩，左手扶着对方的右后腰。双方的头部及上身向左前方相互拥抱，并与对方左侧面颊相贴，礼节性的拥抱即到此结束，即一抱即止。如果为了表达更为亲密的感情，在向左侧拥抱之后，将头部及上身向右前方拥抱，最后再次向左前方拥抱，面颊也随之相贴，才算礼毕，即三抱而后止，如图5-5所示。

图5-5　拥抱礼姿势

六、合十礼

合十礼，流行于泰国、缅甸、老挝、柬埔寨、尼泊尔等佛教国家。此礼节源自印度，最初仅为佛教徒之间的拜礼，后发展成全民性的见面礼。"合十"并非佛教所创，它是古印度的一种礼法，佛教沿用这种礼法，后来逐渐成为佛教的专用礼节。印度人认为右手为神圣之手，左手为不净之手，故有分别使用两手之习惯；然若两手合而为一，则为人类神圣面与不净面的合一，故借合掌来表现人毫无掩饰，最为真实的本来面目。

合十礼的具体做法是神态庄重，双掌十指在胸前相对合，手掌并拢向上，掌尖与鼻尖基本持平，手掌向外侧倾斜，双腿立直站立，中身微欠，低头。可以口颂祝词或问候语，但不能在行礼时手舞足蹈，点头不止，如图5-6所示。

图5-6　合十礼姿势

合十礼根据行礼姿势及合掌高度可分为三类，分别是跪合十礼、蹲合十礼和站合十礼。

跪合十礼：右腿跪地，双手合掌于两眉中间，头部微俯，一般用于佛教徒拜佛祖或高僧；

蹲合十礼：身体下蹲，将合十的掌尖举至两眉间，一般用于佛教盛行的国家拜见父母或师长；

站合十礼：行礼时，要站立端正，将合十的掌尖置于胸部或口部，此礼为佛教国家平民间、平级官员之间或商务人员与上级相遇时使用。

知识链接

德国人的见面礼节

德国人在人际交往中对礼节非常重视。与德国人握手时，有必要特别注意下述两点。一是握手时务必要坦然地注视对方，二是握手的时间宜稍长一些，晃动的次数宜稍多一些，握手时所用的力量宜稍大一些。重视称呼，是德国人在人际交往中的一个鲜明特点。对德国人称呼不当，通常会令对方大为不快。一般情况下，切勿直呼德国人的名字。称其全称，或仅称其姓即可。

第三节　介绍礼仪

介绍即在社交场合，把一方推荐给其他方认识。初次见面的陌生人往往以介绍开始，它就像是一座桥梁，能够迅速缩短双方之间的距离。成功的介绍是实现自我推销的开始，也是商务礼仪中的必备礼仪。

一、介绍的类型

根据介绍的对象、场合的不同，可分为以下几种：依社交场合来分，有正式介绍和非正式介绍；依介绍者的位置来分，有自我介绍、为他人介绍、被他人介绍；依被介绍者的人数来分，有集体介绍和个人介绍。本章着重讲解自我介绍、为他人介绍、被他人介绍和集体介绍四种类型。

二、自我介绍

自我介绍，即把自己介绍给他人，以便对方认识自己。自我介绍可以是主动行为，也可以是在他人请求下的被动行为。

（一）自我介绍的时机

第一，当自己希望结识他人时。在社交场合，当你希望结识他人时，可以采用自我介绍的方式，将自己的姓名、职业、职务等内容介绍出来，从而使对方对自己有一个初步的认识，为进一步的结识奠定基础。如当遇到你仰慕许久的人士，但他不认识你时，可做自我介绍："××（称呼），您好！我是××（单位）的××（姓名），久仰大名，很荣幸与您相识。"

第二，当他人希望了解自己时。在社交场合，当有不相识的人表现出对你的兴趣时，如想与对方结识，可主动进行自我介绍，回应对方的好感，从而开启双方的交流之路。如在某个聚会上，有人表现出想与你结识的意愿，你可以主动做自我介绍："您好！我是××（单位）的××（姓名），很荣幸在这里遇到您。"

（二）自我介绍的方式

1. 应酬式

适用于某些公共场合和一般性的社交场合，交流双方日后一般不会再有往来，仅用于当下的寒暄。这种自我介绍最为简洁，往往只包括姓名一项即可。如："您（你）好，我叫王强。"

2. 社交式

适用于社交活动中,希望与交往对象进一步交流与沟通。这种自我介绍大体应包括介绍者的姓名、工作、籍贯、学历、兴趣及与交往对象的某些熟人的关系等,重点在于通过介绍与对方引出更多的话题。如:"我叫王强,是马汉的同事,也在山东大学中文系,我教中国古代汉语。"

3. 工作式

适用于工作场合,希望今后与对方有业务上的往来。这种自我介绍往往包括本人姓名、供职单位及其部门、职务或从事的具体工作等,重点突出自己的工作信息。如:"你好,我叫王强,是创盈科技股份的销售经理。"

4. 礼仪式

适用于讲座、报告、演出、庆典、仪式等一些正规而隆重的场合。这种自我介绍包括姓名、单位、职务等,同时还应加入一些适当的谦辞、敬辞。如:"各位来宾,大家好!我叫王强,我是创盈科技股份的销售经理。我代表本公司热烈欢迎大家光临我们的展览会,希望大家……"

5. 问答式

适用于应试、应聘和公务交往等。问答式的自我介绍,应该是有问必答,即问什么就答什么。"先生,你好!请问您怎么称呼?""先生,您好!我叫王强。"

知识链接

一代科学巨匠诺贝尔的自我介绍

阿尔弗雷德·诺贝尔:仁慈的医生本该在他呱呱坠地之际,就结束他多灾多难的生命。

主要美德:平素清白,不牵累别人。

主要过失:终生未娶,脾气暴躁,消化不良。

唯一愿望:不要被人活埋。

最大罪恶:不敬鬼神。

重要事迹:无。这样说是不够的,还是多余了呢?在我们这个时代,有哪些事情才能叫作"重要的事迹"呢?在我们这个被称为银河系的小小的宇宙漩涡中,大约运行着一百亿颗太阳,但太阳如果知道了整个银河系有多大,它肯定会因为自己的渺小无比而感到自愧不如。

——意味深长"分项摘要"式

> ### "人民艺术家"老舍的自我介绍
>
> 舒舍予,字老舍,现年40岁,面黄无须。生于北平,3岁失怙,可谓无父。志学之年,帝王不存,可谓无君。无父无君,特别孝爱老母,布尔乔亚之仁未能一扫空也。幼读三百千,不求甚解。继学师范,遂奠教书匠之基。及壮,糊口四方,教书为业,甚难发财;每购奖券,以得末奖为荣,示甘于寒贱也。27岁,发愤著书,科学哲学无所懂,故写小说,博大家一笑,没什么了不起。34岁,结婚,今已有一女一男,均狡猾可喜。闲时喜养花,不得其法,每每有叶无花,亦不忍弃。书无所不读,全无所获,并不着急。教书做事,均甚认真,往往吃亏,亦不后悔。如是而已,再活40年也许能有点儿出息!
>
> ——自我解嘲的散文式

（三）自我介绍的顺序

总体来说,应遵循"先位低后位高"的原则,即位高者有优先知情权。

（1）职位高者与职位低者相识,职位低者应先做自我介绍。

（2）男士与女士相识,男士应先做自我介绍。

（3）年长者与年少者相识,年少者应先做自我介绍。

（4）资深人士与资历浅的人相识,资历浅者应先做自我介绍。

（5）已婚者与未婚者相识,未婚者应先做自我介绍。

（6）主人与客人相识,主人应该先做自我介绍。

（四）自我介绍的注意事项

1. 掌握时机

一般应选择干扰较少、对方感兴趣的时机进行自我介绍。

2. 态度得体

不论在何种场合,自我介绍都应做到举止庄重、大方得体。表情应自然,面带微笑,充满自信与热情,眼睛注视着对方,从容地进行自我介绍。

3. 详略得当

自我介绍不应过于复杂,一般以半分钟为宜,特殊情况也不应超过三分钟。如果对方对自己表现出兴趣,则可再介绍自己的详细信息。

4. 内容合理

自我介绍要把握好分寸，所说内容不能过分谦虚、贬低自己，使自己的真实情况无法展示，也不能自吹自擂、夸大其词，让对方形成错误印象。

三、为他人介绍

为他人介绍，即通过介绍人，使互不相识的双方相互认识的过程。善于为他人做介绍的人，可以在朋友圈中享有更高的威信和影响力。

（一）介绍人特点

介绍者需要拥有以下的特点之一：

1. 与被介绍者双方相识；
2. 社交聚会的主人；
3. 公务往来之中的专职接待人员；
4. 在场者地位最高者；
5. 应被介绍人一方或双方的要求；

（二）介绍的顺序

总体来说，应遵循"先位低后位高"的原则，即位高者有优先知情权。

（1）介绍男士与女士相识时，应先介绍男士后介绍女士。

（2）介绍年轻者与年长者相识，应先介绍年轻者后介绍年长者。

（3）介绍未婚者与已婚者相识，应先介绍未婚者后介绍已婚者。

（4）介绍职位低者与职位高者相识，应先介绍职位低者后介绍职位高者。

（5）介绍家庭成员与外人相识，应先介绍家庭成员后介绍其他人。

（6）介绍主人与来宾相识，应先介绍主人后介绍来宾。

（7）介绍与会先到者与后来者相识时，应先介绍后来者，后介绍先到者。

（8）介绍非官方人士与官方人士相识时，应先把非官方人士介绍给官方人士，再把官方人士介绍给非官方人士。

（9）介绍脾气好的与脾气不好的相识时，应遵循"先温后火"，即把脾气好的一方先介绍给脾气欠佳的一方。

（10）介绍和自己关系亲密的与和自己关系较生疏的相识时，应遵循"先亲后疏"，即把与自己关系亲密的一方先介绍给予自己较为生疏的一方。

（三）为他人介绍的方式

1. 简单式

它适用于一般的社交场合，其内容往往只有双方姓名一项，甚至可以只提到双方的姓氏。接下来则是由被介绍者见机行事。例如:"我来介绍一下，这位是张总，这位是王总。希望大家合作愉快。"

2. 标准式

也叫"公务式"，它适用于正式场合，其内容以双方的姓名、单位、职务等为主。例如，"请允许我为两位介绍一下。这位是××公司公关部主任××小姐，这位是××化妆品公司副总××女士。"

3. 推荐式

它适用于比较正规的场合，多是介绍者有备而来，有意要将某人举荐给另一个人，因此在内容方面，通常会对前者的优点加以重点介绍。例如，"这位是李先生，这位是××公司程总经理。李先生是经济学博士，是我们公司的技术骨干。程总，我想您一定有兴趣和他聊聊吧。"

4. 礼仪式

它适用于正式场合，是一种最为正规的为他人介绍的方式。其语气、表达、称呼上都更为规范、礼貌和谦恭。例如:"王小姐，您好！请允许我把××公司的公关部经理李明先生介绍给您。李先生，这位是××公司人力资源部经理孙敏小姐。"

（四）为他人介绍的礼仪

介绍人在为他人介绍之前需要了解双方的意愿，即双方是否都有结识的想法。当一方请求介绍人为双方介绍时，介绍人需先与另一方沟通；当介绍人想主动介绍双方认识时，需先与双方分别做沟通；当为他人介绍时，需要了解被介绍人的哪些信息是不愿意公开的，不能随意泄露他人的隐私。

介绍时，介绍人和被介绍人都应起立，面带微笑，以示尊重和礼貌。介绍人掌心向上，四指并拢，胳膊向外微伸，指向一位被介绍人，眼睛看向另一位被介绍人，并向其进行简单的介绍，然后交换眼睛和手的位置，介绍另一位被介绍人。

当介绍者介绍完毕后，被介绍双方应按照合乎礼仪的顺序进行握手，并且彼此问候对方。此时的常用语有"你好""很高兴认识你""久仰大名""认识你很荣幸""幸会，幸会"等，必要时还可以做进一步的自我介绍。

介绍人应稍停片刻，引导双方交谈，当双方能熟络地交流后，再借故离开。

四、集体介绍

集体介绍是他人介绍的一种特殊情况，它指的是由介绍者为两个集体之间或者个人与集体之间所做的介绍。在正式场合，商务人员经常会面临集体介绍的情形，因此，应当着重掌握。

（一）集体介绍的顺序

集体介绍人数众多，为了防止由于混乱造成的问题，必须先确定集体介绍的顺序，具体包括两个顺序，即先介绍哪一边与每一边的介绍顺序。

1. 各方顺序的确定

当被介绍的双方在身份、地位、年龄等方面上有明显的差别时，先介绍地位低的一方，后介绍地位高的一方，保证尊者先知；

当双方地位差不多时，以人数为依据，先介绍人数少的一方，后介绍人数多的一方；

当被介绍的集体是三方及以上时，其介绍的顺序则应该是从高到低、从长到幼、从尊到卑地位的确定方法包括六种：以负责人的身份为准，以单位的规模、规格为准，以单位名称的英文字母顺序为准，以抵达时间的先后顺序为准，以座次顺序为准，以离介绍人远近为准。

2. 内部顺序的确定

每一方中都先介绍位尊者，如长者、领导、女士、已婚者等，然后再依此介绍位卑者。

（二）集体介绍的注意事项

（1）在首次介绍时要准确地使用全称，不宜使用简称，如若需要用简称也要注意是否存在歧义。

（2）集体介绍时不可开玩笑，要保持正规与隆重。

（3）集体介绍时涉及的单位较多，因此要保证语言的简洁性，不要增加对方的记忆负担。

第四节　名片礼仪

名片是标示个人乃至公司及其所属组织、公司单位和联系方法的卡片，是人际交往中不可或缺的工具，被誉为是"自我的介绍信""社交的联谊卡"。通过精心设计的名片，可以让他人在第一时间了解自己的身份，甚至识别出自己的个性特点，使交往双方形成准确的第一印象。交换名片是商务交往的第一个标准官式动作。

一、名片的起源

名片起源于封建社会。战国时期中国开始成为中央集权统治的国家，随着铁器等先进生产工具的使用，经济得到发展，从而带动文化的发展，以孔子为代表的儒家与其他流派形成百家争鸣景象。各国都致力于扩大疆土，扶持并传播该国文化，战争中出现大量新兴贵族。特别是秦始皇统一中国后，开始了伟大的改革：统一全国文字，分封了诸侯王。咸阳成了全国的中心，各路诸侯王每隔一段时间就要进京述职，诸侯王为了拉近与朝廷当权者的关系，经常地联络管理也在所难免，于是开始出现了名片的早期名称"谒"。所谓"谒"，就是拜访者把名字和其他介绍文字写在竹片或木片上，作为给拜访者的见面介绍文书。

到东汉时期，人们为了拜见长官或名人，将竹片、木片制成简，再用铁器将自己的名字刺在上面，这种简当时叫"刺"，又称为"名刺"。蔡伦发明造纸术后，纸张逐渐用得多了，于是就开始用纸张做，改称为"名""名纸"。唐宋时期以后叫"门状"，是官僚阶层呈状时用的。明清时期又有一种叫"手本"的名帖，是下属见上司以及学生见老师时用的。因此名片在早期，只用于少数特权阶层的交往，只有到近代，名片才开始走向平民化。

清朝才正式有了"名片"这个称呼。清朝是中国封建社会的终结，由于西方的不断入侵，与外界交往增加了，和国外的通商也加快了名片普及。清朝的名片，开始向小型化发展，特别是在官场，官小使用较大的名片以示谦恭，官大使用较小的名片以示地位。

二、名片的功能

（一）自我介绍

名片上往往会呈现自己的各种个人信息，当对方拿到手时，可以对自己的基本情况有所了解，同时也能帮助对方更好地记忆。名片可以让持有者在不用开口的情况下就实现简单的自我介绍，方便有效。

（二）展示自我

名片的设计可以体现出一个人的审美情趣、品位和个性，雅秀、脱俗、活泼、平和、张扬等个性特征，都能透过方寸之间的字体、布局颜色、材料和内容等展现出来。如从名片颜色来看，色彩鲜艳的个性较张扬，反之个性较沉稳。

（三）维持联系

名片虽小，但是却记录着持有者的重要信息，尤其是其姓名和联系方式，如此一来，可以为交往双方维持联系奠定基础。

（四）求见工具

登门拜访他人，有时无法直接进入，需要将名片递交给门卫或秘书等人，由他们转交被拜访者。此时的名片就像是一个求见工具，让被拜访者间接看到门外之人，从而决定是否见面。

（五）广告宣传

商务人员往往会在名片上印上自己公司的名字、地址、业务范围等，通过名片的交换，尤其是递交给初次相识者，不仅让对方认识了自己，也间接地为公司进行了宣传，从而为业务发展创造机会。

三、名片的制作

（一）名片的规格、材质与颜色

我国现在通用的名片规格为9厘米×5.5厘米，这是名片的首选规格；此外还有另外两种常用的规格，10厘米×6厘米多为境外人士使用；8厘米×4.5厘米多为女士使用。

印制名片，最好选用耐折、耐磨、美观、大方的纸片，如白卡纸、再生纸、合成纸、布纹纸、麻点纸等。高贵典雅、纸质挺括的仿古纸、皮纹纸，则需要根据实际需要酌情选用，避免造成过高的成本负担。为了提高名片的质量，最后还可进行覆膜。

名片颜色以单色为宜，如庄重朴素的白色、米色、淡蓝色、淡黄色和淡灰色，倘若需要添加图案，可以选择企业logo、标志性建筑物、代表性产品等等，一般不建议印刷人像、宠物等。

（二）名片的内容

根据名片的用途可以将名片分为三类，每类名片内容不同。

第一种，企业名片。以企业为主体进行交流时使用，用来宣传本企业及其产品。名片上主要提供企业名称、企业logo、企业地址、公务电话等内容。

第二种，私人名片。持有者私下社交场合时使用，用来向初识者介绍自己的基本信息。名片上一般只提供姓名和电话，其他信息一概不提供。

第三种，商务名片。持有者在商务工作场合时使用，用来与他人进行商务活动往来。提供内容较全面——本人归属（企业logo、企业全称、所属部门等）、本人称谓（本人姓名、职务、职称、学衔等）、联络方式（企业地址、办公电话、办公邮箱、办公传真、邮政编码等），具体内容可有所取舍，但是上述三个方面缺一不可。商务名片中亦可以将背面印上单位的简介、经营范围、主营产品与服务等，以便客户更好地了解和企业宣传。商务名片可个性化定制，也可采用企业标准式，全公司统一样式，增强员工的归属感。

名片内容适宜采用清晰、简洁的字体和字号，以符合审美为出发点，尽量不要采用过于花哨的形式。涉及对外交流，可将名片背面印上相应的英文。

四、名片的交换

（一）递送名片

1. 递送名片的时机

商务人士递送名片的时机很多，可以在多种情境下使用。如登门拜访，递送名片让对方了解来者何人；初次相识，为了让对方迅速记住自己，可以递送名片加强对方的记忆；交谈结束，双方较为满意，可以递送名片保证今后的持续联系。

递送名片时一定要考虑对方所处的情境，如果对方过于忙碌或者焦虑，可选择其他时机重新递送。

2. 递送名片的顺序

两人互换名片，应遵循"先低后高，先客后主"的原则，即位低者主动将名片递送给位高者，客人主动将名片递送给主人，位高者和主人有优先了解权；多人互换名片，应遵循"由高而低"或者"由近及远"的原则，切勿采用"跳跃式"，以引起他人的不满。如果在圆桌上就餐时递送名片，可以从自己右侧以顺时针方向依次递上。

3. 递送名片的姿势

递送名片者取出名片，面带微笑，以双手食指和拇指执名片的两角，文字面朝上，大方、恭敬地递上名片。此时，眼睛要正视对方，并附有"我叫××，请多多指教""这是我的名片，请您收下""以后有事常联系"等寒暄语。

若双方同时交换名片，应右手递、左手接。

（二）接受名片

1. 认真接受

要起身站立，面向对方，面带微笑，用双手拇指和食指接住名片下方的两角。

2. 口头道谢

接受名片的同时，向对方表达自己的感谢之情，如："很荣幸得到您的名片""久仰大名""谢谢"等。

3. 专心通读

接受名片后，认真看一遍对方的名片，必要时可把名片上的重要内容，如姓名、职务等念出来，以表示自己的尊敬之情。对于不认识的生僻字，可主动向对方请教，避免今后交往中出现尴尬的情况。

4. 妥善存放

看完名片，郑重地将名片放入名片夹或公文包内侧等存放处，切勿乱扔乱放。

5. 回敬名片

凡事有来有往，存放好对方的名片后，顺便从自己的名片里取一张，双手奉上递给对方，如果自己未带，需要及时向对方说明，以免造成对方的误解。

（三）索取名片

1. 交换法

此法适合于初次相识者，古语云："将欲取之，必先予之。"具体可以先恭敬地递上自己的名片，然后说："能否有幸和您交换一下名片"。

2. 索要法

此法适合于旧相识，如果你跟对方比较熟，或者以前跟对方认识，很长时间没见，担心对方换了公司，换了职务等，可以直接跟对方索要，如："好久没见啦，给我一张您近期的名片吧"。

3. 谦恭法

此法适合于位低者对位高者，可以说："以后怎么向您请教比较方便？"言下之意就是向对方索要名片，这是一种较委婉的方法。

4. 联络法

此法适合于长辈对晚辈，上级对下级或者平辈的人之间。可以说："认识你很高兴，希望以后可以和你保持联系。"或者"以后怎么和你联系比较方便？"等于告诉对方，想要对方的电话、电子邮箱等联络方式。

（四）拒绝给予名片

当他人索取本人名片而自己又不想给对方时，应用委婉的方法表达此意。可以说："对不起，我忘了带名片。"或者："抱歉，我的名片用完了。"

五、名片使用的注意事项

第一，无论是私人名片还是商务名片，职务都不要太多，列举一两个主要职务即可，以免给人哗众取宠的感觉。

第二，名片应合理布局，不要出现格言警句等内容。

第三，名片不可过大、过小或有刺激性的味道。

第四，切忌像发宣传单似的到处递送自己的名片，从而使名片失去了价值。

本章小结

本章内容告诉我们，在社交活动中，正确的运用见面礼节不仅可以扩大自己的交际圈，广交朋友，而且有助于进行必要的自我展示、自我宣传，从而在交往初期塑造一个良好的第一印象。

本章主要介绍了称呼礼仪、问候礼仪、介绍礼仪和名片礼仪，在社交活动中各种见面礼节的基本礼仪要求及运用方式不同，应根据社交中的具体情况恰当地使用。

称呼时的职务称呼、职称称呼、学衔称呼、行业称呼、姓名称呼等要把握好尺度。

介绍时应注意语言、举止及介绍的顺序，先把男士介绍给女士，先把年龄低、未婚者介绍给已婚者，先把主人介绍给客人，先把晚到者介绍给早到者等。

注意名片的用法，一般双手接递比较庄重，并要注意妥善放置。

握手时一般要掌握标准握手礼节，关键点在于伸出的手手掌向左，垂直于地面，这样在什么情况下都不会失礼。

练习题

一、单项选择

1. 以下关于称呼的礼仪描述错误的是（　　　）。
   A. 称呼自己的父亲可谦称"家父"　　B. 称呼自己的儿子可称"小儿"
   C. 称呼他人哥哥可称"尊兄"　　　　D. 可以称呼别人为某硕士

2. 以下关于握手的说法错误的是（　　　）。
   A. 已婚者与未婚者握手，应由已婚者先伸手
   B. 接待来访时，应由主人先伸手与客人相握
   C. 同性之间握手可用捏指式握手
   D. 与人握手时应神态专注

3. 根据礼仪规范，在握手时，由谁先伸手来发起握手（　　　）。
   A. 年幼者　　　　B. 晚辈　　　　C. 下级　　　　D. 尊者

4. 以下关于名片的礼仪说法正确的是（　　　）。
   A. 双方同时交换名片，应右手递，左手接
   B. 个别场合未弄清对方身份也可递名片
   C. 双手捧接名片后，应马上收起来

D. 接过别人的名片，可放入西服的裤子口袋里

5. 以下关于合十礼的说法错误的是（　　　）。

　　A. 合十的双手举得越高，尊重的程度越高

　　B. 行合十礼时原则上双手可高过眼睛

　　C. 行合十礼时可面含微笑

　　D. 别人用双手合十礼致意，一定要回以同样的双手合十礼

6. 下列属于称呼中的情感功能表现的是（　　　）。

　　A. 称呼老者为"老人家"　　　　　　B. 称呼一名女子为"妈妈"

　　C. 称呼狗狗为"宝贝"　　　　　　　D. 称呼一个小朋友为"儿子"

二、多项选择

1. 某公司公关部甲男介绍客户乙男与公司市场部经理丙女认识，下列阐述正确的（　　　）。

　　A. 这属于集体介绍

　　B. 这属于他人介绍

　　C. 甲男在介绍双方认识时应先介绍丙女

　　D. 甲男在介绍双方认识时应先介绍乙男

　　E. 在介绍时丙女应该以主人的身份先伸手与客人相握，表示欢迎

2. 有关介绍的说法正确的有（　　　）。

　　A. 先向年纪大的人介绍

　　B. 介绍完之后可立即离开

　　C. 介绍要有礼貌地用手示意

　　D. 介绍他人互相认识的时候，不需要了解双方是否有结识的愿望

思 考 题

1. 称呼的分类有哪些？每种称呼该如何使用？
2. 问候礼仪分哪些类型？每种礼仪该如何使用？
3. 介绍分哪些类型？每种类型该如何操作？
4. 名片的功能有哪些？
5. 名片使用的注意事项有哪些？

小组活动

1. 小组内讨论会面注意的事项。
2. 小组内练习名片的递接。

案例分析

尴尬的李先生

一次订货会议上,哈尔滨某贸易公司的一名李先生,被朋友介绍给河南某公司的一位女士相识。当时朋友介绍说"这位是李先生","这位是王小姐"。李先生赶紧把手伸向对方,但是没想到王小姐就是不伸手,假装没看见,不吭气。结果李先生的手悬在半空收不回来了,只能尴尬地假装打了一下蚊子。

思考:

1. 为什么会出现这种局面?
2. 李先生哪里做错了?
3. 王小姐做得是否合适?
4. 若是你将怎么做?

第六章　商务活动礼仪

学习目标

- 了解商务活动接待前、接待中和接待后的工作
- 了解商务拜访的含义和注意事项
- 掌握商务洽谈的类型和礼仪规范
- 了解舞会的类型和舞会的礼仪，提高社交能力

关键词

接待礼仪　商业拜访　商务会谈　舞会着装

引导案例

小张的接待

　　小张大学毕业后在扬州昌盛玩具厂办公室工作。中秋节前两天办公室陈主任通知他，明天下午3点公司的合作伙伴上海华强贸易有限公司的刘军总经理将到达本市，这次到访主要目的是了解昌盛玩具厂是否有能力在60天内完成美国的一批圣诞玩具订单，昌盛玩具厂很希望拿到这份利润丰厚的订单，昌盛玩具厂李厂长将亲自到车站接站。由于陈主任第二天有更重要的事，所以临时安排小张随同李厂长一起去接刘总。小张接到任务后，征得厂长同意，在一个四星级宾馆预定了房间，安排厂里最好的一辆轿车去接刘总。第二天上午，小张忙着布置会议室，准备欢迎条幅和水果，一直忙到下午2：30，穿着休闲服的小张急急忙忙随李厂长一起到车站，不料，市内交通拥挤，到车站后迟到了十分钟，李厂长不住地打招呼，表示抱歉。这时，小张拉开车前

门请刘总上车说:"这里视线好,您可以看看我们扬州的市貌"。随后,又拉开车右后门请李厂长入座,自己则做到了左后门的位置。车到达宾馆后,小张直奔总台,询问预订房间状况,由刘总自己提行李。刘总进入房间后,李厂长与其交流着第二天的安排,但小张在房间里走来走去,片刻后,李厂长告辞。小张随李厂长出来后,受到了李厂长的批评。

案例分析

中国是礼仪之邦,自古以来都讲究以礼相待。接待与拜访是商务活动中最常见的礼仪活动,它是与各种具体的商务活动结合在一起进行的。案例中的小张就没有做到了解接待拜访的工作礼仪,导致被李厂长批评一通,是一起失败的商务活动事件。

第一节　接待礼仪

商务接待活动是指对来自上级、同级、客户以及其他组织的来宾进行接洽与接待,是一种公共关系职能的具体活动。商务接待礼仪是负责接待的人员在商务接待过程中应该遵循的礼仪。商务接待一般建立在商业谈判或合作上,是商务活动的服务工作。如果商务人士的接待工作做的令被接待者十分满意,会给其留下好的印象,为后续的商务活动打下坚实的友谊基础。

一、接待的原则

(一)热情友好

接待人员对来宾的热情问候,谦和的态度能消除来宾的陌生感和恐惧心理,营造一种良好的交往氛围,让来宾产生宾至如归的温暖感,从而留下一个良好的第一印象。

(二)细致周到

接待工作讲究细节,关注成效。重大的接待工作更容不得半点马虎,必须处处留心、周密考虑、谨慎行事。要制定出符合来宾身份的接待工作方案和实施细则,包括详细安排接站、用车、就餐、住宿、参观等各项活动事宜,充分考虑到各方面的细节。接待工作人员还要学会"眼观六路,耳听八方",做到周到服务。

（三）身份对等

接待工作讲究身份对等。在接待来宾时，要兼顾对方的身份、来访的性质以及双方关系等诸因素，以便使来宾得到与其身份相称的礼遇。

（四）礼仪适度

礼仪适度是要求人和人打交道的时候保持适当的距离，距离产生美感，适当的距离也体现了对对方的尊重。接待来宾既要让人感到舒服，又必须注意不要"热情越位"，礼仪过度有时反而会使来宾感到不适或尴尬。适度的礼仪应该是谦虚有礼、朴实大方、不卑不亢、以礼相待。

二、接待的种类

（一）按照接待对象的不同划分

依据此划分标准，接待可分为一般接待、贵宾接待和外宾接待。大多数的商务接待都属于一般接待，这种接待要特别注意热情、礼貌。贵宾接待因被接待者身份尊贵，在接待过程中更需要精益求精，优化接待流程，力求接待活动效益的最大化。外宾接待则要注意双方文化上的差异，要充分考虑外宾不同的宗教信仰和民族习惯。

（二）按照来宾人数的多少划分

依据此划分标准，接待可分为个体接待和团体接待。在接待程序上两者并没有很大的差别。但是团体接待除了要照顾到每个团体人员个体的需要外，还要考虑团体成员之间的身份差别，分清主次，在姓名排序、入场前后、作息安排等方面适当体现职务的高低。

（三）按照接待地点的不同划分

依据此划分标准，可分为家庭私人接待和公共场合接待。其中家庭私人接待的对象多是主人的亲朋好友、同学或同事等，与主人关系比较亲密。

三、准备礼仪

为了表现良好的礼仪及风度，在接待宾客到来之前，要有充分的计划和准备。

（一）制定接待方案

在商务活动中，对前来访问、洽谈业务、参加会议的客人，作为一名公司负责接待的工作人员，要做好提前准备，制定接待方案。在接待方案制定好后，报送企业领导予以审批。要做出一个好的接待方案需要考虑以下几个内容：

1. 了解接待对象的情况

接到来客通知后，要尽快掌握宾客的基本情况，搞清来访者的意图和要求，尽可能搜集各种背景资料。掌握来宾的基本情况，如对客人人数、身份、工作单位、级别、性别、姓名、职业、客人来访的目的、要求、时间长短等因素做一个周到的了解。做到事前有所准备，是做好接待工作的基础，只有这样，才能做到心中有数，进而提高接待质量、接待水平。

2. 接待规格

接待规格是指接待工作的具体标准，其基本内容包括接待规模的大小，主要陪同人员职务高低以及接待费用的多少等，一般分为高格接待、对等接待和低格接待三种形式，具体形式详见表6–1。

表6–1 接待规格

接待规格	说明	具体形式
高格接待	指采取本单位的陪同人员比来宾职务高的接待方式	1. 上级领导派一般工作人员向下级领导口授意见或要求，下级领导要高格接待，出面作陪 2. 兄弟单位或协作单位的领导派到本单位商量重要事宜，本单位领导要亲自出面，高格接待 3. 下级同志上访，有重要的事情向上级领导汇报，要高格接待
对等接待	指采取本单位的陪同人员与来宾的职务、级别大体相同的接待形式	1. 对重要的来访者，负责接待的领导自始至终地陪同 2. 对来宾初到和告别时的对等接待，中间可以请适当人员陪同
低格接待	指采取本单位的陪同人员比来宾职务低的接待形式	1. 上级主要领导或主管部门领导来本地视察、了解情况或做一些调查研究，这种接待宜采用低格接待 2. 外地参观学习和旅游团的接待工作只需采用低格接待 3. 老领导故地重游或上级领导路过本地只需采用低格接待

3. 活动日程

活动日程，即根据接待对象的来访目的、日程安排等确定其在来访期间的各项活动的时间安排，接待人员要周密部署，安排好下列四项内容：

（1）接待的日期和具体的时间。

（2）具体的接待活动内容及每一项活动的具体时间安排，如确定主持人、介绍重要客人、组织领导或重要客人致辞、安排合影和重要客人留言题字等。

（3）确定各项接待、活动的场地。如接待室、休息室、住宿地点、会议场所和宴会地点等，还要备好各场地所需的音响、照明设备、录像机和花篮等。

（4）接待人员的各项工作安排。一般陪同、接送、剪彩、留言和题字等活动都要预先安排专人负责。其中陪同人员包括主要陪同领导、相关的职能部门领导和有关的技术人员和其他人员，公关人员应根据来宾的情况事先拟定各个项目陪同人员及工作人员名单，报领导审批、申请费用等。

4. 费用预算

接待人员应以接待计划为基础，提前做好接待费用预算。一般费用预算包括招待费、食宿费、交通费、材料费和纪念品等。接待人员最好估算出大体数额，以便领导审批、申领费用等。

5. 其他事项计划安排

在接待计划中，还应体现如下表所示四项工作安排，接待人员应仔细斟酌来宾情况，作出合理的计划安排，接待过程应注意事项详见表6-2。

表6-2　接待过程应注意事项

接待项目	具体事宜	应考虑的因素
生活安排	主要是安排来宾访问期间的生活起居，包括饮食、住宿、出行	饮食安排：要尊重来宾的习俗，尽量满足来宾要求 住宿安排：根据来宾人数、性别、身份及来宾要求订好房间 出行安排：出于方便来宾的考虑，对其往来、停留期间所使用的交通工具，公关人员亦提前做好安排
迎送安排	接机、接站和送行工作	根据确定的接待规格进行安排，包括欢迎仪式、接机接站人员、欢送仪式和送行事宜等
安全保卫	若接待重要来宾，接待人员应将安保工作列入计划	要"谨小慎微"，制定预案，思想上高度重视，并报上级部门批准
宣传报道	若来宾的访问活动对公司有重要影响时，要事先做好宣传准备，确定出席新闻媒体或记者的名单并及时联络	注意公司内部口径一致，掌握分寸，并报上级部门批准 应向接待对象提供有关的图文报道资料，并存档备案
礼品或纪念品	确定礼品或纪念品的种类、数量等	礼物选择要轻重得当，不可让人产生误解，考虑来宾的风俗禁忌；礼品选择要有意义，最好的礼品应该是根据对方兴趣爱好选择的；礼品的选择也可是当地有特色的物品

（二）布置待客环境

尽力布置一个令人愉悦的待客环境，整洁有序是基本的要求。从公司的前台接待到公司的办公区域的每一个角落，都应该干净整洁。容易被忽视的地方，比如不需要的纸屑一定要扔进垃圾桶内，桌面一定要保持干净。接待室要保持空气清新。

（三）接待人员礼仪

接待人员的仪容仪表、言行举止、礼貌礼节，不仅仅是接待人员自己的生活态度，更展现了公司的整体形象。对于初次来公司的外单位人员来说，接待人员是公司的形象、企业文化最直接、最直观的宣传。因此，接待人员要规范地做到以下几点。

1. 仪容仪表符合职业要求

容貌端正，发饰、服饰、化妆应尽量淡雅，衣着要力求整洁、端庄、得体、高雅、稳重、大方，避免佩戴过于夸张或有碍工作的饰物。

2. 言行举止规范

接待人员具有一定的文化修养，要受过专门的礼仪、形体、语言、服饰等方面的训练。优秀的接待人员需要举止大方，口齿清楚，说话有分寸，措辞谨慎到位、有礼有节。站、坐、行、引领等肢体动作不夸张，优雅得体。

3. 待客热情有礼

热情能更好地体现诚意，你的忽视或者冷漠都有可能给公司带来利益和损失。如果是家庭接待，也不要忘了待客的仪容仪表，着装要整齐得体，女主人可略施淡妆，这也是待人的礼貌。穿睡衣待客或衣着不整、蓬头垢面都是失礼的表现。

（四）准时候客

与客人约好接待见面的时间后，一定要守约，不要让客人扑空。如果有急事，应及时与客人联系，并告知缘由。

四、迎宾礼仪

"有朋自远方来，不亦乐乎？"迎宾工作是整个接待工作的开始。为使来宾能感受到主人的友好和重视，接待人员要重视来宾，要热情、周到地迎接他们，使来宾感受到亲切、温暖、身心放松，给其一个良好的第一印象。

（一）安排迎宾

对前来访问、洽谈业务、参加会议、学习参观的来宾，应先了解其到达的时间和地点。选派迎宾人员前去迎接，应根据来访者的身份、地位、人数来明确迎宾人员。大体的原则，一是身份要基本相当，二是人数不宜太多，并且迎宾人员要分工明确，各司其职。有时，迎宾时要带接站牌或者迎宾标语。

（二）准时迎接

在确定来宾抵达的时间后，到车站、机场迎接来宾，必须提前到达迎接地点。一般情况可以提前15分钟到达，不能迟到。若客人抵达后见不到迎宾人员，会给客人留下阴影，事后难以消除影响，这不但是迎宾人员的失礼，也是迎宾工作的失败。

（三）问候

接到来宾后，应问候"一路辛苦了""欢迎您的光临"等，并致握手、拥抱礼等。

（四）行走时的礼宾次序

同行时如果是两人行，以前者、右者为尊；若是三人行时，并行时以中者为尊，前后行时以前者为尊。

（五）乘车是的礼宾位次

主人亲自开车去接待，车辆座次安排如图6-1所示（其中1、2、3、4分别代表地位由高到低）。专职司机开车去接待，车辆座次安排如图6-2所示（其中1、2、3、4分别代表地位由高到低）。

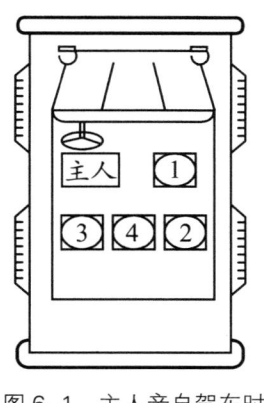
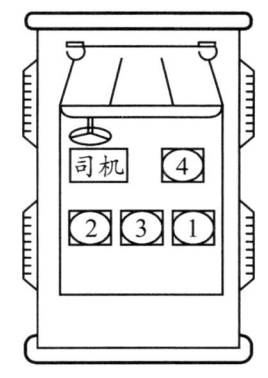

图6-1　主人亲自驾车时　　　　图6-2　专职司机驾车时

乘坐轿车要遵从"主随客便"，只要不是参加非常重要的活动，如果客人坐错了座位，不用过分墨守成规，只要客人觉得合乎礼仪，就要遵从客人的意愿选择座位。

另外要注意接待人员应当为客人打开车门，并且在客人坐好后关车门。

五、引导礼仪

（一）上、下楼梯的引导

当引导客人上楼时，应该让客人走在前面，接待人员走在后面；若是下楼时，应该由接待人员走在前面，客人走在后面。

（二）电梯的引导

引导客人乘坐升降式电梯时，若电梯无人驾驶，正确的做法是接待人员先进后出，即接待人员先进电梯，一手按开门按钮，另一只手按住电梯侧门，请客人进入；到达目的楼层，一手按住开门按钮，另一手并做出请出的动作。若有专门人员控制电梯，正确的做法是让客人先进先出，接待人员后进后出。

（三）进出接待室或办公室的引导

到达接待室或领导办公室前时，接待人员用手指示，对客人说"就是这里"。如果是领导办公室，要先敲门再进。门是向外开的，要主动拉开门，请客人先进；向里开的，则自己先进去，按住门，再请客人进入。

（四）就餐引导

重要的餐饮活动通常会安排座位名牌，让宾客按名牌就位。需要引导时，引导人员需掌握客人的情况和餐桌的分布，快速而井然有序地把客人带到餐桌边上就位。

（五）语言应用

引导客人时，要用下列引导语："请您随我来""这边请""您好，还有什么需要我帮助的吗"等等。

六、招待礼仪

在商务活动中，招待是最重要的工作环节。主办单位招待好、沟通好，能够加深双方的了解，增进友谊，促进双方合作的达成，营造一种双赢的效果。

（一）选择合适的招待形式

选择适宜的招待形式，比如喝茶、洗浴、餐饮等。选择餐饮时，一定要了解客人的文化背景、饮食习惯和相关的一些饮食禁忌，一定要详细了解客人喜好吃什么菜、饮什么酒以及有什么特殊的要求和禁忌。做好这些工作，是对宾客很好的尊重。

（二）掌握好餐饮招待中的礼仪

1. 选择主陪人员

如果有许多座次，在身份、地位大体相当的情况下，一定要选择懂文明、知礼貌、能活跃气氛、能把握局面的人员做主陪。

2. 确定一个主题

主宾在交流时选择一个既有趣又有益的主题，能使招待既文明又有价值。

（三）安排下榻

如果是前来访问、洽谈业务、参加会议的异国、异地客人应先安排他们休息。客人可能会因为旅途而感到疲惫，所以这时不宜立即谈公事。接待人员在车站、码头、机场接到客人后，最好先将其引领到待客厅、会议室或住所休息，并端上茶水或饮料等。也可以陪客人聊一会儿，但时间不宜过长，要尽快离开，给客人留下充足的休息时间。

（四）组织活动

客人食宿问题安排好以后，应该按照接待方案组织客人参加一系列的活动，如商务洽谈、参观游览等。客人在商务洽谈、游览等活动中所提出的意见必须及时向有关领导反馈，尽可能满足客人合理的需求。

七、送客礼仪

俗话说："迎人迎三步，送客送七步"。在商务活动中，作为商务人员，要遵循送客礼仪，做好送客工作，从而给客人留下一个完整、完美的印象。宾客来时要以礼相待，宾客走时要以礼相送。

（一）送客时的用语

如果是贵宾、远客，应送至停车场、车站、码头或机场。分别时的语言有"欢迎再来""旅途顺利""慢走""保持联系""到家后发个短信或打个电话"等。若客人乘飞机离开，主人不要说"一路顺风"，可以说"祝您旅途愉快"。

（二）赠送礼品

有时，为了表达主人的盛情，还会赠送给客人当地的土特产或者是公司准备的纪念品。

（三）送客时的礼仪

1. 在车站、机场等地送客时，切忌表现出无耐心、急切的样子，更不要频频看表，这会使客人感觉是在催促他赶快离开。

2. 安置好客人随身携带的物品

3. 送客人乘飞机，要确认客人的行李符合机场安检、重量要求等标准后再返回。如行李不达标，要为客人暂时保管，或者通过其他方式托运。

4. 在任何场地送客时，应在客人身影消失后再返回。

案例分析

小郑被批评

小郑刚参加工作不久，公司举办了一次大型的产品发布会，要求国内很多知名企业人士参加。小郑被安排在接待工作岗位上。接待当天，小郑早早来到机场，当等到来参加发布会的人时，他便开口说："您好！是来参加发布会的吗？告诉我您的单位及姓名，以便我们安排好就餐与住宿问题。"小郑有条不紊地做好了记录。后来在会场，小郑帮客人引路，小郑一直小心翼翼，虽然自己一向走路很快，但是他放慢步伐，很注意与客人的距离不能太远，一路带着客人，上下电梯，小郑也是走在前面。发布会后，小郑自己觉得接待工作做得很好，原本以为会受到赞扬，但没想到受到了上司的严厉批评。

思考： 小郑为什么会被上司批评？

第二节 拜访礼仪

拜访又叫拜会、拜见，就是指前往他人的工作单位或住所，去会晤、探望对方，进行接触和沟通。在社交过程中，拜访是最常见的社交活动。作为一名商务人员，经常会有到外单位拜访的机会。要想做一个受欢迎的拜访者，应注意以下几个方面的礼仪。

一、拜访前的准备工作

（一）明确拜访的目的

拜访一定要有明确的目的，比如建立关系、增进了解、介绍产品、促进销售、服务客户、签订合同、学习交流等。若目的不明确，对方也就无法找到合适的主题与你交流，这样沟通效果不好，也浪费时间，就失去了拜访的意义。

（二）提前预约

提前预约是最基本的礼仪。在我们身边，常有人不约而至，给对方来个"突然袭击"式的造访，给受访者一个措手不及，既令人难堪，也使人不快。预约的方式有很多种，可以打电话、写信，但电话是最常用、最方便的预约方式。预约拜访的时间和地点，最好由对方来定。商务性的拜访应选择对方上班时间为宜。同时，登门拜访是商务活动中最常见的沟通形式，也是联络业务、增进了解的一种有效方式。

（三）准备周到

拜访前仪容仪表和介绍礼仪要注意和准备周到，以防在拜访时失礼于他人。

1. 穿着、打扮得体

得体的穿着、打扮体现的是一种文明，表示对被访者的尊重。

（1）发型美观

头发要干净、清爽、整齐，发型要美观，大方。

（2）服装整洁

服装要得体、整洁。登门拜访时，女士应着深色套裙、中跟浅口深色皮鞋配肉色丝袜；男士最好选择深色西装配素雅的领带，外加黑色皮鞋、深色袜子。

（3）口气清新

拜访时口中不能有异味，牙缝里不能有食物残渣，要做到口气清新。

（4）容貌精神

拜访时要做到心情愉悦、情绪积极、容貌精神，就会给被访者一种良好的感觉。

2. 事先准备好名片、资料等

名片夹、资料要放在容易拿取的地方，以免到时候在受访人面前胡乱在公文包里翻动一番，还找不到自己的名片、资料放在哪里。

二、拜访过程

（一）如期赴约

时间约定后，拜访时最好不要迟到或早到。这是拜访活动中最基本的礼仪之一。一般来说，一旦约定了拜访时间，若无其他事情，双方应该严格遵循，一般不要轻易变动或失约。如果没按约定时间登门，迟到或因特殊情况不能按时到达，一定要给对方打一个电话，说明晚到的原因，态度诚恳地致歉并取得对方的原谅，以便被拜访者重新安排工作。必要时还需约定好下次拜访的日期、地点。

（二）拜访通报

当拜访者到达约会地点后，如果没有直接见到被拜访对象，不得擅自闯入，必须经过通报后再进入。一般情况下，前往大型公司拜访，首先要向负责接待的人员交代自己的基本情况，待对方安排好以后，再与被拜访者见面。拜访的场所除了工作地点外还有其他的场所也需要注意拜访通报，比如，被拜访者身处某一宾馆，如果拜访者已经抵达宾馆，切勿鲁莽地直奔被拜访者所在的房间，而应该由宾馆前台接待打电话通知被拜访者，经同意以后再进入。

（三）等待接见

1. 要有耐心

等待接见期间会比较考验一个人的修养，因而在等待的时候要表现出足够的耐心。不要反复看时间，不要有不耐烦的神态，更不要催促接待人员，甚至把气发在接待人员的身上，这会显得很没教养。

2. 安静等待

如果在等待的过程中觉得无事可做，最好再仔细看一下自己准备的材料或者看一看业务书籍、专业杂志、当地的报纸等。等待中，如果大声说话或者打电话，都是不礼貌的行为。

3. 礼貌等待

如果等待时间已经超出约定的时间，可适当询问接待人员还需要等多久。如果觉得等的时间太长或有事等不及，向工作人员了解清楚情况后，可以先安排办理其他事情或者约定其他时间约见。如果主人因故没有时间再继续接待那么也应当礼貌地离开办公室。记得说声"谢谢您""打扰了"等礼貌用语，并握手道别。

4. 等待过程中，不要四处"窥探"

在拜访等待的过程中，不要四处走动，东张西望。尤其忌讳的是当主人有事暂时离开办公室时私自观看主人的物品、翻阅主人的资料。这样会让人产生反感、引起怀疑，给人留下不好的印象。

（四）进门礼仪

到他人办公室或家中拜访，如果门是敞开着的，也应敲门或以其他方式告知主人，当有人应声允许进入或出来迎接时方可进入，切不可不打招呼自行闯入。如果门是关着的，有门铃的先按门铃，没有门铃的再敲门。

1. 按门铃方式

先按一下，如果屋内没有反应，再按一次。

2. 敲门方式

最得体的敲门方式是用中指与食指的指关节有节奏地轻叩房门2~3下即可，如果门没开，隔一小会儿再持续敲三下，切忌长时间连续不断敲门。敲门的响度要适中，不宜太重太急或太轻，太轻了别人听不见，太急太重了别人会反感。

（五）被接见时的礼仪

1. 会见重要人物，切记关掉手机

拜访重要的客户、重要的领导，会面时一定要关掉手机。重要的人物时间宝贵，与其面谈时，应专心、专注于业务事项，不应有干扰。

2. 举止大方，温文尔雅

见面后，打招呼是必不可少的。如果双方是初次见面，拜访者必须主动向对方致意，简单地做自我介绍，然后热情大方地与被拜访者行握手之礼。如果双方已经不是初次见面了，主动问好致意也是必需的，这样可显示出你的诚意。说到握手不得不强调一点，如果对方是长者、上级或女性，自己绝对不能先将手伸出去，这样有抬高自己之嫌，同样可视为对他人的不敬。

见面礼行过以后，在主人的引导之下，进入指定房间，待主人落座以后，自己再坐在指定的座位上。

3. 轻松开头，开门见山，切入正题，切忌啰唆

拜访要想取得良好的效果，需要良好的开头，好的开头是成功的一半。好的开头可以营造一个让人感到轻松、自然的环境。所以谈话切忌啰唆，简单的寒暄是必要的，但时间不宜过长。因为，被拜访者可能有很多重要的工作等待处理，没有很多时间接见来访者，这就要求，谈话要开门见山，简单的寒暄后直接进入正题。当对方发表自己的意见时，打断对方讲话是不礼貌的行为。应该仔细倾听，将不清楚的问题记录下来，待对方讲完以后再请求就不清楚的问题给予解释。如果双方意见产生分歧，一定不能急躁，要时刻保持沉着冷静，避免破坏拜访气氛，影响拜访效果。

4. 适时起身

当有别的客人来时，应及时站起来等待被介绍，切不可对来者视而不见。

5. 控制谈话时间

在商务拜访过程中，时间为第一要素，谈话时间不宜拖得太长，否则会影响对方其他工作的安排。如果双方在拜访前已经设定了拜访时间，则必须把握好已规定的时间，如果没有对时间问题做具体要求，那么就要在最短的时间里讲清所有问题，然后起身离开，以免耽误被拜访者处理其他事务。一般情况下，初次登门拜访，应控制在半小时之内；一般性的拜访，通常也不宜超过一个小时。

6. 适时告退

拜访期间，若遇到其他更重要的客人来访或对方有紧急事情需要处理时，应当机决策，适时地告退。

7. 结束拜访

拜访结束时，如果谈话时间已过长，起身告辞时，要向主人表示"打扰"歉意。出门后，回身主动与主人握别，说"请留步"。待主人留步后，走几步再回首挥手致意"再见"。若主人有意挽留，也不要犹豫不决，坚持表达离去的意思，但要向对方

表示感谢。告辞前要向主人道别，对引领你的工作人员表示感谢。

三、拜访后的礼仪

俗话说得好："用心才会得到。"对于一个优秀的商务人员，拜访之后的问候跟进是必不可少的环节。如果缺少了这个环节，以后拜访的工作也就无法顺利地展开。那么，在拜访之后该如何做进一步地跟进访问呢？就是写一封得体的感谢函，让客户感觉到你是一个有心人，为后续的拜访做好铺垫。

案例分析

于先生的拜访

某照明器材厂的业务员于先生按原计划，手拿企业新设计的照明器材样品兴冲冲地走上六楼，脸上的汗珠未及擦一下，便直接走进了业务部张经理的办公室，正在处理业务的张经理被吓了一跳。"对不起，这是我们企业设计的新产品，请您过目。"于先生说。张经理停下手中的工作，接过于先生递过的照明器，随口赞道："好漂亮啊！"并请于先生坐下，倒上一杯茶递给他，然后拿起照明器仔细研究起来。于先生看到张经理对新产品如此感兴趣，如释重负，便往沙发上一靠，跷起二郎腿，一边吸烟一边悠闲地环视着张经理的办公室。当张经理问他电源开关为什么装在这个位置时，于先生习惯性地用手搔了搔头皮。虽然于先生作了较详尽的解释，张经理还是有点半信半疑。谈到价格时，张经理强调："这个价格比我们预算高出较多，能否再降低一些？"于先生回答："我们经理说了，这是最低价格，一分也不能再降了。"张经理沉默了半天没有开口。于先生却有点沉不住气，不由自主地拉松领带，眼睛盯着张经理，张经理皱了皱眉，"这种照明器的性能先进在什么地方？"于先生又搔了搔头皮，反反复复地说："造型新、寿命长、节电。"张经理托词离开了办公室，只剩下于先生一个人。于先生等了一会儿，感到无聊，便非常随便地抄起办公桌上的电话同一个朋友闲谈起来。这时，门被推开，进来的却不是张经理，而是办公室秘书。

思考：于先生在商务拜访中出现了哪些问题？

第三节　商务洽谈礼仪

商务洽谈也称商务谈判，是指双方促成交易，或为了解决双方的争端并取得或维护各自经济利益进行的一种双边信息传播行为。洽谈与谈判并无根本区别，但"判"字有评判的意思。相对来讲词意比较严厉和生硬，而洽谈则比较注重温和性和灵活性，因而洽谈也就更要注重礼仪。在现代商务活动中，洽谈作为传递信息，沟通的桥梁和纽带，得到了广泛的运用，成为商品交易过程的重要组成部分。洽谈既是一门科学，又是一种艺术。优秀的洽谈者需要具备全面的良好素质，这其中，礼仪方面的知识是非常重要的。

一、洽谈礼仪的基本原则

（一）平等协商

谈判双方，不论公司规模大小、实力强弱、谈判人员职位高低，在谈判中都享有平等的法律地位、权利和义务。所谓平等协商，一是要平等，既洽谈各方在地位上要平等一致、相互尊重，不允许仗势欺人、以大欺小。二是要协商，即洽谈各方在洽谈中要通过协商求得谅解，而不是通过强制、欺骗来达成一致。

（二）真诚合作

古人云："精诚所至，金石为开。"诚信是洽谈的首要条件。坚持真诚合作这一原则，一是要有诚意创造和谐气氛，使双方坐到一起来；二是要有诚意去寻求双方都能接受的方案；三是要互相体谅，要认识到谈判双方都有各自的难处。

（三）求同存异

在任何一次正常的洽谈中，有关各方都能通过洽谈，在某种程度上达成协议，使各方都能获得利益。在洽谈桌上，一切议题都是可以进行反复商谈的，因此在谈判过程发言时，一定要给自己留有充分的协商余地，绝不可以坚持"一口价"、一成不变、一意孤行，否则就会作茧自缚，使自己变得相对被动。在洽谈会上，只要公平、合理、自愿，尽最大可能维护或争取各自的利益，就是可以接受的。

（四）互利互惠

最理想的洽谈结局，就是双方达成了大家都能接受的妥协。也就是要使有关各方通过洽谈，都能得到好处，即互利互惠。因此，商务人员在参加洽谈会时，既要考虑利己，又要考虑利人。在市场经济比较发达的现代社会，最讲究的是伙伴、对手之间同舟共济，既要讲竞争，更要讲合作，不要把自己的利益建立在损害对手或伙伴利益的基础上。

（五）信誉至上

信誉至上是商务洽谈中的重要利益原则。谈判中不轻易做出承诺，一旦形成协议，就必须严格履行自己应有的义务，不折不扣地遵守和执行所达成的协议，兑现承诺。这样才能树立起谈判者及其所代表企业言而有信的形象。

（六）依法办事

在商务洽谈中，利益是各方关注的核心。对任何一方来说，大家讲究的都是"趋利避害"。但要注意，在洽谈的全部过程中，要提倡法律至尊。在谈判中，注重处理与对手的人际关系，以促进双方之间的理解与尊重，是很有必要的。但是"人情公关"是需要建立在法律的基础上的，只靠"人情公关"而不考虑法律是万万行不通的。

（七）礼敬对方

礼敬对方是商务洽谈必须遵循的重要原则。在洽谈过程中，要排除一切心理和情绪上的干扰，对洽谈对手要始终如一地保持友好尊重和礼貌热情。洽谈中语言要文明，笑容要诚挚，态度要好，举止要得体，要始终如一地维持君子风度。

二、洽谈准备阶段的礼仪要求

了解对手的有关情况，"知己知彼，百战不殆"，这是众所周知的古训。在洽谈准备阶段要了解对手的情况，这当然是为了实现洽谈的目标，另一方面也能展示对对方的尊重，为洽谈创造有利的条件。

（一）个人仪表的准备

正式出席的洽谈人员，在仪表上务必严格按照商务仪表、仪容礼仪的要求去做。男士一律应当理发、剃须、吹头发，不准留胡子或大鬓角。女士应选择端庄、素雅的发型，化淡妆，不许有过于摩登或前卫的发型，更不许染彩色头发，不可用香气浓烈的化妆品。同时，洽谈人员应穿着传统、简约、高雅、规范的正式商务服装。男士的最佳选择是深色三件套西装、白衬衫、素色或斜条领带、深色袜子和黑色皮鞋。女士最佳着装选择是深色西装套裙、白衬衫、肉色连裤式丝袜和黑色高跟或半高跟皮鞋。

（二）谈判对手的基本情况

了解对方人员的年龄、资历、地位、性格特点、对我方的态度，以及与我方交往历史等。这样，我方可以按照礼仪交往中对等性原则，组织与对方人员职务相近的谈判班子，并据此安排食宿、设计日程等。

（三）对方的文化背景和礼仪习惯

"入国问禁，入乡问俗"，这些似乎与谈判无直接关系，但有时却会起到意想不到的作用。如果了解并尊重对方的礼俗，双方容易沟通感情，增加信任，将对谈判起到积极的作用。

（四）洽谈场所的准备

1. 场所的选择

洽谈地点的选择应当注重礼仪。大型的洽谈，其礼仪要求相对高些。可在双方所在地轮流进行，以示平等；也可在第三地进行，以示公正。小型的洽谈，参加人数少，则没必要重视地点。一般说来，洽谈场所能设在自己熟悉的地方是最好的，因为在自己熟悉的场所要比生疏的地方得心应手，但须征得对方同意。

2. 会场的布置

商务洽谈一般安排在会议室进行，有时也可以安排在会客室。大型的商务洽谈，要选择宽敞明亮、整洁安静的场所，会场要精心布置，这也是对对方的一种尊重。会场的桌子可以是圆型、方型，也可以是长条桌。桌上应设有席位卡，注有入席者的名字或职务，以便导引入座。要备有一定的茶具、茶水和饮料。还要准备好音响设备、灯光设备、通讯、复印设备及必要的文具。同时，谈判环境的温度在18℃～22℃为宜，湿度在40%～60%为宜。

3. 座次的安排

大型的洽谈会气氛比较严肃、郑重、对等性强，座次的安排更讲究双方或各方的平衡。最常见的是两种方式——横桌式和竖桌式。

（1）横桌式

横桌式即长方形桌横向摆放，宾主相对而坐。以正门为准，主人在背门一侧，客人面向正门，即所谓"迎门为上"。各方的主谈人员应在自己一方居中而坐，其他人员应遵循右高左低的原则，依照职位的高低自近而远地分别在主谈人员的两侧就坐。如图6-3所示。需要注意的是，双方主谈者的右侧之位，在国内会议中可坐副手，而在涉外谈判中则应由译员就座。横桌式是洽谈会中最常见的排列座次的方式。

（2）竖桌式

竖桌式即会谈长桌一端朝向正门，即纵向摆放，则以入门方向为准，右为客方，左为主方，如图6-4所示。其他人员的座次安排如横桌式一样。

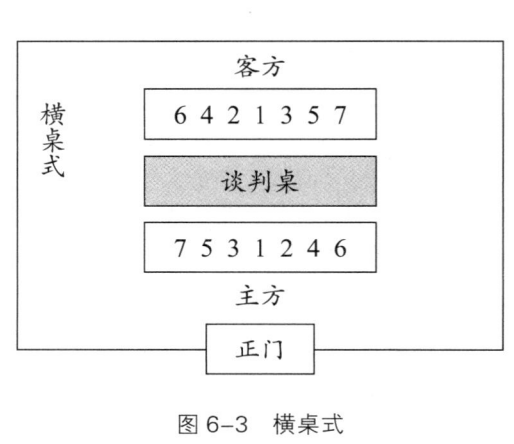

图6-3 横桌式

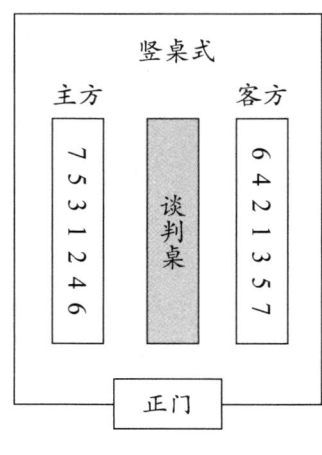

图6-4 竖桌式

（3）其他类型

如果洽谈是在不设谈判桌的会议室进行，其座次安排的要求是：主宾坐在右边，主人坐在左边，如需译员和记录员则安排分别坐在主宾和主人的身后。其他客人按礼宾顺序在主宾的一侧就座，主方其他人员在主人的一侧就坐。座位不够时可在后排加座。具体有圆型和门型两种形式。大型洽谈会，主、宾双方分开来坐，一能加强气势，二能协助主谈人。小型洽谈会，双方参加人员较少，或是相互间较熟悉，则可随意落座。

三、洽谈过程中的礼仪

商务洽谈总在人与人之间进行的，洽谈过程就是一个人际交往的过程。在洽谈过程中，人际关系往往有着十分微妙的作用，如果能够以诚相待，尊重对方，礼仪有加，洽谈就能取得理想的结果。因此在洽谈过程的各个阶段都要遵守一定的礼仪规范。

（一）开局阶段礼仪

开局是洽谈的起点，起着引导洽谈的作用，关系到能否取得洽谈的控制权和主动权。开局阶段的礼仪规范一般如下。

1. 相互介绍

双方见面时，如果是初次交往，应相互自我介绍。介绍的礼仪，关系着洽谈气氛的形成。一般是主方先将自己的谈判成员介绍给客方，以示尊重。介绍时，被介绍者应站立示意，面带微笑注视对方，介绍完毕相互握手致礼。如果对方是外商，要尊重对方的习惯和风俗。

2. 轻松开头

相互介绍完毕,不宜马上切入正题。需选择一些不涉及各方利益的中性话题开头,这时的话题应具有积极向上、令人愉快的特点,容易引起双方兴趣,有利于消除双方的陌生感和压抑、防范的心理,创造出轻松、愉快、诚挚、友好的气氛,但开头的寒暄不宜过长,以免冲淡洽谈的正题。

3. 切入正题

洽谈要及时切入正题。双方应各自说明自己的基本意图和目的,说明时应简短、明确,重点突出,要让对方感到你的坦率和真诚。在对对方概述时,要认真倾听,可以用点头的方式表示对对方意见的理解和赞同,给对方造成一个愉快的心情。不能左顾右盼,漫不经心。认真倾听,一方面是尊重对方,同时也是在观察分析,探听对方的虚实。在开局阶段,要尽量创造一种"一致感"。

(二)洽谈明示阶段礼仪

进入明示阶段,双方要相互提问题,摆出不同意见。往往容易产生分歧,所以应特别注意说话语气平和、亲切,讲究说话技巧,不能把提问变成审问或责问,引起对方反感。

讨价还价过程会把洽谈推向高潮,双方为了各自的利益据理力争、毫不相让。这是洽谈最关键的时候,也是最应该注意礼仪的时候,洽谈中失礼的言行,大部发生在这个阶段。失去了礼仪,也就没有了洽谈的成功。在这个关键时候,有礼貌的做法是:谈话范围广阔,双方有充分的回旋余地;争执上限于双方观点的交锋,而不要引起双方人员的冲突;诚心诚意地探讨解决问题的共同途径;一张一弛,不要一个冲锋就想取胜,轻易地逼人就范。

(三)较量与协议阶段的礼仪

如果双方在交锋的过程中想法和要求差距很大,或是各执己见,出现僵局时,要有礼貌地用灵活的方式打破僵局。常用的方式有:插入几句幽默诙谐的话,使双方忘情一笑,缓和一下气氛,放松一下情绪,而后愉快地进行谈判。大型的洽谈会,东道主可提议暂时休会或稍事休息,可以利用休会时间组织双方人员共同浏览观光,进行娱乐活动等等,在"业余"活动中商谈,或是情绪转换过来之后再进行洽谈。总之,这是最需要礼仪保驾护航的阶段。在洽谈过程中出现僵局或分歧,不要轻易放弃谈判,要寻找一切途径,达到预期的目的。一般说来,有诚意地调整自己的目标,做些必要的妥协与让步是十分有益的。让步要有理、有利、有礼、有度,让步的幅度要对等,要同步,来而不往非礼也。让步的目的是为了己方最终的利益,当谈判目标已达到,或对对方再无让步可能时,应主动转入妥协阶段,不要穷追不舍,咄咄逼人,把对方逼入死角是很不礼貌的。

坚持自己的谈判条件，不等于无礼。因为谈判者往往代表着一个组织、一个企业甚至一个国家，因而不应当轻易地改变自己的立场，否则会有损于他所代表的组织的形象。成功的谈判，不是指坚持了各自原来的条件，只要是各方站在各自的角度都认为达到了满意的结果，就应当是成功的谈判。即使生意不成，但沟通了信息，交流了感情，认识了朋友，也应当是一种令人满意的效果。

四、签字仪式中的礼仪

双方经过磋商、让步，最终达成协议。协议一经达成，要有礼貌地商定是否举行签字仪式。一般来讲，凡是比较重要的、规模较大的商务洽谈，在协议达成后，都应举行签字仪式。

（一）签字仪式的准备工作

1. 确定参加人员

参加签字仪式的人员，基本上应是双方参加会谈的全体人员。如一方要求让某些未参加谈判的人员出席，应事先征得对方同意。有时为表示对本次商务洽谈的重视或对洽谈结果的庆贺，双方更高一级的领导也可出面参加签字仪式。一般礼貌的做法是，出席签字仪式的双方人数及职位大体相当。

2. 准备协议文本

洽谈结束后，双方应组织专业人员做好协议文本的定稿、翻译、校对、印刷、装订、盖章等工作。东道方应为这些工作提供准确、周到、快速的服务。

3. 签字场所的选择

选择签字仪式的场所，一般视参加的人员规格、人数及协议内容的重要程度等因素来确定。多数是选在客人所住的宾馆、饭店或东道主的会议厅，有时为了扩大影响，也可商定在某个新闻发布中心或著名的会议、会客场所举行。无论选在什么地点，都应取得对方的同意，否则是失礼行为。

4. 签字场所的布置

签字场所的布置各国不尽相同。我国举行签字仪式，一般在签字厅内设置一张长方形桌作为签字桌。桌后放两把椅子，供双方签字人就座。主方席在左边，客方席在右边。桌上放有会后各自保存的文本，文本前方分别放置签字用的文具。签字桌中间摆有一旗架，同外商签字时旗架的两边分别挂着双方国旗，如图6-5所示。

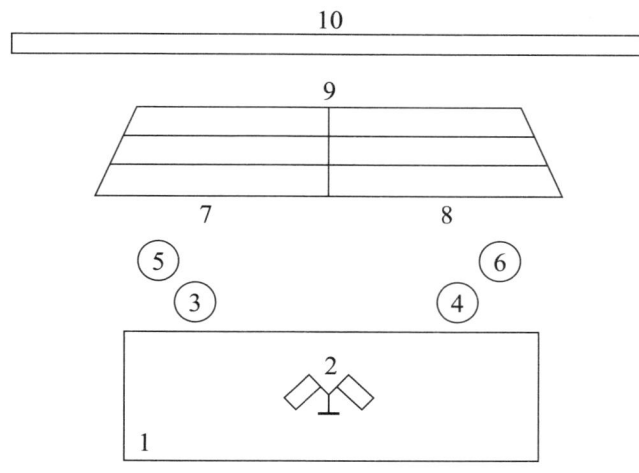

1. 签字桌；2. 双方国旗；3. 客方签字人；4. 主方签字人；5. 客方助签人；6. 主方助签人；7. 客方参加人员；8. 主方参加人员；9. 梯架；10. 屏风（背景板）

图 6-5　签字仪式示意图

（二）签字礼仪

所有参加签字仪式的人员都应注意仪容和仪表礼仪，应整洁、得体。还应注意仪态庄重、友好、大方、平等，不能严肃有余，也不应过分喜形于色。双方出席签字仪式的人员进入签字厅后，签字人入座，其他人员分宾、主各一方，按身份高低顺序排列于签字入座位后，双方身份最高者站立中央，双方助签人员应分别站在各自签字人的外侧。

签字仪式开始后，双方签字人在本国或本单位保存的文本上签毕后，由助签人员互相传递、交换协议文本，签字人再在对方保存的协议文本上签字，然后由双方签字人郑重地相互交换协议文本，并相互握手致意，其他参加仪式的人员应鼓掌祝贺。

协议文本交换完毕，双方人员握手致意后，可以安排服务人员用托盘端上香槟酒，供宾、主双方全体人员举杯庆贺。一般双方的最高领导及签字人、主谈人员相互碰杯即可，喝酒只是一种象征性的礼仪，不可狂饮。签字仪式结束后，应让双方最高领导及宾客先退场，然后东道主再退场。

五、结束谈判时的礼仪

结束谈判时双方互赠礼品，一般表示友好、进一步增加友谊和今后联络感情的愿望外，更主要的是表示对此次合作成功的庆贺，以及对再次合作的期望。因此，需要选择表达心意的适度时机，并针对不同的对象选择合适的礼品。

> **案例分析**
>
> 李经理的谈判
>
> 　　某市文化单位计划兴建一座影剧院。一天，公司经理正在办公，家具公司李经理上门推销座椅。一进门便说："哇！好气派。我很少见到这么漂亮的办公室。如果我也有一间这样的办公室，我这一生的心愿就满足了。"李经理就这样开始了他的谈话。然后他又摸了摸办公椅扶手说："这不是香山红木么？难得一见的上等木料呀。""是吗？"王经理的自豪感油然而生，接着说："我这整个办公室是请深圳装潢厂家装修的。"于是亲自带着李经理参观了整个办公室，介绍了计算比例，装修材料、色彩调配，兴致勃勃、自我满足，溢于言表。如此，李经理自然可拿到王经理签字的座椅订购合同。同时，互相都得到一种满足。
>
> **思考**：李经理为什么可以拿到王经理的订购合同？

第四节　舞会礼仪

　　舞会是现代社会交往的重要形式之一，也是人们经常进行的一种高雅的社交娱乐活动。它不但能促进人们之间的交往，并且增进友谊、消除疲劳、陶冶性情。从表面上来看，舞会的气氛看似轻松随便，但种种礼仪不可忽视。

　　一个人在舞场上的表现和其素质及内在修养息息相关，因此，要时刻遵守舞会的礼仪规范。

一、舞会的形式

　　所谓的舞会指的是"交谊舞会"，又称"宫廷舞"，所谓的舞指的是"交谊舞"，又称"宫廷舞"，是一种国际性的社交活动舞蹈，基本形式有六种。

（一）布鲁斯舞（Blues）

　　布鲁斯舞又叫慢四，交谊舞的一种，音乐节奏缓慢，舞步简单，跳起来从容不迫、舒适、悠闲、平稳、自由。容易掌握，很适合初学的朋友。布鲁斯舞舞曲来源于美洲丛林中黑色人种的有忧伤感的乐曲Blues，布鲁斯是英文Blues的译音，20世纪初流行于欧洲，传入英国以后，慢慢变成慢速稳健的舞厅舞。布鲁斯舞的音乐为4/4拍，速度每分钟30小节，慢四的节奏是四拍一个小节，慢四的节奏有两种表现形式，布鲁斯音乐形式为"咚，哒咚，哒咚，哒"与普通的4/4节奏"咚嚓，咚嚓，咚嚓，咚嚓"。

（二）华尔兹（waltz）

华尔兹舞是摩登舞项目之一。舞曲旋律优美抒情，节奏为3/4的中慢板，每分钟28～30小节。每小节三拍为一组舞步，每拍一步，第一拍为重拍，三步起伏循环。通过膝、踝、足底与掌趾的动作，结合身体的升降、倾斜、摆荡，带动舞步移动，使舞步起伏连绵，舞姿华丽典雅。是维也纳华尔兹（快三步）的变化舞种。19世纪中叶，维也纳华尔兹传到美国，当时美国崇尚舒缓、优美的舞蹈和音乐，于是将快节奏的维也纳华尔兹逐渐改变成悠扬而缓慢、有抒发性旋律的慢华尔兹舞曲，舞蹈也改变成连贯滑动的慢速步型，即今之华尔兹舞。

（三）狐步舞（Slow Trot）

狐步舞即福克斯，又称中四步。狐步舞的风格特点是流动感强、动作轻盈、舒展流畅、平稳大方、悠闲从容。前进时的步法是与地面轻轻地摩擦移动，后退不能将鞋跟重重地在地板上做拖曳。步幅大，不并步的长线条没停顿动作，舞步不能间断，要连续流畅，方位多变，连续进退。上身采用反身动作位置，反身不能过大，前进或后退用半身引导时要让力量保持向前或后。舞伴两人没有断裂的且身体维持巧妙的接触，舞步衔接圆滑，同时狐步舞技术中大量运用了跟转的动作，更加突出舞蹈的特性。狐步舞是斜侧的摆荡。通常的升降是第一步结尾开始上升，第二、三步保持上升，然后在第三步结尾下降，起伏的形态成抛物线形。特别要注意的是后退时前脚的脚尖将先离地做无足升降，身体有升降，足没有升降，很少后退，同时用两脚掌做上升，是前跟后掌的上升，这就叫无足上升。但是不同的舞步有不同的升降形态。狐步舞音乐优雅，节奏为4/4拍，每分钟约30小节，节奏分为快和慢，快占1拍，慢占2拍。

（四）快步舞（Quick Step）

快步舞，将芭蕾舞中的一些小跳动作融合在内，而显得更加轻快灵巧，更具技巧性和艺术魅力。快步舞的音乐是4/4拍，每分钟50～52小节，音乐欢快，节奏感强，基本节奏为慢快快慢、慢慢快快，升降形态通常为：第一步结尾时开始上升，二、三继续上升，第四步保持上升，结尾下降。不同的舞步有不同的升降方式，但是升降大都是依狐步舞的形式，也有的舞步是依华尔兹的升降形式，因此要掌握好升降的运用和舞步的技巧。

（五）伦巴舞（Rumba）

伦巴，也被称为爱情之舞，拉丁舞项目之一。源自16世纪非洲的黑人歌舞的民间舞蹈，流行于拉丁美洲，后在古巴得到发展，所以又叫古巴伦巴，舞曲节奏为4/4拍。它的特点是较为浪漫，舞姿迷人，性感与热情；步伐曼妙有爱，缠绵，讲究身体姿态，舞态柔媚，步法婀娜款摆，若即若离的挑逗，是表达男女爱慕情感的一种舞蹈。伦巴是拉丁音乐和舞蹈的精髓和灵魂，引人入胜的节奏和身体表现使得伦巴成为了舞厅中最为普遍的舞蹈之一。

（六）探戈舞（Tango）

探戈舞是一种双人舞蹈，源于非洲中西部的民间舞蹈探戈诺舞，探戈是摩登舞中较为特殊的舞蹈，是摩登舞中唯一一个带有拉丁色彩的舞蹈。16世纪末到17世纪初，随着黑奴贩卖进入美洲，融合了拉美民间舞蹈风格，形成了舞姿优雅洒脱的墨西哥探戈和舞姿挺拔、舞步豪放健美的阿根廷探戈，随后不断融合发展至今。探戈舞伴奏音乐为2/4拍，但是常表现顿挫感非常强烈的断奏式演奏，因此在实际演奏时，将每个四分音符化为两个八分音符，使每一小节有四个八分音符。探戈是国际标准舞大赛的正式项目之一。

二、舞会参加人员仪容仪表要求

（一）仪容要求

舞会前应沐浴；剃须（男士）；剃去腋毛（女士在穿短袖或无袖装时）。特别应注意以下几点：

1.一定搞好口腔卫生

随身携带口香糖，清除口臭，禁食葱、蒜等刺激气味的食物，不要喝烈性酒，不要大汗淋漓或疲惫不堪地进入舞池。

2.外伤患者、传染病者不宜参加

患有感冒者不要参加舞会，否则不仅有可能传染别人，还会影响大家的情绪。

3.尚不会跳舞者不宜现学现跳

最好不要在舞池现学现跳，防止一些尴尬的现象产生，例如舞步不熟练、摔倒、碰撞、踩踏到他人等。

4.要维护舞场秩序

不吸烟，不乱扔果皮，不随意喧哗。

（二）化妆要求

参加舞会前，有条件的人都要根据个人的情况进行适度的化妆。男士化妆的重点通常是美发、护肤和祛味。女士化妆的重点则主要是美容和美发。与家居妆、上班妆相比，因舞会大都举行于晚间，舞者肯定难脱灯光的照耀，故舞会妆允许相对化得浓、烈一些。但若非参加化装舞会，化舞会妆时仍须讲究美观、自然，切勿搞得怪诞神秘，令人咋舌。

（三）服装要求

不允许戴帽子、墨镜，或者穿拖鞋、凉鞋、旅游鞋。一般不允许穿外套、军装、工作服。

1. 男士

正式舞会通常穿传统服装的白色领结和大燕尾服。但是现在通常穿黑色领结加小燕尾服。

2. 女士

舞会的衣着应该是长款的，不要穿的服装过露、过透、过短、过紧。穿裤子跳舞通常是不允许的，多为白色衣裙。当穿无袖裙时可以戴长手套，但当开始跳舞或共进餐饮时需要脱掉。大型舞会应着晚礼服。

三、组织舞会的礼仪

一般舞会可分为家庭舞会和团体舞会两种。

（一）舞会规模的确定

可根据具体情况而定。大型舞会一般安排在节假日里，小型舞会可安排在周末。每次舞会以两三个小时为宜。舞会的场地要选择宽敞、平滑的地方。场地大小要根据参加舞会的人数而定。一般来说，舞池内平均每两平方米容纳一对舞伴比较合适。

（二）会场的布置

要突出"欢快""热烈"的气氛，场地空间可用彩色花环、飘带、彩灯等加以装饰。灯光应调整好，既不能太亮，也不能太暗。最好用白炽灯或彩色节日串灯。同时，还要考虑乐队的位置。如没有乐队，则要准备好音响和音乐，磁带、光盘要事先选好，排好顺序，舞会开始后依次播放。另外，舞池周围应摆放好桌椅，预备好饮料，供参加者休息、饮用。

（三）凭票入场

正式舞会一般要凭票入场。这样可以控制参加者的人数。发放舞票时要把人数统计准确，同时协调好男女比例。举办家庭舞会，事先也应选好邀请的客人，男女比例适当。

（四）舞曲的选择

舞曲的选择，要注意安排不同节奏、不同情绪的曲子。要使整个舞会在进行过程中不同的舞交替进行，使参加者在跳舞的过程中有张有弛，始终精神饱满。

舞会应有张有弛，跳半小时至1小时不妨休息几分钟，放几支悠扬缓慢的曲子，给大家一个交谈的机会。

（五）接待单位注意事项

举办舞会，要根据对方的具体情况安排陪同人员。陪同人员应是异性。若客人较少，可请客人到专业舞厅跳舞，陪同人员仍不可少。

1. 仪表

仪表整洁高雅，举止大方热情（陪同人员代表主人）。陪同人员若是女性，应打破常规，主动邀请对方跳舞。

2. 陪同人员

陪同人员与客人见面时，应由陪同人员中的一位负责人将双方作简略介绍。被介绍时，陪同者应及时向客人问好表示诚挚的欢迎，并谦逊表明自己舞跳得不好，请客人多多包涵。

3. 交谈礼仪

一般情况，不应喋喋不休的谈本单位的事，或探究对方单位的事，即使客人有意攀谈也应回避。如果陪同者是业务人员，业务所需另当别论。不要打听客人的年龄、婚姻和个人私事。

4. 告别礼仪

舞会结束后，应与客人告别欢迎客人下次再来，如陪同负责人有安排，可将客人送至下榻的宾馆门口再告辞。

5. 陪同外宾

如果陪同的是外宾，事先应了解客人的国情、习俗，以免失礼。

四、参加舞会的礼仪

（一）介绍舞伴

在舞会上，主持人或主人要注意照料客人，把害羞的青年介绍给同伴，安排他们坐在一起，但介绍时要考虑他们的个子高矮是否合适，性格是否相近等因素。主人可以在舞会开始前，或音乐的间歇时对单身的男青年说："我给你介绍一个不错的舞伴吧！"并把他带到一位女青年身边，作简单介绍，然后鼓励他们一起跳舞。

（二）邀请舞伴

1. 常规

在舞会上，邀请舞伴的下述基本规范，是人人必须严格遵守的。不然的话，就会失敬于人，或是令人见笑。请舞伴时，最好是邀请异性。通常讲究由男士去邀请女士，不过女士可以拒绝。此外，女士亦可邀请男士，然而男士却不能拒绝。

在较为正式的舞会上，尤其是在涉外舞会上，同性之人切勿相邀共舞。两位男士一同跳舞，会给人以关系异乎寻常之感。而两位女士一起跳舞，则等于是在宣言："没有男士相邀"，所以迫不得已，以此举吁请男士们"见义勇为"。

根据惯例，在舞会上一对舞伴只宜共舞一支曲子。接下来，需要通过交换舞伴去扩大自己的交际面。舞会上的第一支舞曲，一般讲究男士要去邀请与自己一同前来的女士共舞。如有必要，他们二人还可以在演奏舞会的结束曲时再同跳一次。

2. 方法

邀请他人跳舞，应当力求文明、大方、自然，并且注意讲究礼貌。千万不要勉强对方，尤其是不要出言不逊，或是与其他人争抢舞伴。

一般来说，邀请舞伴时，有两种具体的办法可行。其一，直接法。即自己主动上前邀请舞伴。可先向被邀请者的同伴含笑致意，然后再彬彬有礼地询问被邀请者："能否有幸请您跳一次舞？"其二，间接法。即自觉直接邀请不便，或者把握不是很大时，可以托请与彼此双方相熟的人士代为引见介绍，牵线搭桥。

不论采取何种方法请人，万一自己来到被邀请者面前，已有他人捷足先登时，则须保持风度，遵守先来后到的顺序，礼让对方，等下一次再去进行邀请。同时，在舞会上结交新朋友，通常有三种方法可行：

（1）主动把自己介绍给对方。

（2）请主人或其他与双方熟悉的人士代为介绍。

（3）在舞会上结识新友之后，一般不宜长时间深谈。要深交，可在此后适当的时间主动打电话联络对方，以便进一步推进双方关系。

3. 选择

在舞会自行选择舞伴时，亦有规范可循。有可能的话，不要急于行事，而是最好先适应一下四周的气氛，进行一下细心的观察。一般说起来，以下八类对象，是自选舞伴之时最理智的选择。

第一类，年龄相仿之人。年龄相似的话，一般是容易进行合作的。

第二类，身高相当之人。如果双方身高悬殊过大，未免会令人感到尴尬难堪。

第三类，气质相同之人。邀气质、秉性相近的人一同共舞，往往容易各对各眼，互相因产生好感，从而和睦相处。

第四类，舞技相近之人。在舞场，"舞技"相近者"棋逢对手"，相得益彰，有助于更好地发挥技艺，产生快感和满足。

第五类，无人邀请之人。邀请较少有人邀请之人，既是对其表示一种重视，也不易遭到回绝。

第六类，未带舞伴之人。邀请未带舞伴的人共舞，成功的机会往往是较大的。

第七类，希望结识之人。想结识某人的话，不妨找机会邀对方或是其同伴共舞一曲，以舞为"桥"，接近对方。

第八类，打算联络之人。在舞会上碰上久未谋面的旧交，最好请其或其同伴跳一支曲子，以便有所联络。

除以上几种情况之外，在舞会上倘若发现有人遇上异性的纠缠骚扰，最得体的做法是应当挺身而出，主动邀请被纠缠者跳一支曲子，以便"救人于水火之中"。

4.顺序

在较为正式的舞会上，根据舞会礼仪的规定，人们除了要与自己一起来的同伴同跳开始曲、结束曲，或是可以酌情自择舞伴之外，还须按照某些既定的顺序，去"毫无选择"地邀请其他一些舞伴。以下就简单介绍一下男士邀请舞伴的合理顺序。

（1）就主人方面而言，自舞会上的第二支舞曲开始，男主人应当前去邀请男主宾的女伴跳舞，而男主宾则应回请女主人共舞。接下来，男主人还需依次邀请在礼宾序列上排位第二、第三的男士的女伴，而这些男士则应同时回请女主人共舞。

（2）就来宾方面而言，有下列一些女士，是男宾应当以礼相邀、共舞一曲的。他们主要包括：一是舞会的女主人，二是被介绍相识的女士，三是自己旧交的女伴，四是坐在自己身旁的女士。

以上女士若被男宾相邀后，与其同来的男伴最好回请该男宾的女伴跳上一曲。

（3）在没有特殊情况下，第一场舞曲最好不要马上加入。从第三支舞曲开始，其他客人进入舞池，男士应该主动跟在女士身后，让对方选择跳舞地点。下场时，不宜在舞曲未完之际离去。

（三）拒绝邀请

在舞会上通常不宜拒绝对方。但一定要拒绝时，请注意：

第一，态度要友好、自然，表现要彬彬有礼。

第二，口头拒绝对方时，语言不宜僵硬、粗鲁。通常拒绝别人，应起身相告具体原因，同时向对方致歉，说声："实在对不起"。如："对不起，已经有人邀请了我""对不起，我实在太累了，想单独休息一会儿""对不起，我不会跳这种舞""对不起，我不喜欢跳这种舞""对不起，我不熟悉这首舞曲""对不起，我不喜欢这首舞曲"等。

第三，拒绝一个人的邀请之后，不要马上接受他人的邀请，否则，会被前者视为是对其的一种侮辱。

第四，如果对方婉言谢绝，也不必介意，更不应勉强，切不可怀恨在心。

（四）舞姿礼仪

舞会上，舞姿不必很优美，舞技也不必很娴熟，但必须尽量合乎礼仪规范的标准。

1. 遵照礼仪规范

在舞场上跳舞，步入舞池时，须女先男后，由女士选择跳舞的具体方位；在跳舞的具体过程中，应由男士领舞，女士配合。

2. 跳舞中

不管你与舞伴是何种关系，要与舞伴保持一定的距离，应该有30厘米左右间隔，右手轻扶舞伴后腰（略高于腰部），左手轻托舞伴右掌，男士不能借机对女士又拉又抱；女士也不能主动贴向男士。双方更不能在跳舞时贴面、贴胸、贴腹。注意与其他舞者保持适当的距离，万一不慎碰撞或踩踏了别人，应向对方道歉。

3. 跳舞动作

（1）跳舞动作要与舞曲协调，不允许自我创作，乱跳一气。更不要夸张、怪异、粗野，甚至用色情的舞蹈动作去吸引他人的注意。

（2）除交谈之外，跳舞时不要长时间紧盯着对方的双眼。

（3）舞者肌肉应松弛，姿势要自然，步法有了一定基础之后应注意动作上的协调舒畅。脸部朝向正前方，用眼睛的余光留心周围，避免碰撞，不要转头去看四周，也不要低头看脚的动作，要凭身体的感觉来转换方向。相握的手，在舞蹈中切忌随着音乐节拍大幅度上下摆动，只要自然放松就行了。

4. 舞毕

一曲舞毕，跳舞者应首先面向乐队立正鼓掌，以示感谢。而后，方可离去。在一般情况下，男士应对女舞伴致意，可以说："你的华尔兹跳得真好。""你的动作反应快，和你跳舞很轻松，谢谢。"将自己所请的女士送回原来的休息之处，道谢告别后，才能再去邀请其他女士。

5. 休息时

不要抽烟，乱扔果皮，不要大声喧哗，不要在场内来回走动，不要拉住朋友长谈不止。

6. 出席舞会

出席舞会，在时间上不像出席会议那样有整齐划一的要求，相对来说比较自由灵活，允许晚去一会儿，也可以中途退场等，这些都应当视为正常现象。

（五）文明交际

舞会结束后，男舞伴可以送女舞伴回家。如果一个女青年没有人同行，舞厅中有热心的小伙子要送你，而你又想拒绝他，这时可以礼貌地说声"对不起"，并告诉他已经有人送了。说话要婉转得体，使对方不会难堪，也不至纠缠下去。

案例分析

在一个商务活动的社交舞会上，A先生想邀请他的营销对象——某公司老总的夫人跳舞，A先生急匆匆走到该夫人面前，微笑着弯着90度腰，点头并双手扶在膝盖上，毕恭毕敬地低着头说："我可以请你跳支舞吗？"夫人望了望身边的丈夫，停顿片刻说："对不起，我累了。"。这时又来了一位B先生，姿态端庄，微笑着，彬彬有礼地走到夫人面前说："夫人，您好啊。"然后又转向夫人的丈夫说："您好，先生，我可以邀请您的夫人共舞吗？"丈夫微笑着看了看身边的夫人说："你请便吧！"然后B先生转向夫人同时伸出右手掌心向上，手指向舞池并说："我可以请您跳舞吗？"夫人欣然同意，共同步入舞池。

思考：为什么该夫人拒绝了A先生的邀请却接受了B先生的邀请呢？

本章小结

商务接待一般建立在商业谈判或者商业合作上，它的礼仪规格比较高，而商务礼仪是人们在商务活动中所必须遵循的行为规范和准则。在商务交往过程中，相互拜访是经常的事，如果懂得商务拜访礼仪，无疑会为拜访活动增添色彩。

随着市场经济的发展，商务谈判日益频繁，商务洽谈在经济活动中所起的作用越来越重要。商务洽谈对个人的发展、企业的生存与发展、社会经济的发展都起着重要作用。当今社会日益强调竞争中的合作，人们介入谈判的概率不断增加，因此商务谈判能力已成为现代人必须具备的基本能力。而决定商务洽谈是否成功的一个重要因素就是谈判人员的礼仪素养的高低。本章重点解读了商务洽谈礼仪的重要原则、洽谈各阶段的礼仪要求以及在商务洽谈中应注意的事项。

无论国际或是国内的舞会，都是一个讲究礼仪的高级社交活动。舞会，能促进交往、增进友谊，无疑也是展示魅力的场所。参加舞会亦必须要掌握相关舞会礼仪知识。

练 习 题

一、单项选择

1. 专职司机开车时，主要宾客的座位是（　　　）。

   A. 后排右座　　　　B. 副驾驶座　　　　C. 司机后面之座　　　　D. 以上都不对

2. 出入无人控制的电梯时，陪同人员应该（　　　）。

   A. 先进后出　　　　B. 控制好开关钮　　　　C. 以上都包括　　　　D. 以上都不对

3. 在接待客人中（客人第一次来），上下楼梯有时不可避免，下面符合正确商务礼仪的做法是（　　　）。

   A. 上楼时让领导及来宾走在前方，下楼时将相反

   B. 上楼时让领导及来宾走在后方，下楼时一样

   C. 上、下楼时都让领导及来宾走在前方

   D. 以上都不对

4. 在带领宾客参观时，作为一个引导者，在进出电梯时（有专人控制）你应做到（　　　）。

   A. 放慢脚步，进电梯时让宾客先进入，出电梯则相反

   B. 加快脚步，进电梯自己先进入，出电梯则相反

   C. 保持脚步，谁先进出都无所谓

   D. 以上都不对

5. 在拜访别人进入办公室的时候，你应该（　　　）。

   A. 敲门示意，征得允许后再进入　　　　B. 推门而入，再作自我介绍

   C. 直接闯入，不拘小节　　　　D. 以上都不对

6. 交际舞会会场是高雅文明的场所，是能充分体现一个商务人员的风采和修养的地方，所以我们应该注意（　　　）。

   A. 男士参加交际舞会时衣着可以随便一些，这样显得更加亲切

   B. 参加舞会时要保持一个好的心情，让舞伴也感觉到气氛融洽

C. 如果真想和某位男士或女士跳舞，可以硬拉着对方去跳

D. 以上都不对

7. 交谈是一项很有技巧的商务活动形式，交谈的好会对商务活动有很大的促进作用，因此在商务活动中，你应该（　　）。

   A. 在交谈中充分发挥你的能力，滔滔不绝

   B. 在交谈中多向对方提问，越多越好，越彻底越好，以获得更多的商务信息

   C. 在交谈中应表情自然，语气和蔼、可亲，要注意内容，注意避讳一些问题

   D. 以上都不对

二、多项选择

1. 以下哪些选项是一个合格的接待者应该做到的（　　）。

   A. 与客人两人同行时应让客人走在右侧

   B. 提前15分钟到达接应地点等待宾客

   C. 上车后客人坐的位置不符合身份一定要指出

   D. 乘坐无人驾驶的电梯，自己应先进后出

2. 社交场合应着（　　）。

   A. 制服　　　　　　B. 时装　　　　　　C. 礼服　　　　　　D. 民族服装

3. 以下洽谈会的座次排列哪些是正确的（　　）。

   A. 横桌式面门为上　　　　　　B. 竖桌式以左为上

   C. 谈判人员居中为上　　　　　D. 随从人员离远为上

4. 与别人交谈时三不准是指（　　）。

   A. 打断别人　　　　B. 补充对方　　　　C. 更正对方　　　　D. 看重对方

思 考 题

1. 商务接待的原则有哪些？
2. 商务拜访的着装打扮要求是什么？
3. 商务洽谈过程中礼仪有哪些？
4. 进行舞会时怎样邀请舞伴、拒绝舞伴？

小组活动

1. 小组内讨论接待规格。
2. 小组内讨论并演示签字场所的布置。

案例分析

英国人与法国朋友

一位英国人应法国朋友的邀请来到他的家中做客,一见面,法国朋友就给了英国人一个热情的拥抱并在他的脸颊亲吻了两下,英国人对此表现很不自然,僵硬地回抱了一下法国朋友。两人坐下来喝茶闲聊时,英国人时不时地对法国朋友说"谢谢"以及"请"之类的话,这让热情的法国朋友感觉很别扭。最后两人闲聊了几句后,英国人便匆匆离开了法国朋友的家。

思考:

为什么最后英国人匆匆离开了法国朋友的家?

第七章　商务交流礼仪

学习目标

- 掌握交谈的技巧，熟练运用谦敬语，学会选择合适的交谈主题
- 了解电话礼仪要求，充分理解打电话、接电话的注意事项；掌握手机使用过程中的礼节
- 掌握演讲的原则与重要手段
- 了解非语言交流的礼仪，学会熟练运用非语言礼仪

关键词

交谈　倾听　电话礼仪　演讲　非语言交流　空间距离

引导案例

交谈的失败

　　小王是新上任的总经理助理，平时工作主动积极，且效率高，很受上司的器重。那天早晨小王刚上班，电话铃就响了。为了抓紧时间，她边接电话边整理有关文件。这时，有位叫小李的员工来找小王。小李看见小王正忙着，就站在桌前等着。只见小王一个电话接着一个电话，最后，小李终于等到可以和她说话了。小王头也不抬地问小李有什么事，并且一脸的严肃。然而，当小李正要回答时，小王又忽然想到什么事，与同室的小张交代了几句，这时的小李已是忍无可忍，发怒道：难道你们这些领导就是这样对待下属的吗？说完，小李愤然离去。

> **案例分析**
>
> 这一交谈的失败主要是由小王造成的,在与小李进行交谈时,没有做到最基本的尊重,最终导致小李"愤然离去"。交谈时,只有以真诚的态度待人,做到"眼到、耳到、口到、心到、脑到",才能换取别人的信任和好感,营造良好的交谈氛围。

第一节　交谈礼仪

亚里士多德说:"交谈由谈话者、听话者、主题等三个要素组成,要达到施加影响的目的,就必须关注此三要素。"语言作为人类的主要交际工具,是沟通不同个体心理的桥梁。在社交中,如果不注意交谈的语言艺术,也许用错了一个词语,就会导致交往失败,影响人际关系,由此可见,在交谈中,只有遵从一定的规范准则,才能达到双方交流信息、沟通思想的目的。

一、交谈原则

（一）幽默风趣

交谈本身就是一个寻求一致的过程,在这个过程中常常会出现不和谐的地方产生争议和分歧。这就需要交谈者随机应变,凭借敏捷的思维和风趣的语言消除分歧,达成一致。幽默可以化解尴尬局面或增强语言的感染力,它建立在说话者高尚的情趣、深厚的涵养、丰富的想象、乐观的心境、对自我智慧和能力自信的基础上,它能够使语言表达既诙谐风趣,又入情入理。

（二）清晰流畅

在交谈时,要避免词不达意和歧义句的情况出现,应做到口齿清楚,声音适度,去掉多余的口头禅,如"那么""这个"等会造成语句割断的词。交谈是口头上的信息传达,应尽量避免书面专业术语的出现,使交谈的语言通俗易懂。

（三）掌握分寸

谈话要掌握适度原则。谈话时对于不确定或与别人商量的语句,要注意不要使用"必须""肯定"之类的词语;对于不同的谈话对象,要不同对待,对于长辈、师长，说话要严肃认真，不可开过分的玩笑；批评别人时，要尽量委婉，善于用词汇，对于"意见""建议"两个词，人们就更容易接受建议而不是意见。

（四）态度真诚

怀有诚意是交往的前提。推心置腹、以诚相见的态度会使人感到亲切，真诚。诚意是打开对方心灵之门的钥匙。只有诚心待人，才能换取对方的信任和好感，为进一步的交谈创造融洽的气氛。

二、交谈的语言技巧

交谈是一种语言的沟通，对于一般人而言，交谈的要求只是将自己的信息正确地传达至对方，使对方听懂、理解即可。而对于商务人士来讲，由于职业的要求，其言谈不仅要使对方理解，还应使对方认清事实，同意我方的观点，进而改变其态度，修正其行为，这便是人们常说的语言技巧。

（一）接近对方的技巧

接近对方是人际关系发生、相识的起点，对商务人员而言，也是业务工作的开始。良好的开端，有利于双方相互信任。问候与寒暄能让商务人士自然而巧妙地接近对方。商务人员采用标准的问候，如："您好""认识您很高兴""见到您十分荣幸""久仰""幸会"等。人们在见面时，若能选用恰当的问候语及寒暄语，就更易于打破陌生局面，缩短距离，为双方进一步交谈做好铺垫。

1. 请人介绍

介绍是人与人之间相识的一种手段。当你想接近一个陌生的朋友时，最好的办法是请人来为你介绍，在别人给予介绍时要认真倾听，要记住对方的姓名、职务，必要时还应记住其专业、爱好和特长，以便在交谈中选择共同的语言。

2. 熟记对方的姓名

对于初次见面的人要尽量记住对方的姓名，待再次相遇时能准确地道出他的姓名和职务，这对他来讲无疑是非常愉快的事情，因为每个人都希望自己在社交活动中成为被别人注意的人物，若你能叫出他的名字，便说明你曾经注意过他并对他有好的印象，他心中自然会感到愉悦，接近也就显然更自然融洽了。无论是用哪一种接近方法，其关键都是要留给对方一个良好的印象，这是人们产生进一步交谈愿望的一个重要因素。

（二）闲谈的技巧

闲谈就是轻松的谈话和自在的聊天，具有很强的休闲性质，对于常常精神高度紧张的商界人士来说，轻松愉快的闲谈，可以松弛神经、解除疲劳，有利于放松紧绷的情绪、调整心境，让商务交谈在轻松、友好的氛围中开始。

闲谈的话题包罗万象，但为能引起对方的配合，人们一般还是有目的的选择谈资。通常，闲谈的话题包括两类：一是大家都能谈的话题，它具有广泛性，比如文艺、体育、旅游、时尚、习俗等。这类话题谈起来轻松愉快，只要能找到"热点"，就一定能产生共鸣，收到较好的闲谈效果。二是闲谈对象感兴趣的话题，它具有针对性，比如专业、特长、爱好等，这是对方所擅长的话题，能使对方乐意交谈。

要使闲谈在社交活动中充分发挥作用，就要根据不同的对象选择不同的话题。一般而言，男士比较关心国际政治和体育，女士比较关心时尚与文艺，年轻人喜欢谈将来，老年人则喜欢怀旧。就商界而言，人们更多的是依据关系的亲疏来选择闲谈的内容：关系密切者可推心置腹，甚至无话不谈，话题可随心所欲地选择；关系一般者，可顾及其爱好和兴趣选择"中性话题"保持恭敬之心；关系生疏者，可选择问候寒暄客套性话题，以缩短心理距离；关系相抵触者，可坦诚相见，以德报怨，借闲谈消除误会，增进了解；关系敌对者，不妨主动上前问候，避重就轻地聊上几句，也是有益处的。如果跟外商闲谈，要入境而问禁，入乡而随俗，避免犯忌。

总之，闲谈是正式交谈前的开场白，一切闲谈话题都是为进入正式话题而服务的，所以在闲谈中要善于察言观色，发现话题"触礁"，气氛不对时，应及时调整，使闲谈真正成为商务交谈的良好开端。

（三）赞美的技巧

赞美，是对他人长处的一种肯定。通常每个人都有一种对赞美的期待。交谈中，若能适度地赞美对方几句，便容易使对方产生亲和心理，这种亲和心理既可以成为接受对方意见的起点，也可以成为转换态度的开始，这一点在商务交谈中尤为重要。

赞美别人，就要善于发现别人的长处和优点。每个人都各有所长，这是一个人引以为豪的事情，每个人都渴望得到别人较高的评价。但商务交谈并不是完全等同于一般的谈话，不是什么长处都可以拿来赞美一番的，如身材、长相、穿着打扮等。对商务人员来讲，赞美对方的优点和长处应有所侧重，比如可称赞对方的才华、能力、前途等，但不管称赞哪个方面，都应该注意：赞美用语表达要准确，不能偏离事实，更不能无中生有，否则将弄巧成拙，招致误解，也不要言过其实，乱给别人戴高帽，否则就会变成一种讽刺。

（四）说服的技巧

说服是改变对方原有意见、见解、思想及态度的一种语言技巧。在商务谈判中，出于各自的利益，决定了双方在交谈中不可能处处都达成共识，常常会就某一问题产生意见分歧。在这种情况下，怎样说服对方改变原有主张，接受自己的建议，除原则性的问题以外，可考虑采用下面的方法。

1. 先肯定后否定，或在肯定的基础上局部的否定

对对方意见中合理的部分加以赞扬，不妥当的部分加以指明和纠正，这样的否定，要比一上来就直接否定更容易让对方接受。不管是肯定还是否定，都必须客观公正，有利于双方的利益，这种说服才可能使对方心悦诚服。

2. 数据讲话，真实可靠，便于理解

数据是从实际情况中分析得来，用数据说话即用事实说话。在说服过程中，数据是最有力的。比如对于某一商品的价格，对方认为过高不能接受，非要降低价格方能成交时，你不妨把原材料涨价的幅度、成本增大的百分比等种种数据一一告诉他，在数据和实例面前，让对方觉得商品价格高是事出有因，情有可原的。这样，对方对商品的高价就能理解，易于成交。

3. 通过对比，说服对方

通过对比，说服对方即将双方的观点进行相互比较，通过对比证明对方思路有失偏颇，存在漏洞，同时阐明自己观点的正确，让对方在对比中权衡利弊，使其最后放弃自己的观点。

4. 借此说彼，委婉说服

借此说彼，利用两件事的相似之处，借甲事说乙事，让对方在其中产生顿悟，以达到委婉说服的目的。

运用说服技巧，应注意以下几点。

第一，了解对方，并设身处地地为对方着想。只有这样，才会缩短心理距离，更容易打动对方。

第二，思路要明晰，语言要委婉，神情要平和，即使对方提出反驳意见，也不要急躁恼怒，应善于启发和开导。

第三，说服时要注意语言艺术，在说服别人的时候，如果你总是板着脸，皱着眉，那么这副样子很容易引起对方的反感与抵触情绪，使说服陷入僵局。因此，在注意到这一点时，你可以适当点缀些俏皮话，笑话，歇后语。在说服的过程中，使对话的气氛变得轻松些，这样往往会取得良好的效果。

（五）拒绝的技巧

拒绝，即不接受。实际上，商务交谈中，拒绝别人的次数可能要多于承诺、应允的次数，由于拒绝不是一件令人愉快的事，因此有必要学习和掌握以下拒绝技巧。

1. 使用敬语，扩大心理距离

大家都有这种体会，如果熟人、朋友在你面前客客气气，说话彬彬有礼，张口敬

语，闭口谦语，就会觉得双方的心理距离被一下子拉大了，产生一种陌生感。如果想拒绝别人，就多用敬语，这样既能表现出对对方的格外尊重，又能在对方心理上产生一种可敬而不可近的"距离效应"，使对方不好意思将要求和意愿提出来。这种方法对交往不太深的朋友比较适用。

2. 说明原因，取得理解

拒绝对方，往往是有原因的，这些原因对方未必清楚，在拒绝对方的同时，不妨将拒绝的理由及自己的难处一并陈述给对方，只要是真诚的，对方多半能予以理解和谅解。但同时也应主动理解对方，可对对方的处境表示同情，也可帮对方想一些其他办法和提一些建议。这样的拒绝不仅不会伤和气，而且有可能促进双方关系的发展。这种方法对交往深或交往浅的人都适用。

3. 答非所问，转移回避

商务活动比较复杂，有许多问题不便直接表态，必要时可来个答非所问，先回避一下。比如当遇到某人提出一些棘手的问题或过分的要求，既不好说"是"，也不好说"不是"，便可采用这种方法，顾左右而言他，避实就虚，将问题回避开。这种方法对于不便回答对方的问题，又不想将关系搞僵的人比较适用。

三、话题的选择

所谓话题，是指人们在交谈中所涉及的题目范围和谈话内容。话题是一些由相对集中的同类知识、表达语汇、语气风格、信息构成的谈话资料及其相应的语体方式的总和。在任何一次交谈中，要注意营造一个良好的、融洽的洽谈氛围，关键技巧就是如何选择话题。选择一个大家都感兴趣的话题，才能使交谈过程生动活泼、轻松愉快。在公众场合中探讨什么样的话题，最能迅速反映出一个人的性格和生活品位，往往被视为个人品位、志趣、教养和阅历的集中体现。

（一）宜选话题

1. 既定的话题

即双方业已约定，或者一方事先期准备好的话题，如征求意见、传递信息或研究工作等。

2. 内容文明、格调高雅的话题

文学、哲学、艺术、地理、历史和建筑等话题，因其内容文明、格调高雅，故适合作为各类交谈的话题。但忌不懂装懂。

3. 轻松的话题

主要包括文艺演出、流行时装、美容美发、体育比赛、电影电视、休闲娱乐、旅游观光、风土人情、名胜古迹、烹饪小吃、名人轶事和天气状况等。这类话题令人比较轻松，适合用于非正式交谈，允许各抒己见，自由发挥。

4. 流行类的话题

即以此时此刻正在流行的事物作为谈论的中心，但这类话题变化较快，不好把握。

5. 擅长的话题

尤其是交往对象有研究、有兴趣的话题。比如，青年人对于体育运动、流行歌曲、影视明星的话题较多关注，而老年人对于健身运动、饮食文化之类的话题较为熟悉；普通市民则关注家庭生活、个人收入等，而公职人员关注的多是时事政治、国家大事；男人多关心事业、个人的专业，而妇女对家庭、孩子、物价、化妆和服饰更容易津津乐道。

（二）忌选话题

忌选话题具体如下：

（1）不非议党、国家和政府。

（2）不涉及行业、国家和单位机密。

（3）不随便非议交往对象的内部事务。

（4）不背后谈论领导、同事和同行。

（5）不涉及格调不高的话题。

（6）不讨论个人隐私，包括年龄、收入、婚姻状况、健康、经历、私生活等。

（7）不在社交场合，大谈特谈自己或自己的家人。

（8）不在悲痛场合谈自己的好运气。

（9）不在社交场合谈论悲痛之事。

（10）不谈论过于专业化，别人一无所知的话题来卖弄自己，以免引起尴尬的气氛。

（11）不能嘲笑他人糗事，当面挑他人毛病。

（12）不讲"黄色"故事。

（13）不涉及破坏民族团结的话题。

（三）扩大知识储备

作为商务人士，不可避免地会接触到形形色色不同种类的人。由于人们的经历、兴趣、职业和学习状况存在差异，每个人所熟悉的话题也各不相同，为了做到与不同种类的人交谈都能应对自如就必须尽量扩大话题储备。一个人如果有理想、有追求、思想境界高，而且刻苦学习，事事关心，注重知识积累，必然会学识渊博，在时事政治、天文地理、花鸟鱼虫、文艺体育和音乐美术等各方面都有所涉猎，视野开阔，知识面必然比别人广的多。

（四）避免冷场

在谈话中时常会出现冷场，这时就需要迅速寻找下一个话题。在与熟人、朋友进行交谈时，几乎任何话题都可以作为谈资。在陌生人或不太熟悉的人之间应选择比较简单而且永远适宜的话题，以免引起误会。简单的话题也可以引出十分精彩的对话。

总之，谈话的本质是一种交流与合作，交谈各方往往有着不同的性别、年龄、阅历和职业等主观条件，交谈中经常会出现彼此有不同的兴趣爱好、关注话题等。遇到这种情况，应当本着求同存异的原则，选择大家都感兴趣的话题作为谈话内容。使各方在交谈过程中有来有往、彼此呼应、热情参与、皆大欢喜。交谈必须"存异"。如果交谈各方在交谈中对某一问题产生了不同的意见和观点的分歧，遇到这种情况，不妨与对方心平气和地摆明自己的观点，进行适度的辩论，但一定要注意风度，如果谁也不能说服谁。就应当克制自己的情绪，保留意见。如果双方差异大时，在选择交谈话题时，应当多为谈话对象着想，根据对方的性别、年龄、性格、民族、阅历、职业地位而选择适宜的话题。

四、交谈声音技巧

声音变化主要是声调、语音、语调和语量，如果这些变化要素运用得好，会使交谈语言增加光彩，更容易打动别人，发挥出巨大的影响力。

（一）控制声调、语音

在与人交谈时，深厚、宽音域的声音会使人觉得舒服，过于尖利或者刺耳的声音则会让人难以忍受。应避免发音将力集中于嗓子眼处。

（二）控制音量

谈话音量以适宜为度，不应过高，不然会使自己看起来咄咄逼人，怒气冲冲，也不应该过小，过小会使自己看起来有气无力，没有底气。讲话时要保持始终的抑扬顿挫的音调，让谈话对象沉浸其中。

（三）语速适中

语速如果过快，会给人以紧迫之感，也会听不清楚，太慢则会使对方失去耐心。

总之，交谈是一种双向的行为，无论哪一种交谈，都离不开"说"与"听"双方的配合，商务人员在同他人进行交谈时，应时刻不忘克己敬人，在礼仪上要做到符合标准，需要自己"听"时如此，说时也是如此。

第二节　电话礼仪

电话是被现代人公认的便利的通信工具，也是人际交往及商务活动中最常用、最经济、最方便的一种通信工具。电话接打得体与否，将直接影响公司的形象、个人形象以及与客户的合作，因此，掌握电话礼仪是极为必要的。

一、接打电话的基本礼仪

（一）电话的基本礼仪

1. 重要的第一声

当打电话给某单位，若一接通，就能听到对方亲切、优美的招呼声，心里一定会很愉快，使双方对话能顺利展开，对该单位有了较好的印象。在电话中只要稍微注意一下自己的行为就会给对方留下完全不同的印象。同样说："你好，这里是××公司"，如果声音清晰、悦耳、吐字清脆，就会给对方留下好的印象，对方对其所在单位也会有好印象。因此要记住，接电话时，应有"代表单位形象"的意识。

2. 要有喜悦的心情

打电话时要保持良好的心情，这样即使对方看不见你，但是从欢快的语调中也会被你感染，给对方留下极佳的印象，由于面部表情会影响声音的变化，所以即使在电话中，也要抱着"对方看着"的心态去应对。

3. 姿势保持端正

打电话过程中绝对不能吸烟、喝茶、吃零食，即使是懒散的姿势对方也能够"听"得出来。如果打电话的时候，工作人员弯着腰或是瘫坐在椅子上，对方听到的声音就是懒散的，无精打采的。若坐姿端正，所发出的声音也会亲切悦耳，充满活力。因此打电话时，即使看不见对方，也要当作对方就在眼前，尽可能注意自己的姿势。

4. 迅速准确地接听

现代工作人员业务繁忙，桌上往往会有两三部电话，听到电话铃声，应准确迅速地拿起听筒，最好在三声之内接听。电话铃声响一声大约3秒，若长时间无人接电话，或让对方久等是很不礼貌的，对方在等待时心里会十分急躁，该单位会给他留下不好的印象。即便电话离自己很远，只要是电话附近没有其他人，听到铃声后，就应该用最快的速度拿起听筒，这样的态度是每个人都应该拥有的，这样的习惯是每个办公室工作人员都应该养成的。如果电话铃响五声才拿起话筒，应该先向对方道歉，若电话响了许久，接起电话只是"喂"了一声，对方会十分不满，会给对方留下恶劣的印象。

5. 认真清楚的记录

随时牢记5W1H技巧，所谓5W1H是指①When何时，②Who何人，③Where何地，④What何事，⑤Why为什么，⑥How如何进行。在工作中这些资料都是十分重要的。对打电话，接电话具有同样的重要性。电话记录既要简洁又要完备，有赖于5W1H技巧。

6. 了解来电话的目的

上班时间打来的电话几乎都与工作有关，单位的每个电话都十分重要，不可敷衍了事，即使对方要找的人不在，切忌只说"不在"就把电话挂了，要问清事由并做记录，避免误事。首先应了解对方来电话的目的，如自己无法处理，也应认真记录下来，委婉地探求对方来电话目的，就可不耽误事而且赢得对方的好感。

7. 挂电话前的礼貌

要结束电话交谈时，一般应当由打电话的一方提出，然后彼此客气地道别，说一声"再见"，再挂电话，不可只管自己讲完就挂断电话。

（二）拨打电话的基本礼仪

商务活动中，通过打电话可以将本单位的业务向外推广，并且可以在电话中和客户达成良好的共识，保证业务的成功。因此，掌握打电话的基本礼节是业务成功的基础。打电话者是这一业务的主动方。在商务活动中，打电话者的礼节主要有以下几个方面。

1. 准备工作

拿起话筒前要考虑清楚，斟酌电话内容，准备一张在电话中所要提及的要点核对单，写出对方姓名、电话号码、通话要点内容；集中精神，避免分心；若有牵扯数字内容，应将所有参考资料、计算器放在触手可及的地方，并准备好备忘纸和笔。

2. 把握时间

商务通话不宜在用餐时间进行，早晨7点以前、中午午休时间、晚上十点以后也不宜打电话。给海外人士打电话，要考虑时差，应预先约定时间进行通话。打电话要尽量选择有效的时段，上午10：00～11：30，下午2：00～4：00，是公司的"黄金"时段。

商务通话对于时间的基本要求是：以短为佳，宁短勿长。如果占线太久，其他电话打不进来，会耽误其他事情的联络工作。应尽量把时间控制在3～5分钟之内。

3. 语言礼仪

电话接通后应先使用礼貌用语："您好，我是××公司的××，请帮忙找××接电话，谢谢！"对方答应找人后要静候听筒。其次要确认通话对象，避免闹出笑话或尴尬；如果失误拨错电话，应立即致歉。不能说突兀的话，更不能直接挂断电话。

在通话过程中，要简明扼要、突出重点，简单寒暄之后，直奔主题，不可拖拖拉拉、短话长说。结束通话，不要忘记祝福和感谢。应说"再见"，轻轻放下听筒，给人留下美好的印象。一般打电话的人先挂断电话，接电话的人再挂断电话。但与长辈、上级、客户等通话时，应等对方先挂电话。

（三）接听电话的礼仪

在接听电话时，亦有许多具体要求，如果电话是传达合作意向，接听电话者的个人修养与对待拨打电者的态度会对业务的开展有着重要的影响。商务人员接听电话不可太随便，需要讲究必要的礼仪和一定的技巧，以免产生误会。

1. 迅速接听，自报家门

电话铃一响，应马上放下手头工作接听电话，"响铃不过三"，力争自响铃三声之内拿起电话接听，并使用礼貌用语，报出自己的公司、部门和姓名。这样既可以表达对对方的尊敬，又可以让对方明白是否打对了电话，是否对方是自己要找的人。并且要注意接听电话的姿势，如果姿势不正确，不小心电话从手中滑下来，或掉在地上，发出刺耳的声音，也会令对方感到不满意。

2. 左手接听，右手执笔

接听电话时应左手拿起话筒，右手做记录，用事先准备好的纸笔记录下来对方提供的信息。若帮助同事接听电话，要注意记录好重点内容，包括来电者公司、姓名、职称、电话、区域号码、事由、时间、内容等等。

3. 精力集中，积极反馈

在接电话时不允许三心二意，心不在焉，或是把听筒放在一边，任其"自言自语"。也不要在接听电话时与别人交谈、看文件，或是看电视、吃东西。

在接听办公电话时，如果同时遇到手机铃响，要坚持"以公为主，以私为辅"的原则，接听比较重要的电话。

通话过程中要仔细聆听，并予以回应。收到邀请或会议通知，要热情致谢。如果是同公司其他部门应负责的事情，可以转接电话或告知对方联系方式。

> **知识链接**
>
> **常用电话礼貌用语**
>
> 1. 您好！这里是×××公司×××部（室），请问您找谁？
> 2. 我就是，请问您是哪一位？……请讲。
> 3. 请问您有什么事？（有什么能帮您？）
> 4. 您放心，我会尽力办好这件事。
> 5. 不用谢，这是我们应该做的。
> 6. ×××同志不在，我可以替您转告吗？（请您稍后再来电话好吗？）
> 7. 对不起，这类业务请您向×××部（室）咨询，他们的号码是……。（×××同志不是这个电话号码，他（她）的电话号码是……）
> 8. 您打错号码了，我是×××公司×××部（室），……没关系。
> 9. 再见！（与以下各项通用）
> 10. 您好！请问您是×××单位吗？
> 11. 我是×××公司×××部（室）×××，请问怎样称呼您？
> 12. 请帮我找×××同志。
> 13. 对不起，我打错电话了。
> 14. 对不起，这个问题……，请留下您的联系电话，我们会尽快给您答复好吗？

二、移动电话礼仪

移动电话现在已经成为人们日常交往中不可缺少的通信工具。它是可以在较广范围内使用的便携式电话终端，俗称手机。具有"随时随地传信息"的特点，是广大商务人员随身必备，使用最为频繁的一种电子通信工具。如果在使用时不讲究必要的商务礼仪，不但会影响自己的个人形象，而且还可能殃及公司的对外形象。因此，移动电话的使用礼仪也是商务礼仪很重要的组成部分。

（一）移动电话使用的基本原则

1. 不炫耀

不管使用的移动电话多么高档，都不能炫耀。

2. 不停机

为方便他人和自己，应尽量不停机，也不要不接听电话。

3. 更换号码应及时通知

手机更换号码，要及时通知朋友和客户，一般以群发短信的方式为佳，也可打电话或通过朋友转告，避免由于更换电话号码，而使朋友和客户找不到自己，使已经建立起来的人际关系中断。

4. 不妨碍别人

在狭窄的公共场所，如楼电梯里、楼梯上、路口、人行道等，不要使用手机。在需要保持肃静的公共场所，如电影院、美术馆、音乐厅、歌舞厅以及餐厅、酒吧等，手机应设置静音，通话时应压低声音。在聚会时，如开会、上课等，应关机或处于静音状态，而且注意不要接打手机。遇到特殊情况必须接听电话，则要在尽量不干扰别人的情况下出去接打电话。

5. 遵守公共道德

避免上班期间在办公室、车间里长时间地使用手机通话，干扰他人工作。在近距离的他人面前，避免用手机争吵和吵架。另外，在他人使用手机谈一些私人之事时，应尽量回避。

6. 携带有方

手机的常规位置，可以放在随身携带的公文包之内，也可以放在上衣口袋之内；若放在上衣内袋之内，注意不要影响衣服的整体外观。不要在不使用时将其执握在手里，或是将其挂于上衣口袋之外。有时自己不方便把手机放在常规的位置，可以再做变通。在参加会议时，可将其暂交秘书、会务人员代管。在与人坐在一起交谈时，可将其在放手边、身旁、背后等不起眼之处，把手机挂在脖子上、腰上、手上或握在手里，均不雅观。

（二）拨打手机的礼仪

1. 检查电量和话费余额

用手机打重要的电话前，要检查一下电量和话费余额，以免在通话时中断，显得很不礼貌。

2. 控制声音

控制拨打手机时说话的声音，不要扯着嗓子说话。

3. 保持四周安静

拨打手机时，要在一个安静的场所，要避免一边打手机一边走路的状态。打手机时尽可能避开人多、嘈杂的环境，否则对方会感到有噪音，听不清你的话语，影响正常交流。

（三）接听手机的礼仪

1. 表示歉意

及时接听手机电话，若不能及时接听，可先回一条短信表示歉意，待有机会再打给对方，并说明原因。

2. 控制声音

控制接手机时说话的声音，不要用太大的嗓门接听手机。

3. 即时回复

如果手机忘在家里和办公室里未随身携带，回到家里和办公室后看到有电话多次打进来，一定要马上回复。

（四）使用禁忌

手机等移动通信工具的使用，会分散人们对其他事情的注意力。另外，手机本身还产生电磁辐射，因此在使用手机的过程中，必须牢记安全准则。一般来说，在以下场合中，应当严格禁止使用手机。

1. 驾驶汽车途中

在驾驶汽车的过程中，驾驶者不应使用手机通话和查看短信，以免由于注意力不集中而违反交通规则，甚至酿成车祸。

2. 在易燃易爆场所

在加油站、面粉厂、油库以及油漆厂等各种易燃场所应该禁止使用手机，以免它所发出的信号引发火灾甚至爆炸。

3. 病房之内

在医院、病房等场所，应当禁止使用手机，以免信号干扰医疗仪器的正常运行而酿成医疗事故或者影响病人休息。

4. 飞机飞行期间

根据安全规则，在飞机飞行过程中，是禁止启动手机的，否则会给航班带来很大的安全隐患。因此，在飞机上必须保证手机处于关闭状态。

（五）手机短信礼仪

1. 发短信的礼仪

（1）短信内容要短小精悍，许多人看短信时缺乏耐心，也不会投入太多的时间，所以短信内容要简明扼要。

（2）意思表达要清楚，短信也要使用标点符号，使得语意清楚连贯，字句段落分明，避免对方产生误解。

（3）不要有语法错误和错别字。在发出短信之前，一定要从头到尾把内容检查一遍，检查有无语法错误和错别字，尤其是有重要商务内容的短信，要十分注意。

（4）发送短信时要文明礼貌。"您好""麻烦""请""谢谢"等礼貌用语必不可缺。

（5）发短信，尤其是祝福、问候及商务沟通等信息一定要署名。

（6）私人短信一般不在对方工作时间发，以防干扰其工作。

2. 收短信的礼仪

（1）对需要回复的短信，要及时回复。回复信息也要署名。

（2）若经常收到好友的短信祝福问候，也应当给好友回复短信，以表示友好和关心。

第三节　演讲礼仪

一、演讲内涵概述

常规意义上的演讲，又叫演说或讲演，它是当众进行的一种正规而郑重的讲话，旨在向听众就某一事件、某一问题发表个人见解，或是论证某种观点。演讲是人类的一种社会实践活动，鼓动性、现实性、适应性和艺术性是它的主要特征。整个演讲活动必须具备演讲者、听众、沟通媒介、时间和环境五个条件，缺一不可。演讲者要想发表自己的意见，陈述自己的观点和主张，从而达到影响、说服、感染他人的目的，就必须通过演讲传达自己的观点和主张。

商务演讲，是一种直接的带有艺术性的社会实践活动，多数是礼仪性的。比如，商务人员更多需要准备的是致欢迎辞、欢送词、祝贺词、答谢词、介绍词、解说词等，这些往往具有临时性、广泛性、应酬性的特点，因此又称为即席演讲。

（一）演讲特点

1. 在声音上

在声音上，应当抑扬顿挫，有所变化，借以突出重点、表达感情，或是调动听众的情绪。

2. 在语言上

在语言上，应当尽量生动、形象、幽默、风趣。可以多举例证，多打比方，多使用名言警句，但不要乱开玩笑，尤其不要讲下流话、脏话、黑话。

3. 在内容上

在内容上,应该言之有物,力戒陈词滥调、无病呻吟、无的放矢。从结构上讲,任何讲话的内容都由开场白、正题和结束语三部分组成。演讲的"重头戏",务必放在正题上。

4. 在表情与动作上

在表情与动作上,应是当喜则喜、当悲则悲,但不要表情失当。应该站着演讲,辅以适当的手势亦可,但不要摇头晃脑,指手画脚,将拳头煞有介事地挥来挥去。

5. 在时间上

在时间上,应当力求点到为止,短小精悍。照常理来说,发表即席的演讲,讲上三分钟左右即可,一般不要超过五分钟。遇上"限时演讲",即演讲的时间有所规定,则宁可时间没用完,也不要超时。切勿被人"叫停","罚"下场去。

(二)重要原则

一个好的演讲离不开前期的准备,在设计演讲时可以参考以下原则:

1. 目的(Purpose)

设计演讲要从目标开始。演讲者需要思考此次演讲的目的是什么,为什么要进行此次演讲,希望通过演讲达到什么目标等。

2. 听众(Audience)

在确定演讲的目的后,接下来的工作就是确定听众。考虑听众的需要,如听众需要知道什么,对哪些信息感兴趣,有多少时间听此次演讲,有多少人听演讲,以及演讲在什么地方举行等。

3. 结构(Structure)

结构即确定演讲内容通过哪些顺序呈现出来。演讲者应该确定演讲的要点、逻辑顺序以及如何将这些材料组织在一起。

4. 风格(Style)

在设计演讲风格时,演讲者要决定演讲的正式程度与参与度。演讲者可以就某个复杂的问题以比较轻松的方式进行演讲,并要求听众积极参与。演讲风格同时也会决定辅助设备的使用。

二、演讲技巧

(一)信息组织

首先,如果有必要的话,在对所演讲话题进行调查的基础上决定演讲者将要说些什么,列出演讲可以包括的内容并选择出必须包括的内容。给每个要点分配适当的时间，并给出一个合理的顺序。

其次，演讲者应该使演讲成为会话型、陈述型，而不是对演讲内容的背诵。演讲者可以先写出所要讲的所有内容，然后把它压缩成简明式的。然后再压缩成要点提示。将要点提示写在一张提示卡上，演讲时可以参照要点提示卡。

另一种方法是设想演讲者的受众将从图片上获得信息。只要有一个要点提示图，演讲者可以把论点分解为一系列的小图片来让听众了解更多细节。

应用提示图方法时，演讲者可以构建一个思维图。先画一个圈，并在里面写上要演讲的主题，然后以它为中心画出若干条分支，表明有若干重要问题，然后再以这些分支为中心，画出分叉，并表示更多要点。

最后，不论演讲者用什么方法组织信息，演讲信息都应该包括开头、主体和结尾三个部分。

（二）语言技巧

1. 读音吐字

准确清楚是对演讲者的最基本的口语表达要求。一个演讲者无论他讲什么内容都要使听众听懂他的意思。读音准确，不说错别字。吐字清楚，是指词语准确地说出来，不能过快或过慢，也不能结结巴巴、丢三落四，不能破坏语句的内在结构，破坏语句的本来联系。要使听众感到很流畅，很顺利。

2. 制造悬念

演讲要能吸引听众，首先要激起他们的兴趣，引起他们的关切，争取他们的参与，这些是一般演讲口语做不到的。一开始就要制造悬念，就是不把要谈的对象或正面意思告诉听众，而是让听众去关心，去猜测，吸引他们急切地想知道下面内容，聚精会神地听下去。

3. 提问互动

演讲时要善于用语言提问，启迪听众思索，这是演讲成功的重要技巧。演讲时的提问，与交谈、回答中的提问不同，前者是自问自答，后者是你问对方回答。演讲中的提问有激起猜测的提问、引起注意的提问、激发反思的提问等多种形式。

4. 诙谐幽默

诙谐幽默是人际关系的调节剂，也是提高个人魅力的有效方式。幽默是思想、学识、智慧与灵感在语言中的结晶，是一瞬间闪现的光彩夺目的火花。演讲中幽默语言的技巧，能调节情绪，活跃气氛，比华丽的套话更能打动人心。

三、非语言技巧

（一）眼神交流

眼神在演讲与交谈中具有重要的表情、表意和控场作用。在与听众的交流中，有经验的演讲者，总是能够恰如其分的、巧妙地运用自己的眼神，表达自己的感情，调整演讲和现场的氛围，去影响听众，达到最佳的效果。反之，缺乏经验的演讲者，出于紧张、害怕等心理，不与听众进行眼神交流，不是低头看自己的演讲稿，就是盯着自己的幻灯片，这样势必会失败。那么，应该怎样进行眼神交流呢？

1. 横向角度

演讲者应经常把视线从左边自然地扫向右边，再从右边扫向左边。

2. 纵向角度

保持平视，把视线落在会场中排的听众身上，以此为基本落点，并在演讲中适当变动，以顾及前排和后排的听众。

3. 环视法

有节奏或周期性地把视线从会场、教室的左方扫至右方，再从右方扫至左方，从前方扫至后方，再从后方扫至前方，以便不断观察和发现所有听众的动态。

4. 点视法

演讲者的观察要有重点，哪里不安静，应立即投去制止性的目光。

（二）姿态

姿态指演讲者的手势和动作表情，在演讲中，它也是表达、交流的工具，能够补充有声语言的不足或者把有声语言加以强调，能够与眼睛的变化协调一致，以共同完成演讲任务，争取演讲的最佳效果。只需一个手势就可以从可见而不一定能够听到的地方把人招来，可以取得"此时无声胜有声"的效果。

1. 手势

从活动范围看，手势的活动一般可以分为三个区域。肩部以上称为上区手势。在这一区域活动，多表示理想的、想象的、宏大的、张扬的内容和情感，如表示殷切地希望、胜利的喜悦、幸福的祝愿、未来的展望、美好的前景等。肩部至腹部，称为中区，手势在这一区域活动，多表示记叙事物或说明事理，一般来说演讲者的心情比较平静。腰部以下，称为下区，手势在这一区域活动，多表示憎恶、不悦、不齿的内容或情感。

2. 站姿

演讲者站姿的规范有：

（1）脊椎、后背挺直，胸略向上方挺起。

（2）两肩放松，身体重心主要放在脚掌掌弓上。

（3）挺胸，收腹，精神饱满，气息下沉。

（4）脚应绷直，稳定重心位置。

演讲者的站姿有：前进式、稍息式、自然式。其中应用最多，使用最灵活的站姿为前进式。右脚在前，左脚在后。前脚脚尖指向正前方或稍向外侧斜，两脚延长线的夹角呈45度左右。脚跟距离15厘米左右。

3. 移动

演讲时适度的移动可以缓解自身的紧张，也可以活跃气氛，增加演讲的趣味性。所以根据情况来回走动是非常好的。但是，移动要适度，适时，不要过于频繁，幅度不要过于太大，动作不要过于夸张。

4. 服饰

基本要求是与体态协调；服装颜色搭配协调，宜上浅下深；美观大方，整齐干净。

四、辅助设备

正式的演讲通常要伴随一些视觉元素作为辅助手段，以期演讲效果更好，实现演讲者与演讲对象之间的有效沟通。辅助工具通常有白板、投影仪、幻灯片、电影、视频或真实的模型。

（一）应用技巧

仔细检查幻灯片的颜色。幻灯片颜色搭配很重要，需要注意电脑上的颜色在屏幕中的呈现效果，在很多时候因为设备分辨率、使用时间、光线等原因，两者并不完全相同，甚至可能出现明显差异。

在幻灯片中不要做过于花哨的特效。太过夸张的特效不仅不会吸引观众的注意力，反而有可能喧宾夺主，分散观众的记忆注意力。同时，花哨的特效也会使得商业演讲的专业性下降。暂停使用电脑中所有的屏幕保护程序，如果有自动关机的设置，应将它修整过来。因为没有观众愿意在听到一半时出现不相干的画面，更不要出现黑屏。

不要出现演讲盲点，让处在任何位置的观众都能看见你，同时提高音量，让观众都能听清楚演讲者所传递的声音信息。演讲者可以站在观众一侧，但不要站在灯光照不到的地方，尽量离开电脑，必要的话可以使用无线鼠标和多功能激光演示器。要确保即使灯光很暗，演讲者也能够被观众看到。

（二）使用与准备

如果在演讲时使用不当，或设备中途运转不灵，再好的辅助设备也无助于事。流畅地使用设备不是与生俱来的天赋,需要持续不断的练习,同时还要了解观众需求,特别是在使用幻灯片和投影仪时,要确保每个座位上的观众都能够看清楚屏幕,而且要确认演讲者站立的位置和投影仪不会挡住观众的视线。

演讲者需要确保使用的设备处于良好的工作状态,必要时可以准备一套备用设备。一旦设备崩溃可以迅速启用备用设备,让演讲继续下去。在演讲开始之前,需要调整投影仪,让屏幕中的影像清晰可见,即使最后一排观众也能够看清楚。

在使用幻灯片进行展示时,用空白不透明的幻灯片和一般标题幻灯片作为最后一张,这样观众才不会被突如其来的明亮光线吓一跳。同时演讲者在陈述过程中不要在屏幕前面走来走去,以免挡住观众视线。

演讲者可以在准备时练习自己的演讲位置。通常选择的位置是在屏幕一侧,面向观众。在需要指向屏幕上某项内容时,可以用手指、激光笔等工具代劳。脸要保持面向观众,这个姿势会让演讲者与观众时刻保持眼神交流,避免出现演讲死角,也能更好地制演讲现场。

辅助工具对于提高商务沟通效率和效果都有帮助,已成为演讲中的重要组成部分。但要注意的是,尽管电子设备对于沟通效果贡献很大,但不是多多益善。大量地使用辅助设备,会把听众的注意力吸引到辅助设备上,而不是演讲本身。

第四节　非语言交流

非语言交流是以人体语言(非言语行为)作为载体,即通过人的眼神、表情、动作和空间距离等来进行人与人之间的信息交流。在人际交往和商务关系中,非语言交流具有十分重要的地位,是人际沟通的重要形式之一,非语言交流占所有沟通形式的65%,因此它能表达个人的真实内心感受,可表达个人很多难以用语言表达的情感和感觉。

一、空间距离

(一)基本概念

1.核心概念

空间距离也叫空间语言、界域语。每一个生命都有自己的领地范围,人们叫它"生物圈"。一旦有异物侵犯这个范围,就会使其感到不安并进入防御状态。人人都具有一个把自己圈住的心理上的个体空间，它就像生物的"安全圈"一样，是属于个人的空间。一般情况下每个人都不想侵犯他人空间，但也不愿他人侵犯自己的空间。双方关系越亲密，人际距离就越短。

2. 主要类型

（1）一般空间

一般空间即人际交往的空间，主要有亲密空间、个人空间、社交空间、公共空间等类型。其中，亲密空间的语意为"热烈""亲切"，只有关系亲密的人才可以进入这一空间，如夫妻、父母、子女、恋人、亲友等。个人空间的语意为"亲切""友好"，其语言特点是语气和语调亲切、温和，谈话内容常为无拘束的、坦诚的。比如个人私事，在社交场合往往适合于简要会晤、促膝谈心或握手社交空间的语意为"严肃""庄重"，是一种理解性的社交关系距离。如在社交活动和办公环境中处理业务、谈判、会见客人等。公共空间是人们在较大的公共场所保持的距离，其语意为"自由""开放"，它适合于大型报告会、演讲会、迎接旅客等场合（如表7-1所示）。

表7-1 一般空间类型

基本类型	空间距离	空间含义	适合情形
亲密距离	私密距离0~0.15m	亲密而热烈	夫妻、亲人、情人
	亲密距离0.15~0.5m		
个人空间	友好距离0.5~1m	亲切而友好	朋友、熟人
	近距离1~1.5m		非私人交往
社交空间	中距离1.5~2m	严肃而庄重	社交、办公业务
	远距离2~3m		谈判、会面、展示
公共空间	超远距离3m以上	自由而开放	报告会、演说、演出

（2）特殊距离

这是指除了以上常规空间之外的，在商务活动中十分重要的空间距离。主要有引导距离、待命距离等。其中，引导距离主要适用于带领、引导对方进入某个空间，如酒店服务员带领顾客进入包间。此时，引导人员一般应位于对方的左前方1.5m左右，不远不近，便于随时引导对方并与之交流。待命距离主要适用于等待沟通对象自主行动，当其有疑惑、麻烦时。服务人员能即时出现，随叫随到，如商场内销售员的位置。通常，服务人员应位于对方的侧后方3m左右。

（二）沟通原则

1. 保持距离，零度干扰

距离产生美感。在与人交谈的时候，要注重远近适当，太远使人感到傲慢、架子大；太近，又显得过于重视。如顾客去商场购物，一下子围上来几个销售员，寸步不离，紧跟其后，会使顾客感到压力倍增，引起反感，同时干扰了对方自由行动的权利。

2. 利用距离，合适沟通

掌握空间语言，了解距离信息代表的含义是现代商务人员的一门必修课。某些空间距离运用得当，可以事半功倍地实现沟通效果。如果把对方带入自己占有的空间交谈，你就会占优势，自己的桌子能形成容易说"不"的心理墙壁。诸如此类的人际空间在社会交往中都会收到预期的效果。

（三）沟通建议

1. 尊重他人空间权

商务人员要恪守不同的空间距离，不越位，包括他人空间内的物品，未经许可，不要乱动。在社会交际时，如果你侵犯了对方的空间，如你坐在对方坐惯了的椅子上，在饭桌上有意无意地占据了他人的地盘，把一件无关紧要的物品放在他人的办公桌上等等，这些对他人空间的侵犯是对他人不尊敬的一种暗示，这往往会驱使对方用类似或更厉害的手段（包括语言手段）来捍卫自己的空间权。其次，不随意进入他人私有空间，在进入他人私有空间之前，一定要征得对方同意。在远距离的密切空间中，人们的交谈一般不碰及对方。如在一辆满载的公共汽车中，如果男性靠近女性身体时，女方可能就会进行语言或非语言的警告。目光侵犯也属于侵犯空间。如在地铁上，主人在看手机信息或在看视频等，旁边的人也瞥向他的手机，就是一种侵犯。空气、噪声也是在一定程度上侵犯别人的空间权。

2. 尊重性别差异

男女在空间距离上的差异，主要体现在两个方面：一是同性之间的交往距离上的男女差异。在同性之间的交往中，男性的"个人圈"较大，而女性则"戒心"不强。二是异性之间的交往距离差异。男性在和异性交往时则倾向于向异性靠近。

二、倾听

（一）基本概念

倾听是在任何时间我们都需要做的事情：听收音机，听电话，听别人讲话，我们一生都在倾听。有一项针对商务人员的调查显示，用于"写"的时间占9%，用于

"说"的时间占30%，用于"读"的时间占16%，用于听的时间占45%。由此可见，善于倾听是商务人士必备的素质之一。

说到倾听，人们想到最多的器官就是耳朵，有个成语就叫作"洗耳恭听"。对于多数人而言，倾听就是"听见了"，其实这是一种错误的想法，这种想法让我们误以为有效的倾听就是人们的本能。事实上，倾听是指通过感官（视觉、听觉、触觉等）媒介，接受、吸收并理解对方思想、信息和情感的过程。

倾听不是人们平常所说的听或听见。就像人们参加一个自己不太感兴趣的会议，虽然可能听见了所有的内容，但这不是倾听。严格地讲，倾听是一个生理过程，取决于耳朵对声波的振动作出反应，是一种主动的行为。人们可能当时听见了某件事情，但是事后却不能回忆起来；或是人们生理上可能听见了某件事情，但是却因为注意力不集中而没有意识到。倾听是一个将注意力集中于当前声音的意识行动，具有个体主观努力的特征，与个体的主观感受有关，是一种主动的行为。

按照倾听的效果，可以将其分为三个层次。

1. 敷衍了事型

这类听者总是一边听别人讲话，一边在考虑其他不相干的事。他可能眼睛盯着别人，心里却在想：今天中午要去吃点什么。这一层次的人，听到了话，但没有做出反应，属于被动接受，主观努力程度小，话左耳进，右耳冒，没有留下任何有价值的信息。

2. 词面理解型

这类听者不仅用耳朵去听，去获得正确的理解，而且其全身心都进入对方的话语境界，既听懂了对方的"话内音"，也明确了对方的"弦外之音"，同时对说话的人也有了更深一层的认识。

3. 主动有效型

这类听者把自己放在讲话者的位置，试着以讲话者的观点看事情，了解讲话者的感觉与思想，暂缓考虑自己的想法而全心全意听取对方的意思。听者抓住主题，不让自己分心，不断章取义，不忽视言语以外的意思。

知识链接

倾听习惯自测：你会"听"吗？

请回想你在与他交往沟通时的表现，然后用"是"或"否"真实地回答下列问题。

（1）我常常试图同时听几个人的交谈

（2）喜欢别人只给我提供事实，让我自己理解

（3）有时假装自己在认真听别人说话

（4）认为自己是非言语沟通方面的好手

（5）常常在别人说话之前就知道他要说什么

（6）如果不喜欢和某人交谈，常常用注意力不集中的方式结束谈话

（7）常常用点头、皱眉等方式让说话人了解我对他说的内容的感觉

（8）常常别人刚说完，就谈自己的看法

（9）别人说话的同时，我常常思考接下来我要说的内容

（10）说话人的谈话风格常常影响我对内容的倾听

（11）为了弄清对方所说的观点，常采取提问的方式，而不进行猜测

（12）为了理解对方的观点，总会狠下功夫

（13）常常听自己喜欢听的内容，而不是别人表达的内容

（14）当我和别人意见不一致时，大多数人认为我理解了他们的观点和想法

（15）别人说话的同时，我在分析他讲的内容

分析：题目4、12、13、15为"是"其余为"否"。将答错的题的个数加起来乘以7，再用105减于这个乘积，就是最后得分。

评判标准：

得分介于91~105分之间，说明自己有良好的倾听习惯；

得分介于77~90分之间说明自己有很大的进步空间；

得分76分以下，说明自己应该在倾听技巧方面应下更大的功夫。

（二）重要意义

1.善听者善言

在别人说话的时候，你是否迟滞发呆、冷漠烦闷？你是否坐立不安，急于打断别人的谈话？人们常常会用一种消极、抵触的情绪听别人说话，甚至在对方还未说完的

时候，心里早在盘算如何反驳。不知道别人在说什么，就急于表达自己的观点，这样的发言毫无针对性和感染力可言，交谈结果也就可想而知了。

2. 获取更多信息

一个善于倾听的人正是一个最容易获得有价值信息的人。咨询即力量，掌握了倾听的技巧无疑获得了倾听的源泉。通过倾听，可以了解对方要传达的信息，同时感受对方的感情，还可据此推断对方的性格、目的和诚恳程度。通过提问，人们可以澄清不明之处，或是启发对方提供更完整的资料。

知识链接

听来的钢盔

在第一次世界大战期间，一天德军突然向法军的一个阵地发动了猛烈的进攻。顿时炮声隆隆，法军阵地被炸得烟雾弥漫，连一个厨房也没有幸免。

这时，在厨房里值班的一个士兵要去前沿阵地参加战斗。但是，天上纷纷落下炮弹皮、石头、树枝。他怕头被砸伤，慌乱之中拿起一个炒菜锅扣在头上，奋勇地冲上前沿阵地，战斗异常激烈，法军伤亡惨重，战斗结束后，他虽然身上多处挂彩，但头部却没有受伤，成了这个阵地上唯一活着的人。

事后，法国将军亚德里安来医院慰问伤员，看到这个士兵，便问他是怎么脱险的，他说，这要归功于炒菜的铁锅，这个士兵向将军讲述了他头上扣着铁锅参加战斗的经历。将军拿起炒菜的铁锅看了看，脑海里闪现出了"钢盔"的想法，于是，法国工程师根据亚德里安将军的指示，设计出了现代的军用钢盔，并被命名为"亚德里安头盔"。第二年，每个法军士兵的头上，都戴上了这种钢盔。后来，军用钢盔就在各国军队中很快推开了。

启示： 倾听是获得信息的重要手段，人们可以在倾听中获得有价值的信息并以此做出正确的反应和行为。

3. 给予沟通关键

如果沟通的目的是为了说服别人，那么多听别人的讲话一定会更加有效。因为，通过倾听能从中发现对方的出发点和弱点，可以提高判断力，为说服对方提供了契机，同时，又向对方传递了一种信息，即你的意见已充分考虑了他的需要和见解，这样他们会更愿意接受你的意见。

4. 改善人际关系

人们大都喜欢发表自己的意见。如果你愿意给他们一个机会，他们会立即觉得你善解人意，值得信赖。当人们认为他们对你是重要的时候，就会尊重你，并与愿意你合作。

> **知识链接**
>
> ### 我还要回来
>
> 有一次美国知名主持人林克莱特访问一名小朋友，问他说："你长大后想要当什么呀？"小朋友天真地回答："嗯，我要当飞机驾驶员！"林克莱特接着问："如果有一天，你的飞机飞到太平洋上空，所有引擎都熄火了，你会怎么办？"
>
> 小朋友想了想："我会先告诉坐在飞机上的人绑好安全带，然后我挂上我的降落伞先跳出去。"当现场的观众笑得东倒西歪时，林克莱特继续注视着这个孩子，想看他是不是自作聪明的家伙。
>
> 没想到，接着孩子的两行热泪夺眶而出，这才使得林克莱特发觉这孩子的悲悯之情远非笔墨所能形容。于是林克莱特问他："为什么要这么做？"小孩的回答透露出一个孩子真挚的想法："我要去拿燃料，我还要回来！我还要回来！！"
>
> **启示**：倾听才能真正理解他人，了解他人的真实想法，不会引起不必要的麻烦和误解。

5. 真正理解他人

在你尚未真正理解别人的观点之前，和别人的观点不一致是正常的。倾听可以建立起自己的信心，越理解别人，就越可能说服别人做你想做的事情。在倾听之前就说话，往往会导致对方不满。人有两只耳朵和一张嘴，其实就暗示要多听少说。称职的倾听者还会促使对方思维更加灵活敏捷，启迪对方产生更深入的见解，双方皆受益匪浅，达到双赢。

（三）倾听障碍

1. 环境因素

环境干扰是影响倾听效果最重要的因素之一。交谈时所处的环境千差万别，时常转移人的注意力。如聊天、打电话、汽车喇叭声等噪声。环境对倾听效果的影响表现为：影响信息传递过程，放大或缩小信号；影响沟通者的心境。环境不仅从客观上，而且从主观上影响倾听的效果，这正是为什么人们很注意挑选谈话环境的原因。

2. 语言因素

语言的含义不在语言里，而在说话者的心里。由于每个人成长的背景不同，知识、经验及价值观的差异，任何两个人对同一个文字的理解绝不会完全相同。如专业术语、信息的超载等，都会使听者在短时间内无法有效接收信息。此外，口头语言与身体语言不符也会导致接受者产生疑问。比如，当你与别人谈话时，你说的是"2"，但却伸出5个手指，听者如果注意到你的动作，一定会被疑惑。

另外，语言速度与思维速度的差异是最重要的障碍因素。每个人的思维速度总是快于他人的讲话速度。一般人平均每分钟说125个字词，一些俚语的速度会更快。而一般人的思维，只能每分钟加工600～800个字词。

3. 个人因素

倾听者在整个交流过程中具有举足轻重的作用，倾听者理解信息的能力和态度都会直接影响倾听的效果。所以，在尽量创造适宜沟通的环境条件之后，要以最好的态度和精神状态面对发言者。来自倾听者本身的障碍主要可归纳为用心不专、急于发言、选择倾向、心理定式、情绪等几类。

此外，个人的生理差异也容易造成倾听障碍。人们的精力在一天当中会成波状浮动，通常来说，早晨刚起床之后，人们可能精力充沛，兴致勃勃；午饭之后，人们可能会觉得疲惫而昏昏欲睡。很显然，在这两种不同的阶段倾听的效果会有很大差异。

（四）沟通原则

1. 耐心

在对方阐述自己的观点时，要耐心并认真听对方讲完，并领会其真正意图。不可随意打断，或者从姿态举止中表现出不耐烦、心不在焉或者疲劳的表情，都是对对方的不尊重。

2. 专心

在听对方讲话时，要目视对方，以表示专心，这样既有利于从对方的神态、手势等肢体语言中真正地了解对方，也表达了对对方的尊重和鼓励之情。

3. 热心

根据对方所讲的话，要积极地予以回应，或点头，或微笑，或发出同意的应答声，甚至可以适当插话，使谈话更投机。

4. "五到"

也叫"五位一体"原则，即：耳到，用耳听；眼到，用眼看；嘴到，用嘴问；脑到，用脑思考；心到，用心灵感受。把倾听当作一个通过感官媒介，接受、吸收并理解对方思想、信息和情感的过程，必须经历感知、选择、组织、理解、反应等一系列过程。

（五）重要建议

1. 停

为了选择和关注他人的信息，人们必须调整内部对话，停止大量自我中心化的评判话题。剔除外部噪声，关注此时此刻，这是一项习得性技能。

2. 看

当非言语信息与言语信息矛盾时，不仅要注意言辞，而且要关注非言语信息。就像用耳朵倾听一样，人们也要用眼睛来倾听面部表情、噪声线索、目光接触、体态、呼吸运用和运动等能够显著地修饰信息的含义。

"看"的另一个原因是保持目光接触标志着对他人谈话表现出关注和兴趣。当目光越过谈伴的头顶，或是经常瞥手表时，谈伴可能会捕捉到你心不在焉的信息。

3. 问

在倾听过程中，恰当地提出问题，以与对方交流思想、意见相对应，往往有助于相互沟通。沟通的目的是为了获取信息，为了知道彼此在想什么，要做什么。通过提问的方式可获得信息，同时也可以从谈话的内容、方式、态度、情绪等其他方面获得信息。

4. 听

认真倾听必须做到以下几个方面。

（1）精心准备。倾听者在谈话前应列出自己要解决的问题，在谈话过程中，注意听取对方对这些问题的回答。

（2）摘录要点。对于谈话中涉及的一些关键问题，尤其是与最后期限或工作评价有关的内容要一一记录下来，这有利于在行动时通盘考虑、重点突出。

（3）会后确认。在会谈接近尾声时，与对方核实自己的理解是否正确，尤其对下一步该怎么做的相关安排予以确认，这有利于自己能按照对方的要求，正确地采取下一步行动。

5. 反应

沟通是双向的，倾听也一样。商务人员必须善于对客户的语言进行反应。可以运用以下方式：反馈意见，即简要概括讲者所言的内容与事实；反射感觉，即向讲者表达对他感受的认同；综合处理，即将讲者的几种想法综合为一种想法；大胆假设，即按照对方的需要，以其角度大胆假设。

本章小结

话题，是指人们在交谈中所涉及的题目范围和谈话内容话题是一些由相对集中的同类知识、表达语汇、语气风格、信息构成的谈话资料及其相应的语体方式的总和。交谈的基本要求是：清晰流畅、掌握分寸、态度真诚。交谈时宜选的话题有：既定话题、格调高雅的话题、轻松的话题、时尚的话题、擅长的话题等。

在接听电话时要做到：迅速接听，自报家门；左手接听，右手执笔；精力集中，积极反馈。

使用手机等移动通信工具时，要注意使用地点，避免在医院病房内、易燃易爆场所内、驾驶汽车途中、飞机飞行中使用手机，防止意外事故发生。同时接打电话时，要注意遵守公共道德，以免干扰他人。

商务演讲，是一种直接的带有艺术性的社会实践活动，多数是礼仪性的。演讲的原则由目的、听众、结构、风格四部分组成。在演讲时，应熟练应用语言技巧，要做到发音准确，吐字清晰，可以采用制造悬念、提问互动等方法吸引听众注意力，活跃现场氛围。

非语言交流是以人体语言（非言语行为）作为载体，即通过人的眼神、表情、动作和空间距离等来进行人与人之间的信息交流。

空间距离可大致分为亲密距离、个人空间、社交空间、公共空间四类。商务人员在与他人进行交流时，要尊重他人空间距离，尊重性别差异。

倾听是获得信息的重要方式；可以增进人际关系；善听才能善言；倾听才能真正理解他人；可以提高工作效率。有效倾听会受到环境、语言、个人、过程等诸多因素的影响。

练习题

一、单项选择

1. 电话铃响起几声之内应该接起电话（　　）。
   A. 1声　　　　　　B. 2声　　　　　　C. 3声　　　　　　D. 5声

2. 接到打错的电话应该（　　）。
   A. "对不起，您打错了"　　　　　　B. "讨厌，打错了"
   C. "真烦人，以后别打了"　　　　　D. 为节省时间，直接挂断，什么也不说

3. 在谈判时，应与客方保持的距离为（　　　）。

　　A. 0.5米以内　　　　B. 0.5米至1.5米以内　　C. 2米至3米　　　　D. 3米以上

4. 在进行演讲时，正确的做法有（　　　）。

　　A. 为了避免紧张，不看观众

　　B. 为了防止遗忘，盯着自己的演讲稿念

　　C. 全程都在播放演示文稿，不与观众进行交流

　　D. 时常用眼环视听众台

5. 以下哪种使用手机短信的做法是不礼貌的（　　　）。

　　A. 在与人交谈时不停地查看短信和编辑短信　　B. 在内容后署名

　　C. 短信内容可以短小，但要表达清楚　　　　　D. 回复祝福短信

二、多项选择

1. 在社交活动的各种交谈中，涉及下面哪些主题应当忌谈（　　　）。

　　A. 个人隐私的话题　　　　　　　　B. 捉弄对方的话题

　　C. 非议他人的话题　　　　　　　　D. 倾向错误的话题

　　E. 令人反感的话题

2. 与人交谈时，不恰当的举止有（　　　）。

　　A. 跷起"二郎腿"　　　　　　　　B. 斜视对方

　　C. 以食指点指对方　　　　　　　　D. 头部倚靠在椅背上

　　E. 掏耳朵

3. 在以下哪些场所应避免接听电话（　　　）。

　　A. 面粉厂　　　　　　　　　　　　B. 电影院

　　C. 飞机上　　　　　　　　　　　　D. 医院病房内

　　E. 公园

4. 倾听时做到"三心"是指（　　　）。

　　A. 耐心　　　　B. 热心　　　　C. 专心　　　　D. 用心

5. 在倾听顾客投诉时，不正确的做法有（　　　）。

　　A. 玩手机

　　B. 因故不能服务，耐心解释原因，并真诚致歉

　　C. 借口离开

　　D. 急于向顾客说明缘由

　　E. 热心为顾客解决问题

思考题

1. 初次与人交谈，应如何选择话题？
2. 赞美他人的技巧有哪些？
3. 交谈时应注意什么问题？
4. 拨打重要的商务电话之前，要做好哪些准备？
5. 发短信的礼仪有哪些？

小组活动

1. 小组内讨论接电话礼仪。
2. 小组内讨论并演示空间距离。

案例分析

接电话技巧

某公司的毛先生是杭州某三星级酒店的商务客人。他每次到杭州，肯定会住这家三星级酒店，并且每次都会提出一些意见和建议。可以说，毛先生是一位既忠实友好，却又苛刻挑剔的客人。

某天早晨8：00再次入住的毛先生打电话到总机，询问同公司的王总住在哪个房间。总机李小姐接到电话后，请毛先生"稍等"，然后在电脑上进行查询。查到王总住在901房间，便对毛先生说"我帮您转过去"，说完就把电话转到了901房间。此时901房间的王先生因昨晚旅途劳累还在休息，接到电话就抱怨毛先生不该这么早吵醒他，并为此很生气。

思考：

1. 总机李小姐的做法是否妥当？
2. 如果你是李小姐，你会怎么做？

第八章　商务仪式礼仪

学习目标

- 理解各种仪式的基本内涵
- 掌握基本的仪式礼仪及其具体的运作程序
- 能够筹备与运作常规的仪式
- 掌握各种仪式的基本礼仪要求

关键词

仪式　签约　开业　剪彩　交接　庆典

引导案例

错误的仪式

某企业在新商场布置完毕后，定于周日举行一场开业仪式。开业仪式的组织者派发了请柬，来宾来到了现场，根据名签找到了自己的座位就座，开业仪式开始了。主持人宣布庆典仪式开始，奏国歌，然后企业领导上台致辞，企业领导非常兴奋，在台上侃侃而谈，从新店的设想，新店以后的发展乃至他自己以后的梦想，一直持续了三十多分钟，来宾在炎热的天气下非常煎熬，导致来宾致辞不得不加快速度，并且开业仪式结束了，也没有对重要的嘉宾做介绍，连主席台上的嘉宾也没有做介绍。开业仪式一结束，来宾们都很不高兴并且表示不会与这家企业合作，因为他们连最基本的仪式礼仪都没有遵守。过了不久，这家商场就倒闭了。

案例分析

开业仪式有助于塑造良好的企业形象,能够提高企业的知名度以及美誉度。该公司没有很好地遵守开业仪式的程序,应当在宣布仪式开始后就介绍重要的来宾,主办方发言应简短介绍经营特色和目标。无论哪种仪式,都是非常郑重的社交活动,气氛隆重、庄严,这些仪式能够体现个人的精神面貌和能力,能够让社会各界加深对企业的了解。所以无论是主办方还是参加者,都必须遵守一定的流程。

第一节 签约仪式礼仪

在商务交往的过程中,尽管君子协定、口头承诺在一定程度上有所承认,但为了更有效地让交往对象心安,更有效地取信于人,则是要必须签订"口说无凭,立此为据"的文字性合同,即合同的签署。在商务交往中,它被视为一项标志着有关各方的相互关系取得了更大的进展,或为消除彼此间误会而达成了一致性意见。因此,它极受商界人士的重视。

签约仪式是指各方经过会谈、协商或谈判,形成了某项协议、协定,由各方正式代表在有关正式文本或合同上签字并产生法律效力,表达双方达成一致,共祝合作成功而举办的庄严而隆重的仪式。

一、准备工作

签约仪式是商业交易的公证方式,是商业活动不可缺少的一部分,双方从签约开始形成事实上的约束关系,具有"里程碑"的意义,所以应当提前做好签约仪式的准备,保证活动顺利进行。

（一）准备协议文本

签约之"约"事关重大,一旦签订即具有法律效力。因此,对在准备协议文本时一定要慎重,符合要求。双方洽谈或谈判结束后,双方与相关部门指定专人,分工合作完成好文本的定稿、翻译、校对、印刷、装订等工作。除了核对谈判内容与文本的一致性以外,还要核对各种批件、附件、证明等是否完整准确、真实有效以及译本副本是否与样本正本相符。审核文本必须对照原稿件，做到一字不漏，对审核中发现的问题如有争议或处理不当，要及时互相通报，应在签约仪式前，通过再次谈判以达到双方谅解和满意方可确定。在协议或合同上签字的有几个单位，就要为签字仪式提供几份样本。如有必要，还应为各方提供一份副本。

签署涉外商务合同时，比照国际惯例，待签的合同文本，应同时使用宾主双方法定的官方语言，或使用国际通用的英文、法文。使用外文撰写合同时，应反复推敲，注意非母语语言的规则。待签文本通常应装订成册，并以仿皮或其他高档材质作为封面，以示郑重。其格式一般为大8开，所用的纸张务必高档，印刷务必精美。作为主办方，应为文本的准备过程提供周到的服务和方便的条件。

（二）确定参加仪式的人员

根据签约文件的性质和内容，安排参加签约仪式的人员。参加签约仪式的人员有的涉及国家部委，有的涉及地方政府，也有的涉及对方国家，因此要作相应的安排。主签人员根据文件的性质不同而变化，一般由最高负责人签字，例如国家领导人主签、政府有关部门领导人主签、具体部门负责人（通常是法定代表人）主签。原则上是强调对等，即双方主签人的身份应大体相当。参加签字的各方事先还要安排一名熟悉仪式程序的助签人员，在签字时负责文本翻页，并指明签字处，以防漏签。其他出席签字仪式的陪同人员，基本上是双方参加谈判的全体人员，按一般礼貌做法，人数最好大体相等。为了表示重视，双方更高一级的领导人也可出面参加签字仪式，级别和人数一般也是对等的。有关各方预先确定好参加签字仪式的人员，并向其有关方面通报，尤其是客方要将出席签约仪式的人数提前通报给主方，以便主方做好安排。

（三）签约人员的服饰规范

由于签字仪式的礼仪性极强，签字人员的穿着也有着具体要求。按照规定，签字人、助签人以及随员在出席签字仪式时，应穿着具有礼服性质的深色西装套装、中山套装或西装套裙，并且配以白色衬衫与深色皮鞋。男士还必须系上单色领带，以示正规。在签约仪式上出现的礼仪、接待人员，可以穿自己的工作制服，或是旗袍一类的礼仪性服装。

（四）签约仪式场所的落实

落实举行仪式的场所，应视参加签约仪式人员的身份和级别、参加仪式人员的多少和所签文件的重要程度等诸多因素来确定。著名宾馆、饭店或政府部门会议室、会客厅都可以选择。既可以大张旗鼓地宣传，邀请媒体参加，也可以选择僻静场所进行。无论怎样选择，都应是双方协商的结果。任何一方自行决定后再通知另一方，都属失礼的行为。

（五）签约仪式现场的布置

签约厅有常设专用的，也有临时以会议厅、会客室来代替的。布置签字厅的总原则是：庄重、整洁、清静。

一间标准的签字厅，应当室内铺满地毯。除了必要的签字用桌椅外，其他一切的陈设都不需要。正规的签字桌应为长型条桌，其上最好铺设深冷色的台布（应考虑双方的颜色禁忌）。如果签署双边性合同时，桌后可放两张座椅，供双方签约人签字时用。签署多边性合同时，可以仅放一把桌椅，供各方签约人签字时轮流就座，也可以为每位签约人都各自提供一把座椅。签字人在就座时，一般应面对正门。

桌上放好双方待签的文本，上端分别置有签字用具，例如签字笔、吸墨器等。如果是涉外签约，在签字桌的中间摆一国旗架，分别挂上双方国旗，注意不要放错方向，必须恪守以面对房间正门为准的"右高左低"的国际惯例。如果是国内地区、单位之间的签约，也可在签字桌的两端摆上写有地区、单位名称的席位牌。签字桌后应有一定空间供参加仪式的双方人员站立，背墙上方可挂上"××（项目）签字仪式"字样的条幅。签字桌的前方应开阔、敞亮，如请媒体记者应留有空间，配好灯光。

（六）签字仪式的座次安排

在正式签署合同时，各方代表对于礼遇均非常在意。因而商务人员对于在签字仪式上最能体现礼遇高低的座次问题，应当认真对待。

签字时各方代表的座次，通常是由主方预先排定的。合乎礼仪的做法是：在签署双边性合同时，遵循"右高左低"的原则，应请客方签字人在签字桌右侧就坐，主方签字人则应同时就坐于签字桌的左侧。双方各自的助签人，应分别站立于各自一方主签人的外侧，以便随时对签字人提供帮助。双方其他的随员，可以依照职位的高低，客方依此自左至右，主方依此自右至左地列成一行，站立于己方签字人的身后。当一行站不完时，可以按照以上顺序并遵照"前高后低"的惯例，排成两行、三行或四行（如图8-1所示），或者其他随员可以按照一定的顺序在己方签字人的正对面就坐（如图8-2所示），原则上，双方随员人数应大体上相同。

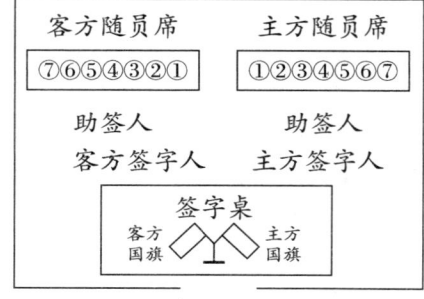

图8-1　签字仪式座次安排示意图1

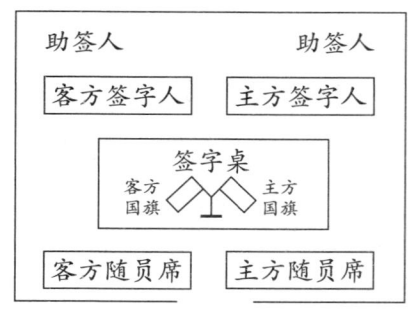

图8-2　签字仪式座次安排示意图2

在签署多边性合同时，一般仅设一把签字椅。各方签字人签字时，应该依照有关各方事先协定好的顺序，依此上前签字。他们的助签人应站立于签字人的左侧。与此同时，有关各方的随员，应按照一定的序列，面对签字桌就座或站立（如图8-3所示）。

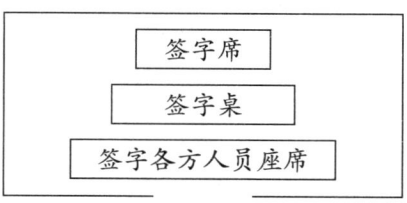

图8-3　签字仪式座次安排示意图3

案例分析

旗帜风波

南方某市的一家公司与美国的一家跨国公司经过长期洽谈之后终于谈妥了一笔大生意。双方在达成合约之后，决定正式地举行一个签字仪式。

因为当时双方的洽谈在中国举行，故此签字仪式由中方负责。中方精心地准备了签字仪式，工作人员在签字桌上摆放两国的国旗时，按照了中国传统的"以左为上"的原则将中国国旗摆放在了签字桌的右侧，而将美国国旗摆到了签字桌的左侧。结果让美方人员恼火不已，他们因此而拒绝进入签字厅。

思考：美方人员为何如此生气？

二、签约程序

签约仪式的时间虽然不长，但它是签署合同的高潮，其程序应当规范、庄重而热烈。合乎规范的签约，能体现各方的专业素养。签字仪式的正式程序一共分为四项。

（一）仪式开始

有关各方人员进入签字厅，互相握手致意，按照座次安排在既定的位次上坐好。

（二）正式签约

商务礼仪规定：每一位签字人首先签署己方保留的合同文本，并且签在左边首位，然后交换已签署的文本，接着签署他方保存的合同文本。这一做法，在礼仪上称为"轮换制"。它的含义是：在位次排列上，轮流使有关各方有机会居于首位一次，以显示机会均等，各方平等。

（三）交换文本

双方签字人交换有关各方已经签署的合同文本。此时，各方签字人应热烈握手，互致祝贺，互相交换各自一方方才使用过的签字笔，以志纪念。全场人员应鼓掌祝贺。

（四）共饮香槟

交换已签的合同文本后，礼宾人员会用托盘端上香槟酒，请有关人员，尤其是签字人当场举杯共饮，以增添欢庆气氛。这是国际上所通行的用以增添喜庆色彩的做法。

（五）有序退场

签约仪式完毕后，应先请双方最高领导者退场，然后请客方退场，主方最后退场。整个仪式以半小时左右为宜。

在一般情况下，商务合同在正式签署后，应提交有关方面进行公证，此后才正式生效。

第二节　开业仪式礼仪

开业仪式是指在单位建立、开业，项目落成、移交，以及举办某项活动之时，或是开始某项工作之时，为了表示纪念或庆贺，而按照一定的程序所举行的礼仪活动。有时，开业仪式亦可称为开业典礼。

随着对外交往的增加和经济的发展，需要举办开业仪式的活动逐渐增多。一般来说，任何一个单位的建立、开业，或是某个项目的落成、移交等，当事者通常都要专门为此而举办开业仪式。开业仪式受到商家、政府机关及其他当事者的重视，通常有以下五个方面的作用：

1. 有助于塑造良好的企业形象，能够提高企业的知名度以及美誉度。

2. 有助于扩大企业的社会影响，吸引社会各界的重视与关心。

3. 有助于让支持过自己的社会各界与企业一同分享成功的喜悦，进而为日后的进一步合作奠定良好的基础。

4. 有助于让支持过自己的社会各界与自己一同分享成功的喜悦，为日后的进一步合作奠定良好的基础。

5. 有助于增强企业全体员工的自豪感与责任心，从而为自己创造出一个良好的开端，或是开创一个新的起点。

> **案例分析**
>
> **别开生面的开业典礼**
>
> 2008年8月8日,借北京举办奥运会这一契机,北方某市新建大酒店隆重开业。
>
> 这一天,酒店上空彩球高悬,四周彩旗飘扬。身着鲜艳旗袍的礼仪小姐站立在店门两侧,她们身后是摆放整齐的鲜花、花篮。所有员工服饰一新,面目清洁,精神焕发,整个酒店沉浸在喜庆的气氛之中。
>
> 开业典礼将在店前广场举行。
>
> 上午11时许,应邀来参加庆典的有关领导、各界人士、新闻记者陆续到齐。正在举行剪彩之际,天空突然下起了倾盆大雨,典礼只好移至大厅内,一时间,大厅内聚满了参加典礼人员和避雨的行人。典礼仪式在音乐和雨声中隆重举行,整个大厅内灯光齐亮,使得庆典别具一番特色。
>
> 典礼完毕,雨仍在下着,大厅内避雨的行人短时间内根本无法离去,许多人焦急地盯着大厅外。于是,酒店经理当众宣布:"今天能聚集到我们酒店的都是我们的嘉宾,这是天意,希望大家能同我店共享今天的喜悦,我代表酒店真诚地邀请诸位到餐厅共进午餐,当然,一切全部免费。"霎时间,大厅内响起了雷鸣般的掌声。
>
> **思考**:酒店经理此举会获得怎样的效果?

站在仪式礼仪的角度来看,开业仪式其实只不过是一个统称。在不同的场合,它往往会采用其他一些具体的名称,例如开幕仪式、开工仪式、奠基仪式、破土仪式、竣工仪式、通车仪式,等等。

一、准备工作

开业仪式的准备工作是极其重要的,它关系到开业仪式的成功,进而关系到企业开张的顺利及企业业务的开展和企业的社会形象,是一项重要的基础性工作。企业在准备开业仪式时要注意下列几个方面的工作:

(一)做好宣传工作

举办开业仪式的主旨在于塑造企业的良好形象,那么就要对其进行必不可少的舆论宣传,以吸引社会各界的注意。为此要做的常规工作有:

1. 选择有效的大众传媒媒介,进行集中性的广告宣传。广告内容应包括:开业仪式举行的时间和地点;企业的经营特色;开业时对顾客的优惠和馈赠;购物折扣;顾客光临时应乘坐的车次、路线等。

2. 邀请有关的媒体人士在开业仪式举行之时到场进行采访、报道，以便对本单位进行进一步的正面宣传。

（二）拟定宾客名单

开业仪式影响的大小，实际上往往取决于来宾身份的高低与其数量的多少。在力所能及的条件下，要力争多邀请一些来宾参加开业仪式。地方领导、上级主管部门与地方职能管理部门的领导、合作单位与同行单位的领导、社会团体的负责人、社会贤达、媒体人员，都是邀请时应予优先考虑的重点。

企业为表达诚意与敬意，制作请柬应精美、大方，其形状和大小可根据请柬的内容而定。对邀请出席的宾客，应提前将请柬送其手中，以表达对客人的敬意，必要时请客人给予明确的答复。给来宾的请柬应提前一周寄送或派人递送，如已电话邀请过的仍应补送请柬。

（三）布置开业仪式现场

开业仪式多在开业现场举行，其场地可以是正门以外的广场，也可以是正门之内的大厅。按照惯例，举行开业仪式时宾主一律站立，故一般不布置主席台或座椅。为显示隆重与敬客，可在来宾尤其是贵宾站立之处铺设红色地毯，并在场地四周悬挂横幅、标语、气球、彩带、宫灯。此外，还应当在醒目之处摆放来宾赠送的花篮、牌匾。来宾的签到簿、企业的宣传材料、待客的饮料等需要提前准备好。对于音响、照明设备，以及开业仪式举行时所需使用的用具及设备，必须实现认真进行检查、调试，以防其在使用时出现差错。

（四）做好接待服务工作

在举行开业仪式的现场，除了本单位的全体员工以主人翁的身份热情待客、有求必应、主动相助之外，更重要的是分工负责，各尽其职。在接待贵宾时，需由本单位主要负责人亲自出面。在接待其他来宾时，则可由企业的礼仪小姐负责。来宾较多时，要准备好专门的停车场、休息室。

（五）开业礼品的准备

举行开业仪式时赠予来宾的礼品，一般属于宣传性传播媒介的范畴。若能选择得当，必定会产生良好的效果。根据常规，向来宾赠送的礼品，应具有如下四大特征：一是宣传性，选用企业的产品或企业和产品的简介和介绍。二是荣誉性，是指有一定的纪念意义。三是独特性，礼品应当与众不同，具有企业鲜明的特点。四是便携性，礼品应当体积较小，不易破损，并且易于携带。

二、开业程序

开业当天,主办单位的主要领导者,男性要身着深色西装,穿黑色皮鞋;女性宜穿着西装或套裙,在场依照身份站成迎宾线,微笑迎候客人并与之热情握手,表示感谢。

各界参加者以及政府官员在开业当天一般都要携带包装精美、饰以红绸的书画及其他装饰品等作为馈赠礼品,由主要参加者到场,双手呈交给开业单位,并表示祝贺。来宾抵达后,应由服务人员引入休息室或会场,依次签到。

相关人员(或剪彩人)要身着正规服装,提早熟知各项程序,并按主人的要求准时到达。

开业仪式具体程序如下:

1. 迎宾

接待人员在会场门口接待来宾,请其签到,引导其就座。若不设座位,则告诉来宾其所在具体位置。

2. 典礼开始

主持人宣布开业典礼正式开始。

3. 宣读重要来宾名单

全体来宾起立,宣读重要来宾名单。

4. 负责人致答词

由企业负责人致答词,其主要内容是向来宾及祝贺单位表示感谢,并简要介绍本单位的经营特色和经营目标。

5. 贵宾致贺词

由各界代表致贺词,主要表达对开业单位的祝贺。对外来的贺电、贺信等不必一一宣读,但对其署名的单位或个人应给予公布。

6. 揭牌或剪彩

由企业负责人和上级领导或嘉宾代表揭去盖在牌匾上的红布或是进行剪彩仪式,宣告企业的正式成立或活动的正式开始,参加典礼的全体人员鼓掌祝贺。

7. 参观、会谈

开业仪式结束后,主人可带领来宾参观或组织座谈。参观、座谈过程中不但可以介绍本企业的基本情况,以加深社会各界人士对企业的了解,广泛征求意见,同时这也是宣传企业的极好时机。

8. 欢迎首批顾客

开业仪式结束后，新店即正式对外营业。店领导为表诚意，可在门口恭候顾客光临。在营业过程中，对首批顾客，营业员更应注重销售礼仪，还可准备一些印有店标字样的礼品赠予顾客作纪念。

上述过程不必每一样都照搬，可以根据具体情况来制定过程。成功的开业典礼标志是内容简洁、紧凑，能起到很好的宣传作用。

三、开业仪式的类型

不同的开业仪式有共性和个性，它们的共性，都是要以热烈而隆重的仪式，为企业或组织的发展创造一个良好的开端；它们的个性，则表现在仪式的具体运作上存在不少的差异，需要有所区别。除了上述一些基本的商业开业仪式程序外，还有其他类型的开业仪式及程序：

（一）开工仪式

开工仪式，是工厂准备正式开始生产产品、矿山准备正式开采矿石等时刻专门举行的庆祝性、纪念性活动。

为了使出席开工仪式的全体人员均能耳濡目染、身临其境，开工仪式大都在生产现场举行。即以工厂的主要生产车间、矿山的主要矿井等处作为举行开工仪式的场所。

开工仪式的常规程序主要有五项：

1. 宣布仪式开始，全体起立，介绍各位来宾，奏国歌。

2. 在主持人的引导下，企业的主要负责人陪同来宾行至开工现场肃立。例如，机器开关或电闸附近。

3. 正式开工。届时企业负责人应请本单位职工代表或来宾代表来到机器开关或电闸旁，首先对其躬身施礼，然后再动手启动机器或合上电闸。全体人员此刻应鼓掌致贺，并奏乐。

4. 全体职工各就各位，上岗进行操作。

5. 在企业负责人的带领下，全体来宾参观生产现场。

（二）奠基仪式

奠基仪式，是一些重要的建筑物，例如大厦、场馆、亭台、楼阁、园林、纪念碑等，在动工修建之初正式举行的庆贺性活动。

奠基仪式现场的选择与布置，通常都有一些独特的规矩。奠基仪式举行的地点，一般应选择在动工修建建筑物的施工现场。而奠基的具体地点，则按常规应选在建筑物正门的右侧。在一般情况下，用以奠基的奠基石应为一块完整无损、外观精美的长方形石料。在奠基石上，通常文字应当竖写。在其右上方，应刻有建筑物的正式名称。在其正中央，应该有"奠基"两个大字。在其左下方，则应该有奠基单位的全称以及举行奠基仪式的具体年月日。奠基石上的字体，大都以楷体字刻写，并且最好是白底金字或黑字。

在奠基石的下方或一侧，还应安放一只密闭完好的铁盒，内装该建筑物的各项资料以及奠基人的姓名。届时，它将同奠基石一道被奠基人等培土掩埋于地下，以志纪念。通常，在奠基仪式的举行现场应设立彩棚，安放该建筑物的模型或设计图、效果图，并使各种建筑机械就位待命。

奠基仪式的程序大体可以分为五项：

1. 仪式开始。介绍来宾，全体起立。
2. 奏国歌。
3. 主人对该建筑物的功能以及规划进行介绍。
4. 来宾致辞道贺。
5. 正式进行奠基。此时，应演奏喜庆乐曲。首先由奠基人双手持系有红绸的新锹为奠基石培土。随后，再由主人与其他嘉宾依此为之培土，直至将其埋没为止。

（三）破土仪式

破土仪式也称破土动工，是指在道路、河道、水库、桥梁、电站、厂房、机场、码头、车站等正式开工之际，所专门举行的动工仪式。破土仪式举行的地点，大多应当选择在工地的中央或某一侧。

倘若来宾较多，尤其是当高龄来宾较多时，最好在现场附近临时搭建某些以供休息的帐篷或活动房屋，使来宾得以免受风吹、日晒、雨淋，并稍事休息。

破土仪式的具体程序有以下五项：

1. 宣布仪式开始。介绍来宾，全体肃立。
2. 奏国歌。
3. 主人致辞，以介绍和感谢为其发言的重点。
4. 来宾致辞祝贺。
5. 正式破土动工，由来宾环绕破土之处的周围肃立，破土者双手持系有红绸的新铁锹铲土三次，全体鼓掌并奏乐，或燃放鞭炮。

（四）竣工仪式

竣工仪式，又称落成仪式或建成仪式。它是指本单位所属的某一建筑物或某项设施建设、安装工作完成之后，或者是某一纪念性、标志性建筑物，如纪念碑、纪念塔、纪念堂、纪念像、纪念雕塑等建成之后，以及某种意义特别重大的产品生产成功之后，所专门举行的庆祝性活动。

举行竣工仪式的地点，一般选择在现场。如新落成的建筑物之外，刚刚建成的纪念碑、纪念堂的旁边。

竣工仪式的基本程序通常有七项。

1. 仪式宣布开始，介绍来宾，全体起立。

2. 奏国歌，并演奏本单位标志性歌曲。

3. 本单位负责人发言，以介绍、回顾、感谢为主要内容。

4. 进行揭幕或剪彩。

5. 全体人员向竣工仪式的"主角"——刚刚竣工或落成的建筑物，郑重其事地恭行注目礼。

6. 来宾致辞。

7. 进行参观。

（五）通车仪式

通车仪式，大都是在重要的交通建筑完工并验收合格之后，正式举行的启用仪式，例如公路、铁路、地铁以及重要的桥梁、隧道等，在正式交付使用之前，均会举行一次以示庆祝的通车仪式。有时，通车仪式又叫开通仪式。

举行通车仪式的地点通常为公路、铁路、地铁新线路的某一端，新建成桥梁的某一头，或者新建隧道的某一侧。

在现场附近以及沿线两旁，应适量地插上彩旗、挂上彩带。必要时，还应设置彩色牌楼并悬挂横幅。在通车仪式上，被装饰的重点应当是第一辆通行的汽车、火车或是地铁列车。在车头一般应系有红花。在车身两侧则可酌情插上彩旗，系上彩带，并且悬挂上醒目的大幅宣传性标语。

通车仪式的主要程序一般有六项：

1. 宣布仪式开始。介绍来宾，全体起立。

2. 奏国歌。

3. 主人致辞，主要内容是介绍即将通车的新线路、新桥梁或新隧道的基本情况，并向有关方面致谢。

4. 来宾代表致辞祝贺。

5. 正式剪彩。

6. 首次正式通行车辆。届时，宾主及群众代表应一起登车而行。有时，还须由主人所乘坐的车辆行进在最前面开路。

第三节　剪彩仪式礼仪

剪彩仪式是指商界的有关单位为了庆贺公司的设立、企业的开工、宾馆的落成、商店的开张、银行的开业、大型建筑物的启用、道路或航线的开通、展销会或博览会的开幕等而隆重举行的一项礼仪性程序。因其主要活动内容是约请专人使用剪刀剪断被称为"彩"的红色缎带，故此被人们称为剪彩。

知识链接

剪彩的由来

剪彩的由来有两种说法：

一种说法是剪彩起源于西欧。

在古代，西欧造船业比较发达，新船下水往往吸引成千上万的观众。为了防止人群拥向新船而发生意外事故，主持人在新船下水前，在离船体较远的地方，用绳索设置一道"防线"。等新船下水典礼就绪后，主持人就剪断绳索让观众参观。后来绳索改为彩带。人们就给它起了"剪彩"的名称。

另一种说法是剪彩起源于美国。

1912年，美国的圣安东尼澳洲的华狄密镇有一家大百货公司将要开业。开业的这天一大早，老板按当地风俗，在开着的店门前横系一条布带，防止公司未开业前有闲人闯入。这时，老板的10岁女儿牵着一条哈巴狗从店里匆匆跑出来，那条小狗一下子就把布条碰掉了，等在门外的顾客以为这是店主要表示开门营业，便一拥而入，争先购物，真是生意兴隆。不久，当老板的一个分公司又要开业时，也按这个办法在外面拴上了彩色的布条，这次是老板有意让小女儿把布带碰断，果然财运又很好。于是，这个办法也被其他商店纷纷采用。后来，人们用彩带取代了颜色单一的布带，并用剪刀剪断，执行人由小女孩改成年轻的姑娘，后又由当地官员或社会名流所代替，人们还给这种做法正式取名为"剪彩"。时至今日，剪彩仪式已风靡全球，成为开业庆典的一种重要仪式，并约定俗成地形成了一整套礼仪规范和要求。

从剪彩的发展过程可以看到，它最初只不过是人们用以促销的一种手段，到了后来，才渐渐地演变为商务活动中的一项重要的仪式。

一般情况下，在各式各样的开业仪式中，剪彩都是一项极其重要的、不可或缺的程序。尽管它往往也可以被单独地分离出来，独立成项，但是在更多的时候，它是附属于开业仪式的，这是剪彩仪式的重要特征之一。

目前，虽然剪彩自身在内容、形式、步骤等方面在日趋简化，并逐渐地得以革新，但在实际的商务活动中，绝大多数商界人士却依旧坚持认为：剪彩是不宜被取消，不能被替代的。具体而言，剪彩一直长盛不衰，并被业内人士看好，其原因如下：

1. 剪彩活动气氛热烈，既能给主人带来喜悦，又能令人产生吉祥如意之感；

2. 剪彩不仅是对主人既往成绩的肯定和庆贺，而且可以对其进行鞭策与激励，促使其再接再厉，继续进取。

3. 可借剪彩良机，向社会各界通报企业的"问世"，以吸引各界人士对企业的关注。

剪彩仪式上有众多的惯例、规则必须遵守，其具体的程序亦有一定的要求。

一、准备工作

剪彩仪式的准备工作与开业仪式的准备工作有相同之处，如宣传工作、拟定宾客名单、发送请柬、场地布置等，但剪彩仪式还有必需的准备工作：

（一）红色缎带

红色缎带即剪彩中的"彩"，是非常重要的物品。按照传统做法，它应当由一整匹未曾使用过的红色绸缎，在中间结成数朵花团而成。目前，有些企业或组织用长度为两米左右的细窄红色缎带取而代之，或者以红布条、红线绳、红纸条作为其变通。

一般来说，红色缎带上所结的花团，不仅要生动、硕大、醒目，而且其具体数目往往还同现场剪彩者的人数直接相关。花团的具体数目有两类模式：

1. 花团的数目比剪彩者的人数多一个，可使每一位剪彩者总是处于两朵花团之间，尤显正式。

2. 花团的数目比现场剪彩者的人数少一个。这种模式不同于常规，比较有新意。

（二）新剪刀

新剪刀是专供剪彩者在剪彩仪式上正式剪彩时所用的，必须是每位现场剪彩者人手一把，而且必须崭新、锋利、顺手。

事先一定要逐把检查，确保剪刀已经开刃，在正式剪彩时，剪彩者可以"手起刀落"，一举成功，切勿一再补刀。

在剪彩仪式结束后，主办方可将每位剪彩者所使用的剪刀经过包装之后，送给对方作为纪念。

（三）白色薄纱手套

白色薄纱手套是专为剪彩者准备的。在正式剪彩仪式上，剪彩者剪彩时最好每人戴上一副白色薄纱手套，以示郑重。在准备白色薄纱手套时，除了要确保其数量充足之外，还必须使之大小适度、崭新平整、洁白无瑕。有时，也可以不准备白色薄纱手套。

（四）托盘

托盘是在剪彩仪式上托在礼仪小姐手中，用作盛放红色缎带、剪刀、白色薄纱手套的工具。最好是崭新、洁净的。托盘首选银色的不锈钢制品，并在上面铺放红色绒布或绸缎。在剪彩时，礼仪小姐可以用一只托盘一次向各位剪彩者提供剪刀和手套，也可以为每位剪彩者提供一只托盘。

（五）红地毯

红地毯铺设在正式剪彩时站立之处，其长度可视剪彩者人数的多少而定，宽度应在一米以上。在剪彩现场铺设红地毯，主要是为了提高仪式档次，营造一种喜庆气氛，有时也可以不铺设地毯。

二、参加人员的要求

（一）剪彩者

剪彩者是剪彩仪式上持剪刀剪彩之人，是剪彩仪式的关键，其身份地位与剪彩仪式的档次有着密切的关系。通常情况下，可由上级领导、单位负责人、社会名流、合作伙伴、员工代表等担任。剪彩者可以是一人，也可以是几个人，但一般不超过五个人。

剪彩人员名单一经确认，必须尽早告知对方，使其有所准备。在一般情况下，确定剪彩者时，必须尊重对方个人意见，切勿勉强。数人同时担任剪彩者时，应分别告知每位剪彩者届时他将与何人共同担任，这样做是对剪彩者的一种尊重。必要时可以在仪式前告知剪彩者们有关注意事项，并稍事训练。

剪彩者要有荣誉感和责任感。衣着要大方、整洁、挺括，仪容要适当修饰，精神要饱满，给人以稳健、干练的印象。按照常规，剪彩者应衣着套装、套裙或制服，将头发梳理整齐，不允许戴帽子或者戴墨镜，也不允许穿着便装。

（二）助剪者

助剪者指的是在剪彩仪式中，为剪彩者和来宾提供服务的工作人员。多由东道主一方的女职员担任或是邀请几位专业的人士。现在，称之为礼仪小姐。具体而言，在剪彩仪式上服务的礼仪小姐可分为迎宾者、引导者、服务者、拉彩者、捧花者、托盘者。

1. 迎宾者的任务，是在活动现场负责迎来送往。
2. 引导者的任务，是在进行剪彩时负责带领剪彩者登台或退场。
3. 服务者的任务，是为来宾尤其是剪彩者提供饮料，安排休息之处。
4. 拉彩者的任务，是在剪彩时展开、拉直红色缎带。
5. 捧花者的任务，是在剪彩时手托花团。
6. 托盘者的任务，是为剪彩者提供剪刀、手套等剪彩用品。

助剪人的人数在一般情况下遵守以下原则：

1. 迎宾者与服务者应不止一人。
2. 引导者既可以是一个人，也可以为每位剪彩者各配一名。
3. 拉彩者通常应为两人。
4. 捧花者的人数则需要视花团的具体数目而定，一般应为一花一人。
5. 托盘者可以为一人，亦可以为每位剪彩者各配一人。

有时，礼仪小姐亦可身兼数职。

礼仪小姐的基本条件是，相貌较好、身材颀长、年轻健康、气质高雅、音色甜美、反应敏捷、机智灵活、善于交际。其最佳装束应为：化淡妆、盘起头发，穿款式、面料、色彩统一的单色旗袍，配肉色连裤丝袜、黑色高跟皮鞋。除戒指、耳环或耳钉外，不佩戴其他任何首饰。有时，礼仪小姐身穿深色或单色的套裙亦可。但是，她们的穿着打扮必须尽可能地整齐划一。必要时，可向外单位临时聘请礼仪小姐。

三、剪彩过程

剪彩仪式以短为佳。短则15分钟，最长1小时。按照惯例，剪彩既可以作为开业仪式中的一项具体程序，也可以独立出来，由其自身的一系列程序组成。独立而行的剪彩仪式，通常应包含如下六项基本程序：

（一）请来宾入座

在剪彩仪式上，一般只安排剪彩者、来宾和本单位主要负责人的座位。一般情况下，剪彩者应就座于前排。若多人剪彩时，应按剪彩时的顺序就座。

（二）仪式正式开始

主持人宣布剪彩仪式开始，乐队演奏音乐，现场可燃放鞭炮（有的地方禁止燃放烟花爆竹则免），全体到场者热烈鼓掌。此后，主持人应向全体到场者介绍到场的重要来宾，包括各级政府领导、社会知名人士、同行的杰出代表等，同时向他们表示感谢。

（三）奏国歌

奏国歌时，全体人员必须起立并脱帽。

（四）进行简短发言

首先，安排主办方代表发言。发言内容以介绍此次活动的意义和目的为主，并对有关事宜进行通报和汇报。然后安排来宾代表发言，依次顺序可为上级主管部门的代表、地方政府的代表、合作单位的代表等。这种发言应言简意赅，充满热情，一般不超过三分钟。

（五）进行剪彩

1. 礼仪员应排成一行率先登场，可从两侧同时登台，或是从右侧登台均可。

2. 登台后，拉彩员与捧花员应当站成一行，拉彩员处于两端拉直红色缎带，捧花员各自双手手捧一朵花团。托盘员需站立在拉彩员与捧花员身后一米左右，并且自成一行。

3. 在剪彩员登台时，引导员应在其左前方进行引导，使之各就各位。剪彩者登台时，宜从右侧出场。

4. 当剪彩员均已到达既定位置之后，托盘员应前行一步，到达剪彩员的左后侧，以便为其递上剪刀、手套。

5. 剪彩员不止一人时，则其登台时也应列成一行，并且使主剪者行进在前。

6. 在正式剪彩时，剪彩员应首先向拉彩员、捧花员示意，待其有所准备后，右手持剪刀，表情庄重地将红色缎带一刀剪断。

7. 花团应准确无误地落入托盘员手中的托盘里，切勿使之坠地。为此，需要捧花员与托盘员的合作。

8. 多名剪彩者同时剪彩时，其他剪彩者应注意主剪者的动作，与其主动协调一致，力争大家同时将红色缎带剪断。

9. 剪彩者完成之后应鼓掌庆祝。接下来，可依次与主人握手祝贺，并列队在引导者的引导下退场。

10. 退场时，一般宜从右侧下台。剪彩者退场后，其他礼仪小姐方可列队由右侧退场。

（六）进行参观或聚会

剪彩后，主人陪同来宾参观，剪彩仪式至此宣告结束。随后主办单位可向来宾赠送纪念品，或举行小型答谢宴会向来宾表示感谢。

第四节　交接仪式礼仪

交接仪式，在商界一般是指施工单位依照合同将已经建设、安装完成的工程项目或大型设备，例如厂房、商厦、宾馆、办公楼、机场、码头、车站，或飞机、轮船、火车、机械、物资等，经验收合格后正式移交给使用单位之时，所专门举行的庆祝典礼。

举行交接仪式的重要意义在于：它既是商务伙伴们对于所进行过的成功合作的庆贺，是对给予过自己关怀、支持、帮助和理解的社会各界的答谢，又是接收单位与施工、安装单位巧妙地利用时机，为各方各自提高知名度、美誉度、认同度而进行的一种公共宣传活动。

一、准备工作

准备交接仪式，主要关注下列三件事：来宾邀请、现场布置、物品预备。

（一）来宾邀请

来宾的约请，通常应由交接仪式的主办方，即施工、安装单位负责。在具体拟定来宾名单的过程中，安装、施工单位也可以主动征求自己的合作伙伴、接收单位的意见。接收单位对于安装、施工单位所拟定的名单不宜过于挑剔。

一般来说，交接仪式的出席人员包括施工、安装单位的人员，接收单位的有关人员、上级主管部门的有关人员，当地政府的一些官员，行业组织、社会团体重要人士，各界知名人士、媒体人士以及协作单位的有关人员，等等。

在上述人员中，除施工、安装单位的有关人员之外，其他所有人员均应提前送达或寄达正式的书面邀请，以示对对方的尊重之意。

（二）现场布置

在选择交接仪式的现场时，通常应视交接仪式的重要程度、全体出席者的具体人数、交接仪式的具体程序与内容等几个方面的因素综合而定。一般来说，可将交接仪式的举行地点安排在已建设、安装完成并验收合格的工程项目或大型设备所在地的现场。有时亦可将其酌情安排在主办方单位本部的会议厅，或者由施工、安装单位与接收单位双方共同认可的其他场所，如酒店的多功能厅等。

在交接仪式的会场，如果没有专门的主席台，可以视情况而定临时搭建一处主席台。如果条件允许的话，还可以在上面铺上一块红地毯。安排足够的座椅供出席来宾使用，在主席台上空，应悬挂一条红色巨型横幅，上面应写明交接仪式的具体名称，如"某某工程项目交接仪式"，或"热烈庆祝某某建筑正式投入使用"等。

在举行交接仪式的现场四周，尤其是在正门入口之处、干道两侧、交接物四周，可酌情悬挂一定数量的彩带、彩旗、彩球，并放置一些色泽艳丽、花朵硕大的盆花，用以美化环境。

来宾所赠送花篮较多的情况下，按照约定俗成的顺序，"先来后到""不排名次"等，将其呈一列摆放在主席台正前方，或是分成两行摆放在现场入口处门外两侧。

（三）物品预备

由主办方提前准备在交接仪式上作为交接象征的有关物品，如验收文件、有关表格、钥匙等。验收文件是指已经公证的由交接双方正式签署的证明性文件；有关表格是指交付给接收单位的全部物资、设备或其他物品的名称、数量的明细表；钥匙则是指用来开启被交接的建筑物或机械设备的钥匙。除此之外，主办方应为来宾准备一些纪念品，如被交接的工程项目、大型设备的微缩模型，或以其为主角的画册、明信片、纪念章、领带针、钥匙扣等。

二、参加人员的要求

在参加交接仪式时，不论是主办方一方还是来宾一方，都存在一个表现是否得体的问题。假如有人在仪式上表现失当，往往就会使之黯然失色。有时，甚至还会因此而影响到有关各方的相互关系。

（一）主办方

1. 注重仪表整洁

主办方一方参加交接仪式的人员是本单位的形象代表，必须要求他们妆容规范、服饰得体、举止有方。

2. 注重保持风度

在交接仪式举行期间，不允许主办方一方的人员东游西逛、交头接耳、打打闹闹。在为发言者鼓掌时，不允许厚此薄彼。当来宾为自己道喜时，喜形于色无可厚非，但切勿嚣张放肆、自得忘形。

3. 注重待人友好

不管自己是否专门负责接待、陪同或解说工作，主办方一方的全体人员都应当自觉地树立起主人翁意识。一旦来宾提出问题或需要帮助时，都要鼎力相助。不能出现一问三不知、借故推脱、拒绝帮忙，甚至胡言乱语、大说风凉话的现象。即使自己力不能及，也要向对方说明原因，并且及时向有关方面进行反映。

（二）来宾

1. 致以祝贺

接到正式邀请后，被邀请者即应尽早以单位或个人的名义发出贺电或贺信，向主办方表示热烈祝贺。有时，被邀请者在出席交接仪式时，将贺电或贺信面交主办方也是可行的。不仅如此，被邀请者在参加仪式时，还须郑重其事地与主办方一方的主要负责人一一握手，再次口头道贺。

2. 略备贺礼

为表示祝贺之意，可向主办方赠送一些贺礼，如花篮、牌匾、贺幛等等。时下，以赠予花篮最为流行。它一般需要在花店订制，用各色鲜花插装而成，并且应在其两侧悬挂特制的红色缎带，右边书写祝贺之语，左边书写本单位的全称。它可由花店代为先送达，亦可由来宾在抵达现场时面交主人。

3. 预备贺词

假若自己与主办方关系密切，则还须提前预备一份书面贺词，以备邀请发言时之用。其内容应当简明扼要，主要是为了向主办方一方道喜祝贺。

4. 准点到场

若无特殊原因，接到邀请后，务必正点抵达。若不能出席，则应尽早通知主办方，以防在仪式举行时因人员缺席而使主人难以开展工作。

三、交接程序

主办方在拟定交接仪式的具体程序时，必须注意：其一，在大的方面参照惯例执行，尽量不要标新立异；其二，必须实事求是，量力而行，在具体的细节上不必事事贪大求全；其三，交接仪式宜短不宜长，具体程序上讲究少而精。在正常情况下，每一次交接仪式所用的时间，大体上不应当超过一个小时。

具体来说，交接仪式有下述五项基本程序。

（一）交接仪式正式开始

主持人宣布交接仪式正式开始，此刻，全体与会者应热烈鼓掌，以表达对主办方的祝贺之意。

（二）奏国歌

全体起立，升国旗，奏国歌，亦可随之演奏主办方单位的标志性歌曲。

（三）正式交接

由施工、安装单位与接收单位正式进行有关工程项目或大型设备的交接。具体的做法，主要是由施工、安装单位的代表，将有关工程项目、大型设备的验收文件、一览表或者钥匙等等象征性物品，正式递交给接收单位的代表。此时，双方应面带微笑双手递交、接收有关物品。在此之后，还应热烈握手。

至此，标志着有关的工程项目或大型设备已经被正式地移交给了接收单位。假如条件允许，在该项程序进行的过程之中，可在现场演奏或播放节奏欢快的喜庆性歌曲。

在有些情况下，为了进一步营造出热烈而隆重的气氛，这一程序亦可由上级主管部门或地方政府的负责人为有关的工程项目、大型设备的启用以剪彩仪式所取代。

（四）各方代表发言

在交接仪式上，须由有关各方的代表进行发言。他们依次应为：施工、安装单位的代表，接收单位的代表，来宾的代表。发言通常宜短忌长，只需要点到头止的寥寥数语即可。原则上来讲，每个人的发言应以三分钟为限。

（五）交接仪式结束

宣告交接仪式正式结束。全体与会者报以热烈的掌声以示祝贺，随后安排来宾参观有关的工程项目或大型设备。参观时，东道主应安排经验丰富的陪同或解说人员进行详细介绍，以加深来宾对工程项目或大型设备的了解和认识。

若是出于某种原因，不便邀请来宾进行现场参观，也可以通过组织来宾参观有关的照片展览或向其发放宣传资料的方式来满足来宾的好奇心。

仪式结束后，若不安排参观活动，可为来宾安排一场文艺表演，以增添欢快轻松的气氛。

第五节　庆典仪式礼仪

庆典是各种庆祝仪式的统称。在商务活动中，商务人员参加庆祝仪式的机会是很多的，既有可能奉命为本单位组织一次庆祝仪式，也有可能应邀出席外单位的庆祝仪式。

一、庆典仪式的类型

在商界所举行的庆典仪式大致可以分为四种类型。

（一）成立周年庆典

通常，它都是逢五、逢十进行的。即在本单位成立五周年、十周年以及它们的倍数时进行。

（二）荣获某项荣誉的庆典

当单位本身荣获了某项荣誉称号的主打产品在国内外重大展评中获奖之后，这类庆典基本均会举行。

（三）取得重大业绩的庆典

例如千日无生产事故、生产某种产品的数量突破万台、经销某种产品的销售额达到亿元等，这些来之不易的成绩，往往都是要庆祝的。

（四）取得显著发展的庆典

当本单位建立集团、确定新的合作伙伴，兼并其他单位、分公司或连锁店不断发展时，自然都值得庆祝一番。

各类庆典仪式都有一个最大的特色，那就是要务实不务虚。任何理智、精明的商家都应借助庆典仪式增强本单位全体员工的凝聚力与荣誉感，并且使社会各界对本单位重新认识、刮目相看，塑造本单位形象，显示本单位实力，扩大影响力。

二、准备工作

庆典应当以庆祝为中心，以热烈、欢快、隆重为宗旨。宗旨应在具体内容的安排上得到体现。安排庆典时要考虑出席者名单、环境布置、来宾接待三个方面的内容。

（一）出席者名单

庆典的出席者通常应包括：上级领导（地方党政领导、上级主管部门）、社会知名人士、新闻记者、合作伙伴、社会关系单位、本单位员工等。

具体人员名单一旦确定，就应尽早发出邀请。鉴于出席庆典的人员较多，涉及面较广，故不到万不得已，不要将庆典取消、改期或延期。

（二）环境布置

举行仪式的现场是庆典活动的中心地点。它的安排、布置是否恰如其分，往往会直接影响到庆典的效果。商务人员在布置庆典现场时，应注意以下几个方面：

1. 地点的选择

在选择具体地点时，应结合庆典的规模、影响力以及本单位的实际情况来决定。

主办方的礼堂、会议厅，主办方厂区的内部或门前广场，以及外借的大厅等均可予以选择。不过在室外举行庆典时，切勿因地点选择不慎，从而制造噪声，妨碍交通或治安。

2. 环境美化

为了烘托出热烈、隆重、喜庆的气氛，可在现场张灯结彩，悬挂彩灯、彩带，张贴宣传标语，悬挂庆典具体内容的大型横幅。

3. 音响的准备

在举行庆典仪式之前，要准备好麦克风和传声设备，保证能正常使用。在庆典正式开始之前，可播放一些喜庆、欢快的乐曲，切勿让工作人员按照自己的喜好选择那些不够庄重的流行乐曲。

（三）来宾接待

与一般的商务接待活动相比，庆典仪式的接待工作更突出其礼仪特点。决定举行庆典后，应立即成立专门筹备组，其成员通常由各部门相关人员组成。筹备组还应下设若干专项小组，分管公关、礼宾、财务、会务等各方面工作。

庆典接待小组的成员应由年轻健康、形象良好、表达能力和应变能力较强的人员组成。其具体工作包括：

1. 来宾的迎送。在现场迎接或送别来宾。
2. 来宾的引导。专人负责带路，送到指定的地点。
3. 来宾的陪同。安排专人陪同，以便关心与照顾非常重要或年事已高的来宾。
4. 来宾的接待。指派专人提供各方面的帮助。

三、参加人员的要求

参加庆典时，各方代表和主办人员都要注意自己的举止和行为，要遵循一定的礼仪规范。

（一）仪容整洁

所有出席本单位庆典的人员都是单位的形象代表，应保持仪容整洁。

（二）服饰规范

有统一制服的单位，以制服作为本单位人员参加庆典的着装。无制服的单位，统一规定礼仪性服装。切忌在庄严隆重场合穿得太随意。男士应穿深色西服套装或中山装，配白衬衫、单色领带、黑皮鞋。女士应穿深色西服套装或西服套裙，配肉色长筒丝袜、黑色高跟鞋。

（三）遵守时间

参加庆典仪式的本单元员工不得迟到、无故缺席或中途退场。如果庆典的起止时间已作规定，则应当准时开始，准时结束。

（四）表情庄重

在举行庆典的整个过程中，升国旗、奏国歌、唱企业歌的时候，一定要起立、脱帽、立正，面向国旗或主席台行注目礼，并且认真、庄严地和大家一起唱国歌或企业歌。

（五）态度友好

遇到来宾时，要主动热情地问好。对来宾提出的问题，要立即给予答复。当来宾在庆典仪式上发言或进行参观时，要主动鼓掌表示感谢或欢迎。

（六）行为自律

在出席庆典仪式时，主办方人员不得在庆典仪式举行期间到处乱走、乱转，不要找周围的人说悄悄话、开玩笑，不要有意无意地做出对庆典毫无兴趣的举动。

四、庆典程序

庆典仪式的整个过程宜短不宜长，应在一小时内完成，但必须包括以下几个程序：

（一）正式开始

来宾就座安静后，主持人宣布庆典仪式正式开始，全体起立，升国旗，奏国歌，之后亦可演奏本单位或本企业歌曲。

（二）主办方致辞

主办方主要负责人致辞。内容包括介绍此次庆典的缘由，向来宾表示感谢等。

（三）来宾致贺词

出席庆典仪式的上级部门、协作单位以及社区关系单位，都要派代表讲话或致贺词。对外来的贺电、贺信等，不必一一宣读，但应公布其署名单位或个人。

（四）安排文艺演出

演出内容慎重选择，要符合庆典主旨。

（五）参观

邀请来宾进行参观，适当安排陪同该人员。

以上各项程序中，前三项必不可少，后两项可以酌情处理。

本章小结

仪式，准确地讲，通常是指人们在交际交往中，特别是在一些比较盛大、比较庄严、比较隆重、比较热烈的正式场合里，为了激发出席者的情感，或者是为了引起其重视，而郑重其事地参照合乎规范与惯例的程序，按部就班地举行的某种活动的具体形式。在商务交往之中，仪式经常发挥着难以被替代的重要功能。它可以树立商务人员所在单位的良好形象，可以培养商务人员所在单位全体成员的自信心、凝聚力、自豪感、归属感和集体荣誉感，可以借此机会引起社会各界对本单位的重视，并且使社会公众加深对本单位的了解。

签约仪式是指各方经过会谈、协商或谈判，达成了某项协议、协定，由各方正式代表在有关正式文本或合同上签字并产生法律效力，表达双方达成一致，共祝合作成功而举办的庄严而隆重的仪式。签字仪式是一种比较隆重的活动，其仪式规范比较严格。

开业仪式是指在单位建立、开业，项目落成、移交，以及举办某项活动之时，或是开始某项工作之时，为了表示纪念或庆贺，而按照一定的程序所举行的礼仪活动。有时，开业仪式亦可称为开业典礼。

剪彩仪式是指商界的有关单位为了庆贺公司的设立、企业的开工、宾馆的落成、商店的开张、银行的开业、大型建筑物的启用、道路或航线的开通、展销会或博览会的开幕等，而隆重举行的一项礼仪性程序。因其主要活动内容是邀请专人使用剪刀剪断被称为"彩"的红色缎带，故此被人们称为剪彩。

交接仪式，在商界一般是指施工单位依照合同将已经建设、安装完成的工程项目或大型设备，例如厂房、商厦、宾馆、办公楼、机场、码头、车站，或飞机、轮船、火车、机械、物资等，经验收合格后正式移交给使用单位之时所专门举行的庆祝典礼。

庆典是各种庆祝仪式的统称。在商务活动中，商务人员参加庆祝仪式的机会是很多的，既有可能奉命为本单位组织一次庆祝仪式，也有可能应邀出席外单位的庆祝仪式。它是以庆祝为中心，把每一项具体活动都积极组织得热烈、欢快而隆重。庆典的宗旨是塑造本单位的形象、展示本单位的实力、扩大本单位的影响。

练习题

一、单项选择

1. 签字仪式中,签署双边性合同时,应遵循(　　)原则。
   A. 右高左低　　　B. 左低右高　　　C. 中间为尊　　　D. 任意原则

2. 与英国合作伙伴签署合同时,应使用(　　)。
   A. 中文　　　　　B. 俄文　　　　　C. 英文　　　　　D. 中文、英文

3. 剪彩仪式无特殊情况下,最长不得超过(　　)。
   A. 30分钟　　　　B. 1小时　　　　C. 2小时　　　　D. 5小时

4. 主要活动内容是邀请专人使用剪刀剪断被称为"彩"的红色缎带的仪式属于(　　)。
   A. 签字仪式　　　B. 开业仪式　　　C. 剪彩仪式　　　D. 交接仪式

5. 以下关于交接仪式礼仪错误的是(　　)。
   A. 来宾的请柬应提前送达
   B. 主办方在仪式中要保持风度,不能交头接耳
   C. 主办方需要提前准备在交接仪式中作为交换象征的有关物品
   D. 来宾不能出席仪式现场可以不用通知主办方

二、多项选择

1. 剪彩仪式需要准备(　　)。
   A. 红色缎带　　　B. 新剪子　　　　C. 合同　　　　　D. 托盘

2. 以下属于开业仪式的是(　　)。
   A. 开工仪式　　　B. 破土仪式　　　C. 竣工仪式　　　D. 通车仪式

思考题

1. 签字仪式的座位安排有何讲究?
2. 开业仪式有哪些作用?
3. 剪彩者一般由什么人担当?
4. 商业活动中,为什么要举行各种仪式?

小组活动

1. 小组模拟签字仪式程序。
2. 小组模拟剪彩仪式程序。

案例分析

去年10月份时，恩卡公司与美国维斯公司经过多轮商谈，达成了合作意向，他们决定16日上午10点在云缘宾馆举行正式的签约仪式，准备由恩卡公司总经理秘书齐珊负责。由于齐珊最近工作比较忙，所以准备签约仪式的时间比较紧张。到了这天，她提前半个小时到了会场，突然发现合同文本忘在办公室了，她赶快请公司文员小李拿上合同，从后勤处要了一辆车火速赶往签约现场。幸好当天交通状况比较好，没有塞车，合同在会议开始前5分钟送到了，齐珊悬着的心终于落下了。可在主持人宣布签约仪式开始时，她发现自己忘记安排助签人了，所以她自己临时上阵担任助签人，而她的着装与签约仪式的气氛不是很协调，导致场面有些尴尬。

思考：

1. 齐珊有哪些地方出现了失误？
2. 签字仪式前应有哪些准备工作需要完成？

第九章　商务馈赠礼仪

学习目标

- 了解商务礼品的特征以及选择的注意事项
- 掌握馈赠六要素，熟悉馈赠应遵循的原则
- 了解接受与拒绝礼物的礼仪与方法
- 了解国际商务馈赠注意事项，熟悉各国馈赠礼仪与禁忌

关键词

馈赠　5W1H　拒礼有方　涉外礼品馈赠

引导案例

犯难的礼物

大华玻璃制造有限公司与美国某玻璃设备制造公司在厦门"9.8"洽谈会上经过商谈，达成合作办汽车挡风玻璃生产合资厂的初步意向。第二天，美方总经理将率团来中方考察并洽谈合作办厂事宜。美方总经理是个性格内向、做事严谨又难以接近的人。中方预先商讨决定在见面时先送给美方谈判代表每人一份礼品，给其一份惊喜，并以此为突破口，接近对方。王总特意交代公关部小李赶快挑选准备适宜的礼品。小李受命后，不由得犯起难来，他敲着脑壳，绞尽脑汁，冥思苦想；面对此情此景此人，挑什么样的礼物，才能合乎这古怪、呆板的美方总经理的心意，并且还得给他一份惊喜，真是难哪……还是先查找资料吧。先详细了解他们每个人的经历和喜好，再对号入座挑选适合美国人心意且不犯禁忌，又能给其惊喜的礼品。

> **案例分析**
>
> 商务活动中馈赠礼品,是为了向对方示好、联络感情,从而达到增进合作的目的。送礼受时间、环境、风俗习惯的制约;送礼还因对象、因目的而不同。因此,送礼一定要挑选适合受礼者心意的礼品,以合适的缘由并在恰当的时机,按合乎礼仪规范的方式送给对方,使对方能感受到企业馈赠的一片心意,并喜欢企业所送的礼物。

第一节 概述

在交际过程中相互馈赠礼物,是人类社会生活中不可缺少的交往内容。中国人一向崇尚"礼尚往来"。《礼记·曲礼上》说:"礼尚往来,往而不来,非礼也,来而不往,亦非礼也"。送礼是普遍存在的社会现象,它存在于人类社会的各个时期、各个地区。一件理想的礼品对赠送者和接受者来说都能表达出某种特殊的愿望,传递出某种特殊的信息。商务往来中,企业往往要通过馈赠来达到合作的目的或表达感谢,馈赠成为必不可少的一个环节。因此,对于商务人员而言,注意礼品馈赠的礼仪,什么时候送,赠送什么以及采用什么样的包装都是非常讲究的。

一、馈赠的含义

馈赠是人们在交往过程中通过赠送给交往对象礼物来表达对对方的尊重、敬意、友谊、纪念、祝贺、感谢、慰问、哀悼等情感与意愿的一种交际行为。

馈赠作为一种非语言的重要交际方式,是以物的形式出现,以物表情,礼载于物,起到寄情言意的"无声胜有声"的作用。得体的馈赠,恰似无声的使者,给交际活动锦上添花,给人们之间的感情和友谊注入新的活力。

二、馈赠礼仪六要素

馈赠礼仪的六要素是指:送给谁(Who),为什么送(Why),送什么(What),何时送(When),在什么场合送(Where),如何送(How)。也就是馈赠礼物时要考虑馈赠对象、馈赠目的、馈赠时机、馈赠场合、馈赠方式,亦简称馈赠的"5W1H"原则。从馈赠礼仪的六要素来进行人际交往中的馈赠,才能做到符合礼仪规范,不闹笑话。

（一）馈赠对象

馈赠对象即馈赠客体，是赠物的接受者。

馈赠时要考虑到馈赠对象的性别、年龄、职位、身份、性格、喜好、数量等因素。根据馈赠对象确定馈赠内容，安排馈赠时机，选择馈赠方式，方能达到馈赠效果。

比如：馈赠的对象是孩子，则选择的馈赠之物既可以是有意义的赠言，也可以是他们喜爱的学习用品、玩具等。又如，馈赠的对象是儒雅之士，则可以选择香薰作为礼物，并附上祝福纸条。俗话说："授人玫瑰，手有余香。"。再如，"折柳相送"也常为文人津津乐道，因为柳的寓意有三：一为表示挽"留"；二因柳枝在风中飘动的样子如人惜别的心绪；三为祝愿友人如柳能随遇而安。

馈赠时，先对馈赠对象进行一番分析，是十分重要的。

（二）馈赠目的

馈赠目的即馈赠动机。任何馈赠都是有目的的，或为表达友谊，或为祝福庆贺，或为酬宾谢客，或为慰问哀悼。

馈赠动机应高尚，以表达情谊为宜。例如，一份小小的伴手礼，却代表了送礼者的心意，可谓礼轻情意重。现在，伴手礼已不只是着重于联系情感的一份随手小礼物，而成为商业行销各地名品及特产的专有名词，也为需要携带伴手礼的人提供了现成的礼品。

（三）馈赠内容

馈赠内容即馈赠物，是情感的象征或媒介，包括赠物和赠言两大类。

赠言有多种形式，如书面留言、口头赠言、临别赠言、毕业留言等。

赠物时，应考虑赠物的种类、价值的大小、档次的高低、包装的式样、蕴含的情意等因素。如送女士礼物，可考虑香水、巧克力、糖果、胸针、耳环、项链、手表等。送男主礼物要投其所好，香烟、酒类、手表等等都是不错的选择。送年长者，要考虑到习俗和禁忌等因素，中国人比较忌讳"送钟"（音同"送终"）、送伞（音同"散"）、送扇子、送手帕等。红色代表喜气，年长者的礼物宜采用偏红、粉红系列的包装材料。若是涉外商务交往，第一次见面礼，以国家代表性的礼物为主。

（四）馈赠时机

馈赠时机即馈赠的具体时间和情势，主要应根据馈赠主客体的关系和馈赠形式来把握。

可以选择在双方一见面时，也可以选择在双方即将结束会谈告别时，还可以选择在双方谈兴正浓，都很愉悦时。无论选择什么时刻，馈赠都应该起到锦上添花的效果。

馈赠时机贵在事由和情感及其他需要的程度，"门可罗雀"时和"门庭若市"

时，人们对馈赠的感受会有天壤之别。所以，对于处境困难者的馈赠，其所表达的情感就更显真挚和高尚。

中国人素来推崇的"雨中送伞""雪中送炭"，即馈赠时一定要注意馈赠时机的选择，因为只有在最需要时得到的才是最珍贵的、最难忘的。

（五）馈赠场合

馈赠场合即馈赠的具体地点和环境，主要应区分公务场合与私人场合，根据馈赠的内容和形式来选择适当的场合。

一般而言，公务会谈，公务馈赠，宜选择公务场合，甚至有时会有合影以作为日后资料整理、新闻宣传的需要；而私人场合则显得随意得多，至于要不要在馈赠场合就立刻当着别人的面打开包装，应当因人而异、因地而异、因事而异。

（六）馈赠方式

馈赠方式主要有亲自当面赠送、委托转送、邮寄赠送等。毫无疑问，亲自赠送是最能体现馈赠的规格。

1. 当面赠送

这是最庄重的一种方式。当面赠送，可以充分表达赠送的用意。有时还可以介绍礼品寓意，演示礼品的用法，令赠送礼仪得以淋漓尽致地发挥，也使受礼者感受到馈赠者的良苦用心。

当面赠送礼品时要注意以下几点。

（1）赠礼应有顺序，从地位高的人开始逐级赠送，同级的人员应先赠女士，后赠男士；先赠年长者，后赠年少者。

（2）赠送时应双手奉礼，或者以右手呈递，避免使用左手。

（3）赠送礼品时，要附有祝愿的话语，或表明赠礼目的及对礼品进行说明。

2. 邮寄赠送

这是异地馈赠的方式。由于身处异地，无法当面赠送，通过邮寄及时赠送，弥补无法面送的缺憾。这种方式克服了"过期失效"的不足，保证礼品及时送上，尽快发挥功能。

3. 委托赠送

由于赠送人在外地，或者不宜当面赠送，就可以选择委托赠送。委托赠送可以采取请人代转或专门的礼仪公司专人递送等方式。

三、商务礼品馈赠的原则

商务礼品馈赠要突出礼品的纪念性，要体现礼品的民族性，要有针对性，要重视礼品的文化差异性，具体有以下四个原则。

（一）轻重得当

馈赠礼品轻重得当，一是考虑环境条件要适宜，二是考虑送礼和受礼人之间的关系。

通常情况下，礼品的贵贱厚薄，往往是衡量交往人的诚意和情感程度的重要标志。在社交场合中，礼品的轻重不适可能会影响送礼者和受礼者之间的关系。然而礼品的贵贱厚薄与其物质的价值含量并不总成正比。因为礼物是言情、寄意、表礼的，它仅仅是人们情感的寄托物，人情无价而物有价，有价的物只能寓情于其身，而无法等同于情。

礼仪小故事

"千里送鹅毛，礼轻情意重"的由来

唐朝贞观年间，回纥国是大唐的藩国，一次，回纥国为了表示对大唐的友好，便派使者缅伯高带了一批珍奇异宝去拜见唐太宗。在这批贡物中，最珍贵的要数一只罕见的珍禽——白天鹅。

缅伯高最担心的也是这只白天鹅，万一有个三长两短，可怎么向国王交代呢？所以，一路上，他亲自喂水喂食，一刻也不敢怠慢。这天，缅伯高来到沔阳河边，只见白天鹅伸长脖子，张着嘴巴，吃力地喘息着，缅伯高心中不忍，便打开笼子，把白天鹅带到水边让它喝了个痛快。谁知白天鹅喝足了水，一扇翅膀，"扑喇喇"一声飞上了天！缅伯高向前一扑，只拔下几根羽毛，却没能抓住白天鹅，眼睁睁看着它飞得无影无踪，一时间，缅伯高捧着几根雪白的鹅毛直愣愣地发呆，脑子里来来回回地想着一个问题：怎么办？进贡吗？拿什么去见唐太宗呢？回去吗？又怎敢去见回纥国王呢！思前想后，缅伯高决定继续东行，他拿出一块洁白的绸子，小心翼翼地把鹅毛包好，又在绸子上题了一首诗："天鹅贡唐朝，山重路更遥。沔阳河失宝，回纥情难抛。上奉唐天子，请罪缅伯高，礼轻情意重，千里送鹅毛！"

唐太宗接了礼，看了诗，不仅没有怪罪缅伯高，还领了他的情。并回送了一些中原的土特产。缅伯高完成了护送贡品的任务，高高兴兴地回去交了差。从此，人们自谦礼物轻而情意重，就用"千里送鹅毛，礼轻情意重"来比喻，使之成为一句俗语相传至今。

商务场合，礼物宜薄宜精，避免有行贿嫌疑。

（二）时机适宜

选时择机，时不我待。就馈赠的时机而言，及时、适宜是最重要的。要注意把握好馈赠的时机，包括时间的选择和机会的择定。超前滞后都达不到馈赠的目的，机会贵在事由和情感及其需要的程度。

（三）注重效用

同一切物品一样，当礼以物的形式出现时，礼物本身也就具有了价值和实用价值。就礼品本身的实用价值而言，人们经济状况不同、文化程度不同、追求不同，对于礼品的实用性要求也就不同。一般说来，物质生活水平的高低，决定了人们在精神追求上的不同，在物质生活较为贫寒时，人们多倾向选择实用性的礼品，如食品、水果、衣料、现金等；在生活水平较高时，人们则倾向于选择艺术欣赏价值较高、趣味性较强、具有思想性、纪念性的物品为礼品。因此，应根据受礼者的物质生活水平，有针对性地选择礼品。

（四）投好避忌

就礼品本身所引发的直接后果而言，由于民族、生活习惯、生活经历、宗教信仰以及性格爱好的不同，不同的人对同一礼品的态度是不同的。因此，要把握住投其所好、避其禁忌的原则。在这里尤其强调要避其禁忌。馈赠前一定要了解受礼者的喜好，尤其是禁忌。

禁忌通常有两类。第一类由受礼者个人原因造成。比如，向一位刚刚丧偶的中年男士赠送情侣表、情侣帽，会让对方不愉快；第二类是因风俗习惯、宗教信仰、文化背景以及职业道德等形成的公共禁忌，尤其向外国人、外地人赠送礼品时，不能忽视此项。

一般来说，在国内、国际正式社交活动中因公赠礼时，不允许选择以下几类物品作为正式赠予交往对象的礼品：一是现金、信用卡、有价证券；二是价格过于昂贵的奢侈品；三是烟、酒等不合时尚、不利于健康的物品；四是易使人产生误解的物品；五是触犯受赠对象禁忌的物品。

> **知识链接**
>
> **"八不送"**
>
> 第一，不送现金、信用卡和有价证券。
>
> 第二，不送价格过高的奢侈品。
>
> 第三，不送不合时尚、不利健康之物。
>
> 第四，不送易使异性产生误解之物。
>
> 第五，不送触犯受赠对象个人禁忌之物。
>
> 第六，不送涉及国家机密之物。
>
> 第七，不送其他有违国家法律、法规之物。
>
> 第八，不送不道德的物品。

第二节 受赠予拒收礼仪

一、礼物的接受

在接受别人赠送礼物时，应当注意自己的行为，不能失礼于人。一般来说，可从以下几个方面着手。

（一）从容接受礼物

在接受对方赠送的礼物时，应落落大方地去接受。一般情况下，不需过分推让，大方地、愉悦地接受礼物并适当对礼品表示赞赏、表示喜欢是对送礼者最好的回赠和安慰。不要过于推辞，没完没了地说："受之有愧，受之有愧！"以免伤害送礼者的感情。

即便送的礼物不合意，也应有礼貌地加以感谢。对不能接受的礼品，要向送礼者说明原因，婉言相拒；对能接受的礼品，应接受，没必要半推半就。只要不是贿赂性礼品，一般最好不要拒收，那会很驳赠礼人面子，可以寻找机会适时回礼。

受赠人接受礼物时应双手接礼，然后用右手与对方握手并表谢意。有些国家的人在接受礼品时有推辞的习惯，但这只是一种礼节，并不代表拒绝。

（二）视情况当面打开礼物

中国的传统是不当面打开礼物，特别是在比较传统的地方更要注意。但在现代社交活动中，特别是年轻人之间，在接过他人相赠的礼品之后，应当尽可能地当着对方的面将礼品包装拆封。这表示自己看重对方，同时也很看重获赠的礼品。在启封时，动作要井然有序、舒缓文明，不要乱扯、乱撕、乱丢包装，此时，撕破包装纸被认为是粗鲁的举止。

当面打开包装欣赏礼品，还可同时请赠礼人介绍礼品功能、特性、使用方法等，以示对礼品的喜爱。与此同时，应赞美礼品的精致、优雅或实用，夸奖赠礼者的周到和细致，并伴有感谢之辞（按中国传统习惯，是表明谦恭态度的感谢之词）。比如，可将他人所送的鲜花捧起来闻闻花香，随后再将其装入花瓶，并置于醒目之处。

礼物是否当面打开要看赠予人的习惯、赠予人的目的和具体的环境。

（三）要让对方感受到愉悦

受赠人可选择使用一些悦耳的话或者是令人开心的话来表达自己的喜悦之感。可以参考以下三种方式。

（1）可以感谢送礼人所花费的心血，如："感谢你送我这么用心的礼物。"

（2）可以感谢对方为买到合适的礼品所付出的努力，如："你竟然还记得我集邮。"

（3）如果受赠人确实喜欢某件礼物，那就明确地告诉对方。

（四）表达谢意

收到礼物后一定要以书面或其他郑重的方式表示感谢。可通过写感谢信来表达谢意。如果礼物是托人赠送或寄送来的，可通过电话、信函等方式表示谢意。不要在人前炫耀礼品是谁送的，要保持低调，别人问时可以讲出来。礼品没有很特殊的原因不要转赠他人，这是很不礼貌的行为，如果被赠送礼品的人知道，可能会影响你们之间的关系和合作。

二、礼物的拒收

一般情况下，不论你怎样看待送你的这份礼品，最好表示谢意并接受它。当然，有时候有必要拒收礼品。这可能是由于礼品的价格超过了相关规定的限度，也可能是不便接受该礼品。在拒绝对方所赠送的礼品时，应注意以下几个问题。

（一）24小时内作出反应

确定拒收的礼品，应该快速高效地退回，一般情况下要在24小时之内做出反应。

1. 对待善意赠品的处理

如果送礼人是善意的，应向他解释一下将礼品退回的原因，如个人禁忌、相关规定等，并对他表示感谢。

善意的送礼人可能是诚心诚意地想挑选一份你喜欢的礼物，却对你个人的禁忌或相关的禁令不了解，比如不知道你对海鲜严重过敏。你并不想因为拒收礼品而让对方难堪，可以很有礼貌地收下礼物，然后将它谨慎地处理掉；或者你可以善意地告知对方："你真是太好了。我对海鲜过敏，不过我的家人会喜欢的"。

如果你需要将礼品退回，可以给送礼人写下这样的回信："感谢你的盛情。不过，由于相关规定不允许我接受这件礼物，我只好将它退还给你。"

2. 对有隐含条件礼品的处理

如果送礼人不怀好意，比如隐含附加条件等，则只需告诉对方礼品不合适。为了自我保护，要把退还礼品时写的信复印一份保存，并注明退还礼品的日期以及退还方式。退礼信可以这样写："我只想让你知道这件礼物超出了相关规定。"

（二）拒礼有方

拒收礼物时也应当选择合适的方式方法，避免失礼于人。拒礼可参考以下三种方法：

1. 婉言相告法

受赠人应该采用委婉的、不失礼貌的语言，向赠送者暗示自己难以接受对方的礼品。比如，当对方向自己赠送手机作为生日礼物时，可告知，"我已经有一台了，谢谢。"当一位男士送舞票给女士时，而女方打算回绝时，可以这么说，"今晚我男朋友也要请我跳舞，而且我们已经有约在先了。"

2. 直言缘由法

直截了当而又所言不虚地向赠送者说明自己之所以难以接受礼品的原因。在商务交往中拒绝礼品时，此法尤其适用。比如，拒绝别人所赠的大额现金时，可以讲："我们有规定，接受现金馈赠一律按受贿处理。"如果是比较贵重的礼品，可以说："按照有关规定，您送我的这件东西必须登记上缴，您还是别破费了，事情能办我会尽力的。"

3. 事后归还法

有时，拒绝他人所送的礼品，若是在大庭广众之下进行，往往会使受赠者有口难张，使赠送者尴尬异常。遇到这种情况，可采用事后退还法加以处理。但是一定要注意别破坏包装，如果其中包括一些易坏的食品，就别往回送了，买点新鲜的送回去，或者以价值相当的礼品回赠。但要注意的是，事后归还应该在当天把礼物送回去，不要拖得太久。

第三节　国际商务馈赠

一、国际商务馈赠注意事项

随着中国与世界的接触越来越频繁，与外国友人交往，馈赠礼物的场合也越来越多。但由于文化上的差异，不同历史、民族、社会、宗教的影响，使得在馈赠问题上的观念、喜好和禁忌有所不同。只有把握好这些尺度，在交往馈赠活动中才能达到目的。国际商务馈赠应注意以下几个方面：

（一）注意对方的习俗和文化背景

馈赠礼品，首先要注意对方的习俗和文化背景。由于外宾所属国家、地区间有较大的差异，文化背景各不相同，爱好和要求必然存在差别。

（二）考虑对方的喜好情况

馈赠礼品，要考虑到外国朋友对中国特色产品的喜欢情况，据了解，外国朋友大都喜欢我国如下礼品：景泰蓝制品、玉佩、绣品、国画、书法、瓷器、紫砂茶具、竹制工艺品、汉字纸扇等。

（三）考虑数量问题

赠送礼品还要讲究数量，在我国一向以双数为吉祥，而在日本则以单数表示吉利；西方国家通常忌讳"13"这个数。因此，无论送水果或其他数量较多的礼物时都应注意这点。

（四）注意时机和场合

赠送礼品还要注意时机和场合，一般情况下，各国都有初交不送礼的习惯，此外，英国人多在晚餐或参加完活动之后乘兴赠送礼品，法国人喜欢下次重逢时送礼品；我国则以在离别前赠送纪念品较为自然，如果为了引起对方惊喜之情，亦可于飞机即将起飞或火车即将开动之时赠送礼品，当然，这一般适用于特别熟悉的朋友之间。

二、不同国家的馈赠礼仪

（一）亚洲国家的馈赠礼仪

亚洲国家虽然因社会、民族、宗教的情况有很大不同，但在馈赠方面却有很多相似之处。

1. 形式重于内容

对亚洲国家人士的馈赠，名牌商品或具有民族特色的手工艺品是上好的礼品。至于礼品的实用性，则屈居知识性和艺术性之后，尤其是日本人和阿拉伯人，非常重视礼品的牌子和外在包装。

2. 崇尚礼尚往来，而且更愿意以自己的慷慨大方表示对他人的恭敬

在亚洲，无论哪个国家，人们都认为来而不往是有失尊严的，这涉及自身形象。因此，一般人都倾向于先送礼品予他人。而且，收到礼品，在回礼时则常在礼品的内在价值、外在包装上下功夫，以呈现自己的慷慨和对他人的恭敬。

3. 讲究馈赠对象的具体指向性

选择和馈赠礼品时十分注意馈赠对象的具体指向性，这是亚洲人的特点。一般说来，送给老人和孩子礼品常常是令人高兴的，无论送什么，人们都乐于接受。但若是送他人妻子礼品，则需考虑交往双方的关系及对方的忌讳，如阿拉伯人最忌讳对其妻子赠送礼品，这被认为是对其隐私的侵犯和对其人格的侮辱。

4. 忌讳颇多

亚洲不同国家对礼品数字、颜色、图案等有诸多忌讳，如阿拉伯人忌讳动物图案，特别是猪等图案的物品，而日本人则忌讳狐狸和獾等图案。

（二）西方国家的馈赠

西方国家与东方国家不同，在礼品的选择喜好等方面没有太多讲究，其礼品多姿多彩。

1. 实用的内容加漂亮的形式

西方人对礼品更倾向于实用，一束鲜花、一瓶好酒、一盒巧克力、一块手表、甚至一同游览、参观等，都是上佳的礼品。当然，如果再讲究礼品的牌子和包装就更好了。

2. 共享礼品带来的欢快

西方人馈赠时，受赠人常常当着赠礼人的面打开包装并表示赞美后，邀赠礼人一同享受或欣赏礼品。

3. 讲究赠礼的时机

一般情况下，西方人赠礼常在社交活动即将结束时，即在社交已有成果时方才赠礼，以避免行受贿之嫌。

4. 忌讳较少

除忌讳"13"和"星期五"这个灾难之数和在一些特殊场合礼品的种类颜色等有一定讲究外，大多数西方国家在礼品上的忌讳是比较少的。

（三）拉丁美洲国家的馈赠

在拉丁美洲国家，黑和紫是忌讳的颜色，这两种颜色使人联想到四旬斋。刀、剑应排除在礼品之外，因为它们暗示友情的完结。手帕也不能作为礼品，因为它与眼泪是联系在一起的。可送些小型家用电器，例如一只小小的烤面包炉。在拉美国家，征税很高的物品极受欢迎——只要不是奢侈品。

三、不同国家馈赠的具体操作

（一）给美国人送礼

美国人很讲究实用，故一瓶上好的葡萄酒或烈性酒，一件高雅的名牌礼物，一起在城里共度良宵，都是合适的。与其他欧洲国家一样，给美国人送礼应选择在此次交往结束时。

高雅的名牌礼物他们也很喜欢，送一些具有浓厚乡土气息或别致精巧的工艺品，可以满足美国人的猎奇心理。

（二）给英国人送礼

如果要赠予英国人礼品应尽量避免感情的外露。因此，可选择鲜花，小工艺品、巧克力或名酒等礼品，由于花费不多就不会被误认为是一种贿赂行为。但是英国人十分忌讳被视为死亡象征的百合花和菊花，在选择鲜花时需要注意。合宜的送礼时机应定在晚上，如请人在高档饭馆用完晚餐或剧院看完戏之后。英国人也像其他大多数欧洲人一样喜欢高级巧克力、名酒和鲜花。对于饰有客人所属公司标记的礼品，他们大多数并不欣赏，除非主人对这种礼品事前有周密的考虑。

（三）给德国人送礼

德国人喜欢价格适中，典雅别致且包装精美的礼物。

"礼貌是至关重要的"，故此赠送礼品的适当与否要悉心注意，包装更要尽善尽美。玫瑰是为情人准备的，绝不能送给主人。德国人喜欢应邀郊游，但主人在出发前必须作好细致周密的安排。

（四）给法国人送礼

法国人最讨厌初次见面就送礼，一般在第二次见面时才送，礼品应该表达出对他智慧的赞美，但不要显得过于亲密。法国人很浪漫，喜欢知识性、艺术性的礼物，如画片、艺术相册或小工艺品。应邀到法国人家里用餐时，应带上几枝不加捆扎的鲜花。但菊花是不能随便赠送的，在法国只是在葬礼上才用菊花。

（五）给日本人送礼

送礼是日本人的一大喜好，他们比较注重牌子和包装，但不一定是贵重礼品，送礼时不要在礼物上刻字作画，以便于他将此礼品在必要时转赠他人。

日本人对装饰着狐狸和獾的图案的东西甚为反感。狐狸是贪婪的象征，獾则代表狡诈。到日本人家里做客，携带的菊花只能有15瓣花瓣，因为只有皇室徽章上才有16瓣的菊花。另外，选择礼物时，要选购"名牌"礼物，日本人认为礼品的包装同礼品本身一样重要，因此要让懂行的人把礼物包装好。

（六）给韩国人送礼

韩国人喜欢本地出产的东西，韩国的商人对初次来访的客人常常会送当地出产的手工艺品，要等客人先拿出礼物来，然后再回赠他们本国产的礼品。故在送礼时备一份本国、本民族、本地区的特产为好。

（七）给阿拉伯人送礼

阿拉伯人喜欢赠送贵重物品，也喜欢得到贵重物品，喜欢名牌和多姿多彩的礼物，不喜欢纯实用性的东西，他们也不接受旧物品和酒。

在初次见面时不能送礼给他们，送礼可能会被视为行贿；切勿把用旧的物品赠送他人，不能把酒作为礼品；要送在办公室里可以用得上的东西。

盯住阿拉伯主人的某件物品看个不停是很失礼的举动，因为这位阿拉伯人一定会认为你喜欢它，并一定会要你收下这件东西。阿拉伯商人一般都是赠送贵重礼物给他人，同时也希望收到同样贵重的回礼。因为阿拉伯人认为来而不往是有失尊严的问题，不让他们表示自己的慷慨大方是不恭的，也会危害到双方的关系。阿拉伯人忌讳烈性酒和带有动物图案的礼品（因为这些动物可能代表着不吉祥）。送礼物给阿拉伯人的妻子被认为是对其隐私的侵犯，然而送给他们孩子则总是受欢迎的。

（八）给其他国家送礼

朝鲜人喜欢送花，朝鲜人忌讳"4"这个数字，把"4"视为预示噩运的数字。而对"9、7、5、3"等奇数和108等数颇为青睐，对"9"及"9"的倍数尤其偏爱。斯里兰卡人喜欢赠茶，澳大利亚人喜欢鲜花与美酒。

馈赠礼物，不论是在国内还是国外，这都是一个"仁者见仁，智者见智"的问题。当今社会，越来越重视人际交往，越来越重视人际关系的资源整合。适时联系、巧妙馈赠，能让人际的交往更加润滑，更加愉快。

本章小结

现代人际交往中，馈赠礼物是不可缺少的交往手段。"礼尚往来，往而不来，非礼也；来而不往，亦非礼也。"本章主要介绍了馈赠的概念、馈赠礼仪六要素、馈赠的原则、接收与拒收，国际商务中礼品的馈赠禁忌等。在馈赠中要注意轻重得当、时机适宜、效用性、投好避讳的原则，选择合适的礼品，以合适的方式、技巧将礼品送给他人，特别要注意受礼者的喜好、习惯、禁忌等，以达到增进友谊、加深感情、表达心愿的目的。

馈赠礼仪只是人际交往礼仪中很小的一个方面，这些礼仪的掌握与理解在一定程度上依赖于日常生活实践。因此，只要在交往中，对于馈赠礼仪用心留意与应用，就能逐渐地提高自己的交际能力。

练 习 题

一、单项选择

1. 以下对馈赠物的选择错误的是（　　）。
   A. 在临别时可以赠送临别赠言
   B. 送女士香水、巧克力、项链是不错的选择
   C. 送男士手表、香烟都可以
   D. 可以送伞给年长的人，以表示关心

2. 以下哪一个合乎馈赠礼仪的六要素（　　）。
   A. 馈赠可以不用考虑受赠人的情况　　　　B. 赠送礼品时要注意赠送的时机
   C. 赠礼是应先赠予男士再赠予女士　　　　D. 礼品价值越高越好

3. 在接受礼物时，以下哪个行为是失礼的（　　）。
   A. 受赠时应双手接礼
   B. 有时当面打开礼物是表示自己看重对方
   C. 收到礼物后要表示感谢
   D. 可以将礼物转赠给更适合的人

4. 以下对数量/数字表述正确的是（　　　　）。

　　A. 在中国宜送双数　　　　　　　　　B. 在日本宜送单数

　　C. 西方国家忌讳"13"　　　　　　　　D. 以上都正确

5. 商务交往中赠送礼品的原则不包括（　　　　）。

　　A. 轻重得当　　　　　　　　　　　　B. 时机适宜

　　C. 一视同仁　　　　　　　　　　　　D. 投好避忌

6. 参加英国人的婚礼时，有人送了一束白色的百合花，你觉得这种做法（　　　　）。

　　A. 符合礼仪规范，因为白色百合花代表百年好合，爱情纯洁美好

　　B. 不符合礼仪规范，因为在英国百合花是在丧事时使用

　　C. 换成黄色的花朵会更符合婚礼的气氛

　　D. 以上都不对

思 考 题

1. 简述在现代社交中馈赠的重要作用。
2. 请概述社交中一般送礼的标准。
3. 请讲出你身边发生的一次送礼经历。
4. 总结在商务交往中送礼的技巧。

小 组 活 动

1. 小组内讨论商务礼品的馈赠方式。
2. 小组内讨论商务礼品的选择。

案 例 分 析

影星与狗

　　有一篇《影星与狗》的文章，讲述了这样一件感人的事：国际著名影星奥黛丽·赫本十分爱狗。多年来一直养着一只叫杰西的长耳罗塞尔种的小猎犬。白天，杰

西那无忧无虑和温柔的品性，令赫本感到平和与亲情；夜晚杰西暖融融地依偎在赫本的脚旁伴她入睡。然而，有一天，杰西误吃了毒药，很快就死了。赫本爱犬心切，竟无法控制自己悲伤的情绪，一连数日，终因忧伤过度而一病不起。这时，她的朋友克里斯多夫·格里文森托人给她送来另一只长耳罗塞尔狗，它叫彭妮，小巧玲珑，毛色白亮，十分可爱。彭妮给了赫本无限的慰藉，赫本说："彭妮不仅使我恢复了健康，也赐给我无限幸福，它真是来自天堂的宝贝。"

思考：

结合此案例分析送礼的重要作用。

第十章　商务宴请礼仪

学习目标

- 了解宴请的基本形式
- 了解组织宴请活动和参与宴请活动的礼仪与要求
- 掌握中餐、西餐、酒水礼仪的相关要求

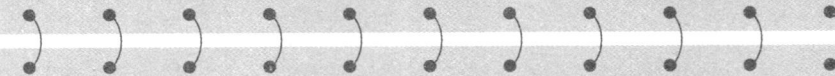

关键词

宴会安排　5M原则　中餐礼仪　西餐礼仪　位次排列　酒水礼仪

引导案例

宴请的形式

某公司业务员小李招待某地区一位普通客户，客户已经基本接受了目前的合作条件，晚上小李为更快地拿下合同，为该客户准备了一个盛大的宴会。本以为通过宴会可以加速业务合同的签订，谁料想宴请后该客户反而迟疑了。原因很简单，小李对他太好了，客户觉得你此时一定很需要他。结果，该客户回头继续向公司开出其他条件，这让小李大伤脑筋。

案例分析

商务交往过程中，选择适当的宴请形式可以增进彼此的友谊，同时便于邀请者实现自身的目的。

第一节　宴请的形式

宴请是商务交往中最常见的交际活动形式之一。宴请方往往是通过宴请来拉近与宾客之间的关系，进而达到其目的。各国宴请都有自己国家或民族的特点与习惯。对于宴请活动的形式，既有不同标准，也有不同的分类，但通常会根据活动目的、邀请对象以及经费开支等各种因素而确定。国际上通用的宴请形式主要包括宴会、招待会、茶会、工作餐。每种形式均有特定的规格和要求。

一、宴会

宴会是一种相对正式、隆重的宴请形式，宴会为正餐，坐下进食，由招待员依次上菜。其按照接待规格可分为：国宴、正式宴会、便宴、家宴。按举行的时间，又有早宴、午宴、晚宴之分。其隆重程度，出席规格以及菜肴的品种与质量等均有区别。一般来说，晚上举行的宴会较之白天举行的更为隆重。

（一）国宴

国宴是为迎接国家元首或政府首脑以及其他贵宾或在国家庆典时为招待各界人士而举行的宴会。其在接待规格上列各类宴会之首，因此对国宴的礼仪要求也最为严格。

知识链接

国宴：四菜一汤

明王朝建立初期，百姓生活艰难。而功臣们却穷奢极欲，过着花天酒地的生活，产生一些骄纵之气。而从社会最底层上来的朱元璋深深知道民间的疾苦。如此下去大明朝必要亡国，决心整治这股奢侈风气。

一天，他下旨宴请文武群臣，为皇后祝寿。臣子们非常高兴，以为又可以重温战争年代那个大碗喝酒，大块吃肉，猜拳行令，一醉方休的快乐时光呢！可是让他们做梦也想不到的是，这个宴会有些特别——第一道菜上的竟是炒萝卜；第二道菜是炒韭菜；第三道是两大碗青菜；最后一道是葱花豆腐汤。朱元璋逐一大赞每道菜的好处："萝卜上了街，药店无买卖"；"韭菜青又青，长治久安定人心"；"两碗青菜一样香，两袖清风喜洋洋"；"小葱豆腐青又白，公正廉洁如日月"。群臣听了，顿时恍然大悟。

朱元璋又当众宣布："今后众卿请客，最多只能'四菜一汤'，这次皇后的寿筵即是榜样，谁若违反，严惩不贷。"

从此，"四菜一汤"的规矩便从宫廷传到民间，进而成了现代廉政的榜样。

1949年10月1日傍晚，北京饭店，中共中央设宴招待刚参加新中国开国大典的中外贵宾。在头道菜燕菜汤后，又上热菜八道：红烧鱼翅、烧四宝、干焖大虾、烧鸡块、鲜蘑菜心、红扒鸭、红烧鲤鱼、红烧狮子头，史称"开国第一宴"。这次"国宴"后，国务院总理周恩来定下规矩：以后的国宴标准为"四菜一汤"。此后半个世纪，如无例外，国宴基本维持这一标准。

1984年11月，外交部根据中央和国务院有关领导的指示，对国宴的改革做了具体明确的规定，国宴的标准：总书记、国家主席、委员长、总理、军委主席、政协主席举办的宴会，每位宾客为50至60元，如果宴请少数重要外宾，则在80元以内掌握开支，一般宴会每位宾客的标准为30至40元。之后再次确定，宴请来访外宾的次数不宜过多，宴请时中餐四菜一汤，西餐一般两菜一汤，最多为三菜一汤。同时规定，国宴一律不再使用烈性酒，如茅台、汾酒等，根据客人的习惯上酒水，如啤酒、葡萄酒或其他饮料。

（二）正式宴会

从广义角度上来说，国宴也是正式宴会的一种，但在此处我们所说的正式宴会是指除国宴以外的各部门或各社会组织为欢迎来访的宾客、答谢合作者与支持者，或是来访宾客为感谢主人而举行的宴会。正式宴会规模可大可小，规格可高可低，但对餐具、酒水、菜肴、上菜的程序、陈设以及服务员的装束、仪态都有着严格的要求。正式宴会又分为中餐宴会和西餐宴会。

（三）便宴

便宴也称非正式宴会，通常是组织者为招待数量较少的宾客而举行的宴会。其规模一般较小，规格要求不高，而且也没有严格的礼仪程序。从名称中我们可以看出便宴的最大特点就是灵活、方便，在宴请过程中可以不排座位，不做正式讲话，宾主可随意交谈，气氛融洽，适用于日常友好交往。

（四）家宴

家宴是在家中为招待宾客而举行的宴请。相对于其他规格的宴请而言，虽没有对礼仪、菜式等严格要求，但由于是在家中由主人亲自或指挥烹调，所以更能显示主人对客人的亲近和友好。

二、招待会

招待会是一种不备正餐的较为灵活的宴请形式。规模可根据宴请对象、经费开支等因素调整，可大可小、经济实惠。常见的招待会主要有冷餐会和酒会两种形式。

（一）冷餐会

冷餐会是现今国际上较流行的一种招待会形式，基本上以格调高雅、风味独特的冷菜、饮料、低度酒为主，并非以进餐为主要目的，它通常适用于招待会、新闻发布会等。有如下特点：

1. 不排座位

冷餐会多在室内或者在院子里、花园里举行，可设小桌、椅子，自由入座，也可以不设座椅，站立进餐。客人可以自由活动，也可以多次取食。在一些大型冷餐招待会上往往是主桌会安排座位，其余各席并不会固定座位。此种方式便于主人与宾客自由活动，彼此交谈，以达到更好的社交效果。

2. 菜肴以冷食为主

冷餐会上主要以冷菜为主，通常，冷菜有沙拉、土豆泥、香肠、火腿、牛肉、猪舌、虾松、鱼籽、鸭蛋等。除此之外也可配有热菜、酒水、甜点等，连同餐具一同陈设在餐桌上，供客人自由选择。具体来讲，一般的冷餐会上所供应的菜肴大致应当包括冷菜、汤、热菜、点心、甜品、水果以及酒水等几大类型。在准备食物时，务必要注意保证供应。同时，还须注意食物的卫生以及热菜、热饮的保温问题。

3. 举办的规格、参加的人数和时间较为灵活

根据主宾双方身份，招待会的规格可高可低。参加的人数亦可根据活动目的、邀请对象以及经费开支等因素确定，可多可少。时间一般会安排在12时至14时，或17时至19时。

选择冷餐会的就餐地点，大可不必如同宴会那般较真。重要的是，它既能容纳下全部就餐之人，又能为其提供足够的交际空间。按照正常的情况，冷餐会安排在室内外进行皆可。通常，它大多选择在主办单位所拥有的大型餐厅、露天花园之内进行。有时，亦可外租、外借与此相类似的场地。

在选择、布置冷餐会的就餐地点时，有下列三点事项应予注意。一是要为用餐者

提供一定的活动空间。除了摆放菜肴的区域之外，在冷餐会的就餐地点还应划出一块明显的用餐区域。这一区域，不要显得过于狭小。考虑到实际就餐的人数往往具有一定的弹性，实际就餐的人数难以确定，所以用餐区域的面积要规划得大一些。二是要提供数量足够使用的餐桌与座椅。尽管真正的冷餐会所提倡的是就餐者自由走动，立而不坐。但是实际上，有不少的就餐者，尤其是其中的年老体弱者，还是期望在其就餐期间，能有一个暂时的歇脚之处。因此，在就餐地点应当预先摆放好一定数量的桌椅，供就餐者自由使用。在室外就餐时，提供适量的遮阳伞往往也是必要的。三是要使就餐者感觉到就餐地点环境宜人。在选定就餐地点时不只要注意面积、费用问题，还须兼顾安全、卫生、温度、湿度诸问题。要是用餐期间就餐者感到异味扑鼻、过冷过热、空气不畅，或者过于拥挤，都会影响到对方对此次冷餐会的整体评价。

（二）酒会

酒会又称鸡尾酒会，这种招待会形式较为活泼，便于参加者广泛接触。招待品以酒水为主，略备小吃、茶点。不设座椅，仅摆放小桌或茶几，以便来宾随意走动。举办时间较为灵活，中午、下午、晚上均可。请柬上通常注明酒会起止时间，来宾可在此时间内自由出席，不受限制。酒会主要提供由多种酒调配成的鸡尾酒，另备有多种果汁饮料等；小吃多为三明治、面包托、小香肠、炸春卷等，插上牙签以备取食。

三、茶会

茶会是一种简单的招待形式，大多在下午4时左右举行。茶会通常设在客厅，而不用餐厅，客厅设茶几、座椅，不排座次。茶会，顾名思义就是请客人品茶，因此对茶叶、茶具的选用要有所讲究。茶具一般选用陶瓷器皿，不用玻璃杯，也不宜用热水瓶代替茶壶。外国人一般用红茶，略备点心和小吃，偶尔也可用咖啡代替。

四、工作餐

工作餐是现代国际交往中经常采用的一种非正式宴请方式。利用进餐时间，边吃边谈问题。按用餐时间可分为工作早餐、工作午餐、工作晚餐。在代表团访问中，往往因日程安排不开而采用这种形式。此类活动一般只请与工作有关的人员，不请配偶，双边工作进餐往往排席位，尤以用长桌更便于谈话，其座位排法与会谈桌席位安排相仿。

> **知识链接**
>
> ## 中国国宴的变迁
>
> 我国的国宴大致经历了3个历史时期。
>
> 第一个时期是20世纪70年代中共中央办公厅钓鱼台管理处服务科,为第一代领导人服务的时期。那个时期应该说我们料理的餐饮还称不上是国宴,只是为来访的社会主义阵营的国家领导人而设的宴请。
>
> 第二个时期是20世纪80年代中后期,在计划经济体制下,我们为邦交国家的元首或者使团提供餐饮服务。服务科在这个阶段被移交外交部。在这个时期的中后期,外事活动明显增多,豪华团队增多,接待组织工作繁忙了许多。
>
> 第三个阶段是20世纪90年代到21世纪,在比较发达的市场经济条件下有大量的国家元首来访,国宴也进入了更加丰富、开放和多元化的历史时期。
>
> 国宴菜博采国内各菜系之众长,按"以味为核心,以养为目的"的要求,上及宫廷撰谱录,下采民间风味小吃,外涉世界各国名菜,内及国内八大菜系,广采博取,撷英集精,形成独具特色的系列菜系,突出体现了现代饮食"三低一高"(低盐、低糖、低脂肪、高蛋白)的要求。口味中西结合,科学合理配膳,注重保健养生之功效
>
> 人民大会堂国宴菜被称为"堂菜",是国宴菜的一个重要代表。其特点是:用料珍贵,选料精细;以味为本,鲜咸为主;刀工严谨,调味细腻;质地软嫩,色泽素淡;点缀得体,造型典雅。"堂菜"具有"清淡鲜嫩,形美色绝"的独特风格,是中华饮食文化的一朵奇葩。
>
> 钓鱼台国宾馆国宴菜被称为"台菜",其特点是:优选用料,精益求精;精密加工,讲究烹技;提炼升华,追求新味;中西结合,取长补短;合理配膳,讲求养生。"台菜"具有"清鲜淡雅,醇和隽永"的风味特色,是中华饮食文化的精粹。

第二节　宴请活动组织礼仪

宴请活动必须要进行事前充分的准备，要根据宴请的形式、对象、目的等确定相应的礼仪规范。对于宴请活动中的任何环节都应当妥善处理，同时还应注意现场的把握。

一、制订宴请计划

宴请作为一项主办方实现其目的的重要礼仪活动，其举办必须要经过事先充分的准备，举办一次成功的尤其是规模较大的宴请在组织过程中，必须要根据宴请的目的、对象、形式等确定相应的礼仪规范。

（一）确定宴请的目的

宴请的目的通常是各不相同的，宴请的一切组织活动均是围绕该目的而展开。因此，明确目的对宴请组织有着至关重要的作用。宴请的目的可以是为庆祝节日，也可专为某件事或某个人。如为某人某团赴约谈判，为某工程的破土与竣工，为商务谈判中双方合作的开始或成功，为洽谈中某环节、某阶段问题的磋商或成功解决等。总之，目的要明确。

（二）确定宴请的名义、对象与范围

明确宴请的目的后，要进一步确定以谁的名义发出，宴请和被宴请者都包括哪些人，即确定邀请人与被邀请人。在确定邀请人时，官方的宴请一般采用身份对等的原则，邀请者的身份如果较低会让人感到不礼貌，而在被邀请者的确定上，原则上是根据宴请目的来确定。同时要考虑宾主双方身份，按照国际惯例，双方关系等因素。如果是国宾来访时的欢迎宴会，除邀请代表团人员外，还可以适当邀请相关使馆人员并请我方有关负责人出席作陪。

被邀请的人员确定后，应拟定名单，并在名单上注明被邀请者的姓名、性别、职务等信息，便于适时发出邀请。

（三）确定宴请的形式

宴请的形式是根据宴请目的、邀请对象与范围以及经费开支等各种因素而确定的。对于大型宴请要按照惯例。正式的、高级的、人数较少时以宴会为宜，人多时可以选择冷餐会、酒会和茶话会等形式。妇女界活动多用茶会。

目前各国礼宾工作都在简化，宴请范围趋向缩小，形式也更为简便，酒会、冷餐会被广泛采用，而且中午举行的酒会，往往不请配偶，不少国家招待国宾宴会只请身份较高的陪同人员，不请其他随行人员，我国也在进行改革，提倡多举办冷餐会和酒会以代替宴会，各种交际活动中的宴请工作也都在简化，范围也趋向偏小，形式更加简便，酒会、冷餐会被广泛采用，具体选用哪一种可视情况而定。

（四）确定宴请的时间和地点

在宾主双方均合适的时候，如果可能最好事先征求主宾的意见，以表示尊重。如果涉外宴请应避开双方国内重大节假日。特定的节日、纪念日的宴请，应安排在节日、纪念日之前或当日举行，不能拖到节日、纪念日之后。同时，要避开对方的禁忌。例如，西方国家忌讳13这个数字，特别是恰逢13日的星期五，伊斯兰民族的斋月有白天禁食的习俗。所以，宴请只宜安排在日落之后等等。

确定宴请的地点要根据宴请的目的、对象、形式与规格、宾主关系及经费能力等来确定。如果是正式的规格较高的宴会应安排在高级酒店和饭店。而一般规格的宴会可安排在适当的酒店即可。但无论档次如何，都应选择环境优雅、卫生优良、服务规范、设备完善的酒店，要与被邀请的主宾身份相适应。

二、宴请的邀请

（一）邀请方式

邀请是宴请必不可少的工作之一，邀请的方式有两种：一种是口头邀请，另一种是书面邀请；具体邀请方式一般应根据宴请的形式、规格、与宴请对象等因素的不同来选择。

1. 口头邀请一般适用于非正式性临时性的宴请。由邀请者口头告知被邀请人活动的目的、名义以及邀请的时间、地点与邀请范围。

2. 书面邀请一般适用于较正式的，大型的宴请，即由主办方将宴请相关信息写于请柬和请帖上向对方发出。正式宴请如果已经有口头约定的情形，仍应补送请柬，以便客人备忘。

（二）邀请的时间

除一些临时性宴请外，在宴请时应当考虑给对方宽裕的准备时间，以便安排好各方面工作。因此发出邀请的时间不宜太晚。当然，为防止客人遗忘也不宜太早。一般正式宴请的邀请时间为提前3～7天。

（三）请柬使用的注意事项

使用请柬邀请，既可以表示对被邀请者的尊重，又可以表示邀请者对此事的郑重态度，是正式宴请中邀请者最常用的邀请方式。在使用邀请时应当注意：

1. 为达到更好的效果，在请柬的选择上，要注重纸质、款式和装帧设计的艺术性，做到美观大方。

2. 请柬可以印刷也可以手写，但手写字迹要美观清晰，信封上被邀人姓名及其职务等书写要准确。

3. 请柬上要写明宴请活动的目的、名义、邀请范围、时间、地点、主人的姓名及其他应知事项。

4. 请柬书写时要格式正确、文字美观、用词谦恭、语言精练准确。遇到涉及时间、地点、被邀请姓名等关键性词语时，一定要核准、查实。请柬的样式，一般有折叠式和单页式两种，一般包括标题、称谓、正文、敬语、落款和日期等内容。敬语一般以"敬请光临""此致敬礼"等做结。如需安排座位，则一般要注明客人的座位，以便客人能顺利地对号入座。

5. 请柬行文不加标点，提到的人名、单位名等都应用全称。中文请柬行文中不提被邀请人姓名，而是写在封面上，主人名应写在落款处。

6. 请柬应该提前1～2周发出，有的时候还需再提前，以便被邀请人士有所准备。

7. 请柬发出后，如需安排座位，应及时核实客人的出席情况，做好登记，以便安排座位。

为了表达主人的真诚，也为了减少活动的失误，在宴请的前夕，还应该打电话给被邀请者，进行确认：询问一下请柬是否收到，对方能否出席等。如果对方能出席，应向对方表示感谢，即使对方不能前来，也应表示理解；对于小规模的且属于比较重要的宴请，可再与对方商量是否可以改期前来等。

三、菜单与酒水拟订

席上菜肴要根据宴请形式和规格及规定的预算标准而定。选菜应主要考虑主宾的爱好与禁忌。若席中有个别人有特殊需要，也可单独为其上菜。大型宴请，应照顾到各个方面，道数和分量要适当。事先应列菜单，并征求主管负责人的意见。可适当用有地方特色的菜品招待。

宴请的菜单与酒水能体现宴请的规格和邀请者的用心程度，因此一份成功的菜单配以适当的酒水，可使得宴请活动事半功倍，相反则会弄巧成拙。在拟订菜单和酒水时应遵循以下几个原则。

（一）要看"人"下菜

菜单的菜品与酒水应当根据宴请对象的喜好和禁忌来选择，主要以主宾的口味习惯为依据。特别是要了解客人尤其是主宾不能吃什么，排除个人禁忌、民族禁忌与宗教禁忌，如回民不吃猪肉等。同时考虑用餐者的年龄、健康情况、文化层次等。因此，必须了解有多少位客人，有多少种口味，尽量做到对他们的要求了如指掌。

（二）要看"时"下菜

一是指时节，二是指时间。菜品要考虑季节，要应时，应鲜，如冷盘水果选应季的，价格又便宜。

（三）要看"地"下菜

拟订的菜单与酒水，要照顾到当地特色。这里的地方特色既包括主人的当地特色，也包括宾客的家乡风味，一般国内宾客的口味总体来说是南甜北咸，东酸西辣。江南人喜清淡，甜咸，爽口，讲究营养，乐于质高量小。西北人喜欢吃带有酸口，经济实惠和牛肉品种的菜肴；东北人爱吃肥而不腻，脂肪多的鱼肉菜品，而且一般用量大，习惯吃饱吃好。而不同国家的外宾也存在饮食差异，如法国人对饮食十分讲究，偏好肥浓、鲜、嫩、酸、甜、咸口味，而且对酒嗜好，尤爱饮葡萄酒、玫瑰酒、香槟酒等。宴请久居异乡的客人吃顿正宗的家乡菜，相信虽然没有山珍海味，但却能打动人心。

（四）要看"味"下菜

菜品要以营养丰富，味道多样为原则。在安排时，应有冷有热，有荤有素，有主有次，同时要注意酒水与菜品的搭配。

（五）要看"钱"下菜

菜品，不一定要名贵，而应以精致，卫生可口取胜，分量要适中，过多易造成浪费，因此要考虑开支的标准，做到丰俭得当。

其实宴请的菜单与酒水是很有讲究的，在组织的过程中，以上各原则要进行综合考量，如果是较高级、正式的宴请菜单与酒水要交由相应级别的主管部门负责人亲自审定方可。

知识链接

宴请外国友人的5M原则

5M原则是指在商务交往中安排宴会时有五大基本问题需要兼顾，因这五个基本问题的英文第一字母都是M，所以称为5M原则。

M（Money），指费用。国际交往要强调节俭，要强调务实，要强调宴请的少而精，反对铺张浪费。

M（Menu），指菜单，就是讲菜肴的安排。以西方人为例，他们一般不吃什么？第一，不吃动物内脏，比如炒肝尖、熘腰花、卤煮等；第二，不吃动物的头和脚；第三，不吃宠物，猫和狗绝对不吃；第四，不喜欢吃无鳞无鳍的鱼，就是指蛇、鳝、鳅、鲶四类；第五，不吃淡水鱼，认为淡水鱼土腥味重、刺多，他们比较喜欢吃海鱼，而且烹调方式以煎、炸为佳。

M（Medium），指环境。实际上宴请客人从高层次来讲，重视档次与特色。所以，就餐环境非常重要。

M（Music），指音乐。高档的宴请，强调音乐伴宴，当然这个音乐最好选交往对象的民族音乐或交往对象个人偏好的那种乐曲，而且应该是若有若无及环境优雅情况下选择妙曼的音乐，不要演奏进行曲或迪厅的音乐。

M（Manner），指行为举止。宴请餐桌上讲四个禁忌。第一，让菜不夹菜；第二，祝酒不劝酒；第三，不当众整理服饰；最后，宴请时在外人面前吃东西不发出声音。

四、宴请场地布置

（一）现场布置

宴会厅和休息厅的布置取决于活动的性质和形式。官方正式活动场所的布置应该严肃庄重大方，不要用红绿灯、霓虹灯装饰，可以少量点缀鲜花、刻花等。

宴会可以用圆桌，也可以用方桌和长桌。两桌或两桌以上的宴会，桌子之间的距离要适当，各个座位之间也要距离相等。如果安排有乐队演奏席间不要离得太近，乐声宜轻。宴会休息厅通常放小茶几和小圆桌，与酒会布置类同，如果人数较少，也可按客厅布置。

冷餐会的菜台通常用靠墙长方桌，四周陈设，也可根据宴会厅情况摆在房间的中间。如果坐下用餐，可以摆四五人一桌的方桌和圆桌。总座位数要略多于全体宾客人数，以便客人自由就座。

酒会一般摆小圆桌和茶几，以便放花瓶、烟缸、干果、小吃等，也可以在四周放些椅子，供妇女和年老体弱者就座。

（二）席位安排

席位安排要按礼宾次序原则，有序安排，同时又要有灵活性，以有利于增进友谊和席间的交谈方便。主要的原则有以下几个方面。

1. 以右为尊，左为卑。故如男、女主人并坐，男左女右，以右为大。如席设两桌，男、女主人分开主持，则以右桌为大。宾客席次的安排亦然，即以男、女主人之右侧为大，左侧为小。

2. 职位和地位高者为尊，高者坐上席。依职位高低及官阶高低定位，不能逾越。

3. 职位和地位相同，则必须依官职之伦理定位。

4. 女士以夫为贵，其排名的顺序与其丈夫相同，但如邀请对象是女宾，而她是主宾排在第一位。此时，她的丈夫并不一定排在第二位，如果同席的还有其他重要官员而这位先生官位不显，譬如是某大公司的董事长，则必须排在重要官员之后，夫不见得与妻同席。

5. 与宴宾客有政府官员、社会团体领袖及社会贤达参加的场合，则以政府官员、社会团体领袖、社会贤达为序，这是原则。

6. 欧美人是视宴会为社交最佳场合，故席位采用分座的原则，即男女分坐，排位时男女互为间隔，夫妇、妇女、母子、兄妹等必须分开。如有外宾在座，则华人与外宾混杂而坐。

7. 遵守社会伦理，长幼有序，师生有别，在非正式的宴会场合尤应恪守，如某君已为部长，而某教授为其恩师，在非正式场合，不能将某教授排在某部长之下，贵为部长的某君，在此种场合也不敢逾越。

8. 座位的末座不能安排女宾。

9. 如男、女主人的宴会，邀请了他的顶头上司，如果经理邀请了其董事长，则男、女主人必须谦让其应坐的尊位，改坐次位。

第三节　赴宴的礼仪

经济生活的发展，使我们在工作和生活中参加宴请的机会越来越多，人们也越来越多地愿意通过宴请进行沟通了解，为了能够给人以良好的印象，增添他人对你的好感，在参与宴请活动时一定要秉持各环节的礼仪规范。

了解和掌握参与宴请活动的礼仪要求是更好地与人交往的重要条件之一。在应邀参加某宴请活动时，应根据宴请的形式、主人的要求、当地的习惯等适当地修饰自己，以免贻笑大方。

一、应邀

无论是请柬或邀请信，接到宴会邀请，不论能否出席都应尽早答复。涉外交往中，对注有R.S.V.P字样的请柬或邀请信，无论出席与否，均应迅速答复；注有"Reget Only"（不能出席请回复）字样的请柬或邀请信，则不能出席时才回复；若是原先已有口头约定，再发来的请柬上一般注有"To remind"（备忘）字样，只起提醒作用，可不必答复。若答复对方，可打电话、发信函等。

出席宴会前，要核实宴请的时间和地点、是否邀请了配偶、有无服装要求等，以免因没有看清要求而发生一些尴尬的行为。出席宴会时，要穿着得体，至少要穿上一套合时令的干净衣服。切忌穿着工作服，带着疲倦神情赴宴，这会使主人感到未受尊重。

二、备礼

接受邀请后受邀请人可以根据宴请的形式、目的、内容、与主人密切程度以及当地习惯等选择适当的礼物，但同时也要注意送礼的一些禁忌，如除非是在生日和重大节日的喜庆场合，西方人平时不太喜欢互赠礼物，而且较忌讳贵重礼物。

三、修饰

参与一些较正式的宴请应该提前适当修饰自己的外表，这也是尊重主人的一种表现，一般男士要修整须发而女士则要化妆，同时换上符合宴请类型的服饰。

四、赴宴时间

按请柬上注明的时间准时赴宴为佳。既不要迟到，也不要过分提前。在我国以正点出席或提前两三分钟到达为宜。在一些国家，提前15分钟以上进入宴会被人笑话为太急于进餐。

五、抵达

抵达宴请地点，先到衣帽间脱下大衣、帽子，然后前往迎宾处，主动向主人问好,再向其他客人问好。赴宴时,可按宴请性质和当地习惯,赠送花束或花篮,赴家宴可酌情赠送女主人少量鲜花。

六、入座

入座前可以在休息室等候或者与较为熟识的宾客交流,当主人邀请宾客入席时应了解主人与主宾以及其他陪客人员的位置,而后根据自己的身份角色入座。如遇宴请桌次较多的情况,在进入前先了解自己的桌次,对清自己的座位卡与姓名,不要随意乱坐,就顺序而言,一般情况下,首先入座的应是主人与主宾,其次是其他宾客及陪同人员,当遇到年长者和女性入座时,晚辈、男性应主动上前帮助其坐下,待其坐稳后方可离开。个人入座时,应从自己行进方向的左侧入座,在同桌的长者、女士以及位高者落座后,再与其他人一同就座。

七、席间

(一)举止

落座后要注意自己的姿态,与餐桌应保持20cm左右的距离,不要太近或太远,双手不应放在邻座的椅背上和餐桌沿上,更不要用两肘撑在餐桌上,同时席上当众补妆、梳理头发、挽袖口、松领带以及摆弄小物件的行为都是不礼貌的。

就餐时应有愉快的表情,心事重重的神态,漫不经心的样子是对主人和其他宾客的不礼貌,即使菜不对口味也应吃上一些而不能皱眉拒绝。席间不要吸烟,一般在宴会未结束前吸烟是失礼的,尤其是有女士在的场合。用餐过程中一般不可随便离席。如果咳嗽、吐痰或有刺卡住,或需要将口中食物吐出来的,这时应暂时离席,否则是不礼貌的。离席时动作要轻,不要惊扰他人,更不要把座椅、餐具等物碰倒。

(二)进餐

进餐前,不要急于打开餐巾,应先与左右客人交流一两句,用餐巾擦拭嘴与手,不用时展开放于膝盖上,不要塞在下巴下。中途离席时,可以把餐巾纸放在椅子上,而不应放在餐桌上,同时切勿用餐巾擦拭餐具,因为此种行为会显得你对主人准备的餐具不满意,是对主人的不尊重,不信任。用餐结束后餐巾也不能揉作一团,更不能乱丢。

上菜时应通过转盘转到主人和主宾之间,自己如非主人和主宾,不宜先尝。去取菜时一次不宜取太多,盘中食物也不要盛得太满。如遇服务员分菜时,需增加,待服务员送上再取,如遇到自己不爱吃或不能吃的菜肴,当别人给加菜或服务员分菜时,不要拒绝，取少量，并表示感谢。对菜肴的味道如不满意，切勿表露出厌恶的表情。

进餐过程中可以把自己喜欢的和餐桌上较为有特色的菜品推荐给他人。此种推荐在口头上表示即可，也可使用公筷为他人取菜，但切记不要用自己的餐具为他人取菜，因为这种方式不卫生，会让被敬者尴尬为难。

进餐时切记不要狼吞虎咽，要闭嘴咀嚼，尽量避免嘴里发出声音，同时咀嚼时不要讲话，如有人与你交谈要吞咽之后再与之交谈。喝汤时应用汤匙，轻吸进去，如汤太热，不要用嘴吹，放置一下，待稍凉后再食。鱼刺、骨头等不应直接吐出，可用餐巾捂嘴后用筷子取出，放入骨盘内。

饮酒碰杯时，为表示敬意可将自己酒杯低于对方，近距离碰杯要轻。干杯时不能喝也要用嘴唇碰一下以示敬意。

席间如需剔牙要用牙签，不要用手或筷子，亦不要面对其他人张嘴，应用手或纸巾遮住口，更不能边走边剔牙。

（三）交谈

无论是作为主人、陪客或宾客都应与同桌的人交谈，特别是左右邻座，不要只同几个熟人或者是只同一两人说话，邻座如不相识，可先自我介绍。

进餐时要注意讲话分寸，要谈一些大家感兴趣的事情，不可夸夸其谈，最好不谈工作、政治和健康问题。在与女性谈话时一般不询问年龄、婚否等问题，也不要议论妇女的胖瘦，身形等。与较陌生的男性谈话时不要直接询问对方的经历、工资收入、家庭财产、衣饰价格等私人生活方面的问题。

（四）祝酒

在正式的宴请中，祝酒是必不可少的项目。作为应邀者应当了解为何人何事祝酒，尽量事先有所准备，做到心中有数。一般情况下，主人应当最先祝酒，其后是主宾，其他人可以选择适当时机。当然，如果无人祝酒，客人也可以提议向主人祝酒。在主人和主宾祝酒时其他人应当暂停交谈与进食，耐心倾听。碰杯时，主人和主宾先碰，多人时可举杯示意，无须一一碰杯，遇长辈、女士、位高者，晚辈、男士、位低者碰杯时应当把酒杯举得略低一些，以表示尊重，同时在餐桌上碰杯也不要将手伸得太长，祝酒者与被祝酒者不必把酒杯里的酒都喝干，每次只喝一小口即可。

> **知识链接**

酒水的分类

一、生产方法分类

（一）蒸馏酒

蒸馏酒是经过发酵的饮料（发酵酒）加以蒸馏提纯，获得的含有较高度数酒精的液体。通常可经过两次甚至多次蒸馏取得高质量酒液。常用的蒸馏酒有金酒、威士忌、白兰地、朗姆酒、伏特加酒、德基拉酒和中国的白酒，如茅台酒、五粮液等。

（二）发酵酒

发酵酒又称非蒸馏酒。通常是谷物与水果汁直接放入容器中加入酵母发酵而酿制成的酒液。常见的发酵酒有葡萄酒、啤酒、水果酒、黄酒、米酒等。

（三）配制酒

配制酒常用浸泡、混合、勾兑等几种方法。浸泡制法多用于药酒，将蒸馏后得到的高度酒液或发酵后经过滤清的酒液按配方放入不同的药材或动物，然后装入容器中密封起来，经过一段时间后，药材就溶解于酒液中，人饮用后便会得到不同的治疗效果和刺激效果。例如国外的味美思酒（vermouth）、比特酒（bitter），中国的人参酒、蛇酒等。

二、按酒精含量分类

（一）高度酒

高度酒指酒精含量40度以上的烈性酒，如白兰地、朗姆酒、茅台酒、五粮液等。

（二）中度酒

中度酒指酒精含量在20～40度之间的酒，如孔府家酒、五加皮等。

（三）低度酒

低度酒是指酒精含量在20度以下的酒，如黄酒、葡萄酒、日本酒等。

三、按商业习惯分类

（一）白酒

白酒是以谷物为原料的蒸馏酒，因度数较高而又被称为"烧酒""烧刀子"等。其特点是无色透明、质地纯净、醇香浓郁、味感丰富、入口甘爽。

（二）黄酒

黄酒是中国生产的传统酒类，又称"米酒""老酒"。是以糯米、大米（一般是粳米）、黍米等为原料的酿造酒，因其酒液颜色黄亮而得名。黄酒是我国最古老的酒种之一，距今有2500多年的历史。其特点是醇厚幽香、味感谐和、越陈越香、营养丰富。

（三）啤酒

啤酒是以大麦、啤酒花、水等为原料的酿造酒。其特点是具有显著的麦芽和酒花清香，味道纯正爽口，营养价值较高，能增进食欲，帮助消化。

（四）药酒

药酒是以成品酒（以白酒居多）为原料加入各种中草药材浸泡而成的一种配制酒。药酒是一种具有较高滋补、营养和药用价值的酒精饮料。

（五）果酒

果酒是以水果、果汁等为原料的酿造酒，大都以果实名称命名，如葡萄酒、山楂酒、苹果酒、荔枝酒等。其特点是色泽娇艳、果香浓郁、酒香醇美、营养丰富。

八、结束

（一）退席

待大部分宾客停止进餐时，主人可以征询宾客的意见适时结束宴会，也可以将餐巾放在餐桌上，表明宴请终止。宴请结束后一般由主人先起身，其他人随其后离开，退席时，应当让年长、女士、位高者先走。离开餐桌时不要拉开座椅就走，应当将座椅挪回原处，男士应当帮女士移开座椅，而后放回。

（二）告辞

礼貌的告辞会让人加深印象，提升好感。一般情况下应邀者不宜提前退席，如果必须提前离开，要在适当的时机向宾主说明理由并应对主人表示歉意，切记不要选择大家交流热烈或宣布重要事情时提出要离开。

一般情况下，贵宾是第一位告辞的人，从道别的顺序而言，男宾应先向男主人道别，女宾先向女主人道别。宾客应向主人真诚致谢，主人应当主动相送。

第四节 中餐宴请礼仪

中国餐饮礼仪源远流长，据史料记载，周代的就餐礼仪与程序是极为讲究的。时光荏苒，朝代变迁，到了晚清以后的五口通商，西方的经济、文化、生活习俗蜂拥而至，西餐出现在我国的沿海城市。中西餐饮文化的交流与融合，使我国的餐饮礼仪更加科学合理。而现代的餐饮礼仪是在传承了我国固有的餐饮与融汇了国外西餐礼仪的基础之上发展而来的。

一、中餐宴请桌次与座次的安排

在中餐宴请中，宴会的桌次与座次的排列是首要任务，它关系到来宾的身份与主人给予对方的礼遇。

（一）宴请桌次排列

中餐宴请多使用圆桌，如果宴请人数较多，会出现多桌次的情况。每张桌子的摆放顺序称为桌次。在正式宴会当中遵循的原则是：以门定位、中心第一、先右后左、以远为上。也就是说主桌应放在上首中心位，根据国际惯例，主桌右侧桌次高，左侧桌次低，离房间正门越远，桌次越高。

1. 两桌宴请桌次排列

当两桌横排时，面对门且右侧桌次为尊位；当两桌竖排式，面对门且离门远的桌次为尊位，如图10-1所示。

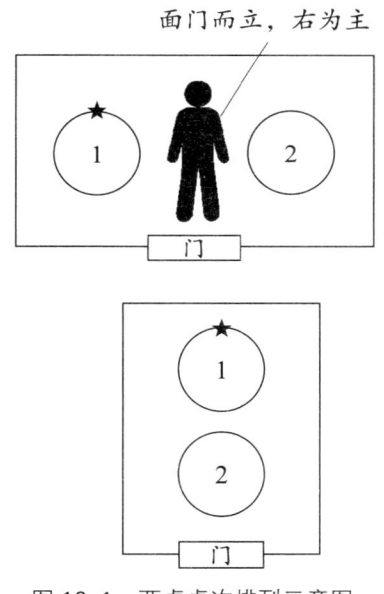

图10-1 两桌桌次排列示意图

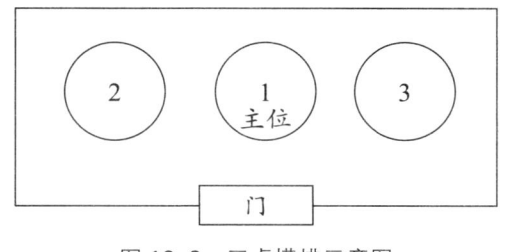

图10-2 三桌横排示意图

2. 三桌或三桌以上桌次排列

（1）三桌宴请桌次排列

当三桌横排时，中间那桌的桌次最高，面对正门的右桌的桌次为第二，最左边的桌次为第三，即遵循居中为大，以右为尊的原则，如图10-2所示。

当三桌竖排时，中间的那桌为第一桌，接着是离门最远的为第二桌，最后是离门最近的为第三桌，即遵循以中为大，以远为上的原则，如图10-3所示。

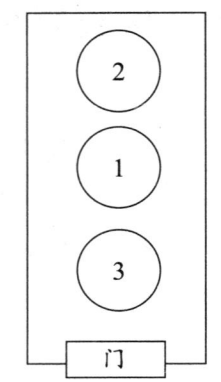

图10-3　三桌竖排示意图

（2）三桌以上桌次排列，如图10-4所示。

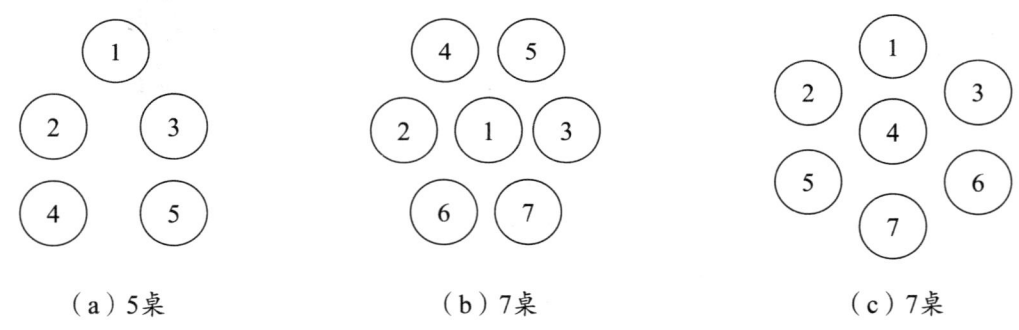

（a）5桌　　　　　　　　（b）7桌　　　　　　　　（c）7桌

图10-4　多桌桌次排列示意图

（二）宴请座次排列

1. 中餐宴请座次排列的原则

中餐宴请时，每张餐桌上的位次也有主次尊卑之分。排序方法非常复杂，一般以年龄、性别、身份地位、语言等作为排序的参考依据。主人座次一般以"面门为上、右高左低、中座为尊、观景为佳、临墙为好"为基本的原则。面门为上，是指面对正门的座位为上坐，背对正门的座位为下座。右高左低还是根据国际惯例，主人右侧为上座左侧为下座。中座为尊，是指居中而坐者在位次上最高。观景为佳是指可从最佳角度观赏到室内室外的景致。临墙为好，是指一方面防止过往服务员和客人的干扰，另一方面由于墙壁有一些烘托餐厅气氛的字画，从而可以提高主人的身份。

2. 中餐宴请座次排列的方法

（1）每桌只有一个主位的排列方法

一般遵循"面门为上""以右为尊"的原则，主人在主位上就座，第一主宾坐在主人的右手位置，第二主宾坐在主人的左手位置。其余客人按此顺序排列下去，如图10-5所示。

（2）每桌有两个主位的排列

如果每桌有两个主位的时候，第一主人坐在面对正门的位置，第一、第二主宾分别坐在其右手和左手的位置。第二主人则坐在背对正门的位置，第三、第四位客人分别坐在其右手和左手的位置，如图10-6所示。

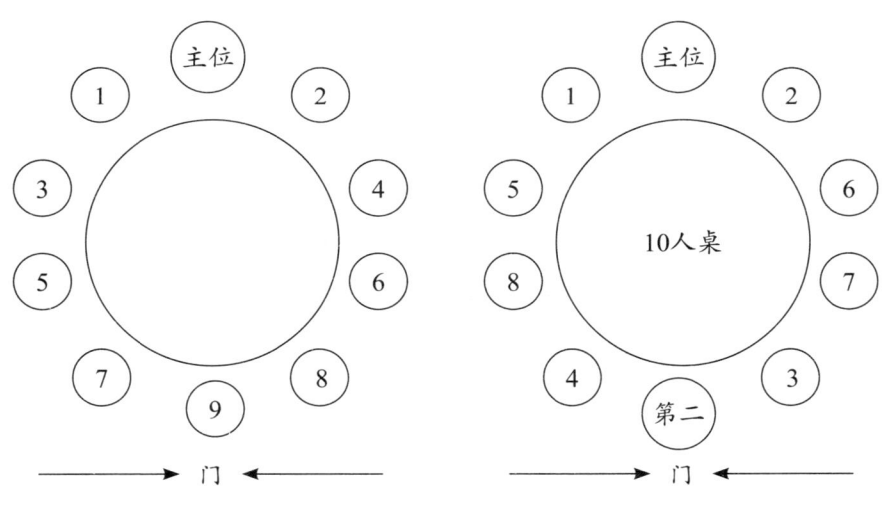

图10-5　一主位位次排列示意图　　图10-6　两主位位次排列示意图

大型中餐宴会中，为了确保赴宴者能及时准确地找到自己所在的桌次，主办方应在请柬上注明对方所在的桌次和在宴会厅入口悬挂宴会桌次排列示意图，安排引座员引导来宾按桌就座，也可在每张餐桌上摆放桌次牌。同时为了方便来宾能准确无误地找到自己的座位，主办方会在每位来宾所属位次正前方的桌面上放置醒目的个人姓名座位卡。在举行涉外宴请时，座位卡应以中、英文两种文字书写。中国的惯例是中文在上，英文在下。必要时座位卡的两面都书写用餐者的姓名。

二、餐具的使用礼仪

（一）筷子

筷子是中餐中最常用的餐具，正确使用筷子能够体现一个人的风度和教养。用筷子吃饭是东方人尤其是中国人的"传统"，正确使用筷子也是东方人的一种教养。或许正因为它太日常，而有时为大家所疏忽。

知识链接

"忌八筷"

筷子是中式餐饮餐桌上的核心，中餐用餐过程中筷子使用应注意以下禁忌：

1. 敲筷——用筷子敲打碗

一说这种规矩是跟乞讨的忌讳有关的。因为只有乞丐讨食时才会用筷子敲打碗盆。

一说与古代"蛊毒"传说有关。相传蛊是一种由人工培养的毒虫，人将百虫放入坛中，经过多年后打开看时，必定有一虫将其他所有的虫都吃光，这个胜利者就叫蛊。用蛊的粉末放在食物里毒害他人时，就要在下毒时边念咒语边敲打碗，以便使蛊起作用。因此，用筷子敲打碗就犯了忌讳。

2. 插筷——将筷子插在饭碗里

中国从古代时起，就有以食品祭祖的风俗，祭祖时，考虑到死人和活人不一样，活人用筷子进食很方便，而死人已脱离躯壳，只有灵魂飘游在冥界，不再能自如地使用筷子，所以，祭品的碗盆上面才竖插筷子，而平常生活中如果将筷子竖插在碗或盆上，就算是犯了忌讳。

3. 游筷——筷子举棋不定

将筷子当瞄准器，手举筷子拿不定主意吃什么菜，在餐桌上四处游寻。因此，也叫"迷筷"（即筷子在餐桌上迷失了方向）。

4. 扒筷——用筷子从菜中扒弄着吃

这种用筷法显得特别没有教养，也很不卫生。

5. 指筷——用筷子指人

在宴请活动中，吃只是手段，交往才是目的，所以席间的交谈是必要的，交谈时一定要停止吃东西，而且要将筷子放下。有些人说话时筷子也不放下，说到激动处就很容易发生这种情况，让被指者很不爽。

6.滴筷——汤汁或食物从筷子上滴下或掉下

有些菜有汤汁，或在夹的过程中容易滑落，所以，在夹菜的过程中，一定要避免筷子上的汤汁滴到别人碗里或菜盘里，最好的办法是用自己的碗伸过去接菜。

7.移筷——动了一个菜后不吃，接着夹另一道菜

这样做显得很贪婪。要记住：在宴席上，风度和礼貌比你的胃口更重要。所以有人说到外面吃饭吃不饱，这是很正常的。

8.跨筷——将筷子架在碗、碟上

进餐需要使用其他餐具时，应先将筷子放下。筷子一定要放在筷子架上，不可放在杯子或盘子上，否则容易碰掉。若不小心把筷子碰掉在地上，可请服务员换一双。

（二）匙

中餐匙的主要作用是舀取菜肴和食物及汤类。有时，在用筷子夹取食物的时候，也可以使用匙来辅助，但是尽量不要单独使用匙取菜。同时在用匙取食物时尤其汤羹类食物时，不要舀得过满，以免溢出，弄脏餐桌和衣服。在舀出食物后，可在原处暂停片刻，等汤汁不会洒落后再移过来享用。

用餐期间，暂时不用匙时，应把匙放在自己身前的吃碟上，不要把匙直接放在餐桌上，或把匙插在食物中。用匙取完食物后要立即食用或是把食物放在自己的吃碟里，不要再把食物倒回原处。若是取用的食物太烫，则不可用匙舀来舀去，也不要用嘴对着匙吹，应把食物先放到自己碗里，等凉了再吃。注意不要把匙塞在嘴里，或是反复舔食吮吸。

（三）盘子

中餐的盘子种类较多，其中稍小点儿的盘子叫碟子，主要用于盛放食物，其用途与碗大致相同。

中餐中有两种用途比较特殊的盘子。吃碟与骨碟，吃碟的主要作用是用于暂放从公用的菜盘中取来想用的菜肴。使用吃碟时一般不要放过多的菜肴在吃碟里，那样看起来既繁乱不堪又好像有贪吃无厌之嫌，十分不雅。

不吃的食物残渣、骨头、鱼刺，不能直接吐在饭桌上。而应轻轻放在骨碟里，放时不要直接从嘴中吐到骨碟上，而要使用筷子夹放到骨碟里，如骨碟放满了，可示意

让服务员换骨碟。

（四）碗

商务场合不要端起碗来吃，更不能用双手捧着碗吃。吃的时候可以用筷子、匙来辅助，切不可直接"下手"或"下嘴"，更不能用嘴吮吸碗边。盘子和碗里的剩余食物不要直接倒进嘴里，更不能去舔，可以借助筷子或匙。不用的碗，也不要往里面乱扔东西，比如一些不用的餐巾纸等。把碗扣在餐桌上也是一个很不好的行为。

（五）汤盅

中餐的汤盅是用来盛放汤类食物的。使用汤盅时需注意的是：将汤勺取出放在垫盘上，并把盅盖反转平放在汤盅上就是表示汤已经喝完。

（六）杯子

中餐宴请时用的杯子一般分为白酒杯、红酒杯、水杯和啤酒杯，在饮用不同饮料时选用不同的杯子，注意不要倒扣杯子，水杯不能用来盛酒水，喝时嘴里的东西不能再吐回杯子中。

（七）牙签

牙签的主要作用就是用于剔牙，但是在用餐过程中尽量不要当众剔牙。非剔不可时要用另一只手掩住口部，剔出来的食物不要当众"观赏"或再次入口，更不要随手乱弹，随口乱吐。剔牙后不要叼着牙签，更不要用来扎取食物。

（八）餐巾

在中餐宴请中餐巾可分为两种，一种是美化席面所用的餐巾，同时也可以避免客人在用餐过程中汤汁弄脏衣物，另一种是湿巾。尽管它们都是餐巾，但它们的用途是有区别的。

1. 餐巾

如前所说，餐巾可以避免汤汁弄脏衣物。其正确的使用方法是把它平铺在大腿上，也可用折起的内侧擦嘴或手，但将其围在脖子上或别在腰间的行为是不礼貌的。

2. 湿巾

餐厅会为每位就餐者在就餐前准备一块湿巾，其作用是擦手，用过之后应放回盛放湿巾的盘子里由服务员拿走，在宴会结束前，服务员还会再上一块湿巾，但与前者不同，其用途是擦嘴，不能用于擦脸和擦汗。

> **知识链接**
>
> ### 餐巾正确的使用方法
>
> 当主人示意用餐开始后,将餐巾打开或对折平摊在自己的腿上,切勿把餐巾系在腰带,或挂在西装领口。用餐过程中如需离开时,要将餐巾放在椅子上,用餐完毕才可将餐巾放在桌面上。
>
> 餐巾的基本用途是保洁,主要防止弄脏衣服,兼做擦嘴角及手上的油渍。切忌用餐巾擦拭餐具、皮鞋、眼镜,或用来擦鼻涕、抹汗。

三、中餐礼仪

(一)点菜

点菜前要礼貌地征询客人的意见,对客人的饮食偏好和禁忌要有所了解,以免好心办坏事。商务场合的点菜不是为了讲排场、装门面,在点菜时大点、特点,甚至乱点一通,不仅浪费,也给客人留下不好的印象。点菜也可以用点套餐、包桌或请几位主宾点,其余菜肴搭配着点的方式。如果不是用套餐或包桌的话,可以让服务生推荐饭店的招牌菜或特色菜,并征求客人的意见。如果请的是外地客人,还可以点本地特色菜。

作为被宴请的客人,点菜的时候可以告诉对方你没有特殊要求,请对方随便点。另外,不随便评论别人点的菜,比如说一些"吃不惯""不合口味"等,这样的评价即使是无意的,也可能使主人心存不快。

现在流行吃不完打包带走,以提倡节俭。但这仅限于非正式场合,在正式场合,这样做是不太合适的。

(二)上菜次序

不同种类的中餐上菜的顺序是不完全一样的,但从总体上说中餐上菜的程序是基本固定的。中餐上菜的顺序为开胃菜,主菜,点心。

1. 开胃菜

开胃菜,通常是由四种冷盘组成的,有时种类可多达10种,最具代表性的是凉拌海蜇皮、皮蛋等,有时冷盘之后接着出四种热盘,常见的是炒虾、炒鸡肉等,不过热盘多半被省略。

2. 主菜

主菜可称为大件、大菜。主菜的道数通常是4、6、8等偶数，因为，中国人认为偶数是吉数。在豪华的餐宴上，主菜有时多达16道或32道，但一般是6道至12道。这些菜肴是使用不同的材料，配合酸、甜、苦、辣、咸5种味道，以炸、蒸、煮、煎、烤、炒等各种烹调法搭配而成，其出菜顺序多以口味清淡和浓烈交互搭配，或干烧，汤类交配为原则。最后通常以汤作为结束。

3. 点心

指主菜结束后所供应的甜点，如馅饼、蛋糕、包子、杏仁豆腐等。最后则是水果。

（三）用餐礼仪

开始用餐的一般原则，俗话说是"主不请，客不尝"。上菜后，不着急吃，要待主人说"请"后再动手夹菜。开始用餐时取菜要适量，不要显得过于贪婪。主人向客人敬酒时，应起立回应，喝过酒后再开始吃菜。吃东西时应尽量不要发出声响。

进餐时应把嘴闭上，切忌一边嚼食一边说话，饭食喷洒到桌上是十分失礼的。如果需要交谈，应用餐巾拭嘴，以免食物残留唇边，影响雅观。

喝汤时不要吸，更不可发出"咕咕"的声音。汤如果太烫，可过一会儿再喝，不要用嘴吹。

进餐中，骨头和鱼刺应用筷子夹放在骨碟上，吃剩的菜、用过的勺也应放在骨碟内。掉在桌子上的菜不可再吃。个人用的骨碟如果满了，就要更换，以免味道混杂，有损食物原有的风味。

就餐的过程中，要做到"有劳有逸"，不可一味"埋头苦干"，在遇到自己喜欢的菜肴时也要照顾别的客人，不可"当仁不让"。边用餐边吸烟是不好的习惯，如有女士在场就格外显得没有风度了，因此应尽量避免在餐桌上吸烟。

宴请的时候，往往人会很多，桌子也会比较大，难免会有菜在对面够不着的情况，这时千万不可探起身子去夹。最好的办法是请最靠近你的人帮你传递过来，接到东西后，不要忘了说声谢谢。取菜时，分量要适中，即使是你最喜欢的食物，也不可过量。

此外，作为主人，在每一道菜端上来时应先请主客或长者品尝。为了表示客气，主人可用公筷、公勺为客人分菜。分菜也应有先后之别，先分给主宾、长者，后依就座次序分给他人；分菜要注意适量，如客人婉谢就不必勉强。此外，一些不易分开的菜肴，可要求服务员事先分好再端上餐桌，以免客人在取食时造成不必要的麻烦。

在宴请外宾吃中餐时，对外宾不要反复劝菜，可向对方介绍中国菜的特点，吃不吃由对方决定。有些外宾对吃中国菜不如想象中那么得心应手，这时可由中方主人做介绍或示范。

第五节　西餐宴请礼仪

在企业组织的商务宴请活动中，为照顾到国外客人的饮食习惯，有时要用西餐来招待客人。西餐厅一般比较宽敞，环境幽雅，吃西餐又便于交谈，因此，在商务宴请中，西餐是一种比较受欢迎又方便可取的招待形式。西餐礼仪主要是指欧美地区的用餐礼仪虽然各个国家之间对于细节的要求不同，但是西餐礼仪总体上讲是以欧洲大陆的西餐礼仪为主流，尤其以法国西餐礼仪为代表。西方人在餐桌上所形成的规范礼仪并不是与生俱来的，而是经过日积月累的训练和培养逐渐形成的。作为商务人员对西餐礼仪要有一个系统完整的了解，并能够不断地强化训练，注意其中的每一个细节，从而使自己变成真正的"绅士"和"淑女"。

一、西餐宴请座次安排

（一）西餐宴请座次排列原则

西餐宴请的座位排列与中餐比较既有相同之处，也有一定的区别，中餐宴请使用的是圆桌而西餐宴请使用的一般是长桌、方桌或者根据场地的需要拼成其他图形的桌型。其座次按以下原则排列。

1. 女士优先

女士优先是西方绅士风度的一种体现，在正式宴请活动中。座位的排列应以女主人为准，女主人坐在上位而男主人则应当坐在第二主位上，男、女主宾分别坐在女主人和男主人的右侧。

2. 主宾至上

为了突出主宾，在西餐宴请时即使来宾当中有身份、地位、年龄等方面高于主宾，但在此次宴请过程中，主宾仍然是主人关注的对象。

3. 以右为尊

这是国际惯例，以右为尊。

4. 近高远低

离主人越近座次越高，反之越低。

5. 面门为上

正对餐厅门的位置为上位

6. 交叉排列

西餐用餐惯例是交叉排列，男、女交叉安排座位，生人与熟人交叉排列。所以用餐的人数最好是偶数且男女人数相同，如图10-7所示。

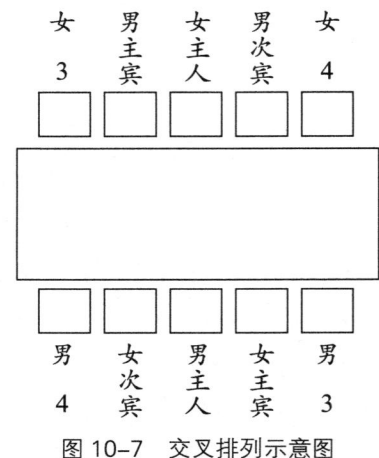

图 10-7 交叉排列示意图

（二）西餐宴请座次的具体排列方法

西餐席位，有以下三种排列方法。

1. 男、女主人在长桌的中央相对而坐，餐桌的两端可以坐人，也可以不坐人，如图10-8左图所示。

2. 男、女主人分别坐在长桌的两端，如图10-8右图所示。

3. 用餐人数较多时，可以把多张长桌拼在一起，以使大家能一道用餐，如图10-9所示。

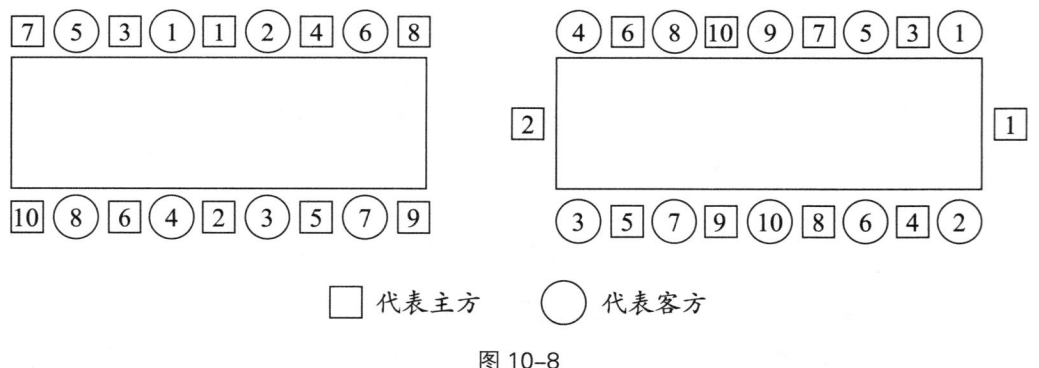

图 10-8

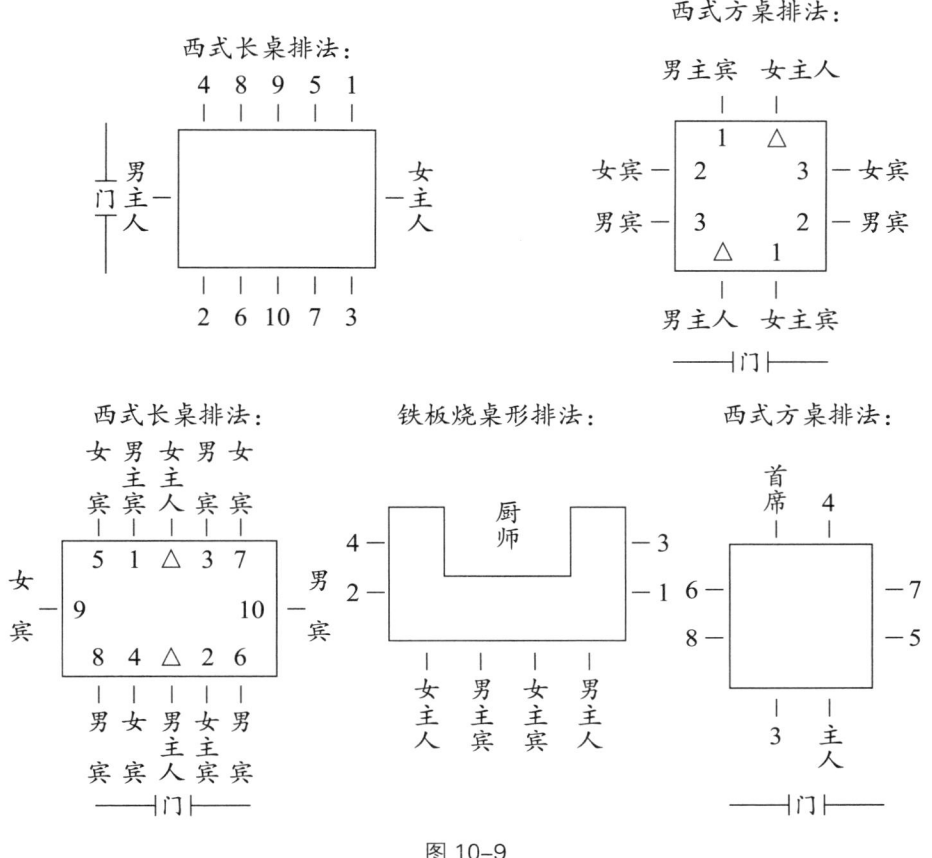

图 10-9

二、西餐餐具的使用

（一）餐具摆放

西餐的主要餐具有刀、叉、匙、餐巾、盘、碟、杯等物品。刀分为实用刀、鱼刀、肉刀、奶油刀、水果刀。匙有汤匙、茶匙，杯有茶杯、咖啡杯、水杯、酒杯等。宴会过程中，上几道酒就会配几种酒杯，其摆放方法是，中间摆放食盘和汤盘，餐厅一般将餐巾折叠出花型放于食盘上面。盘子右侧摆放刀、汤匙，盘子左边摆放叉子，杯子摆放在食盘的右上方。一般有三种酒杯：最大的是装水用的高脚杯，其次是红葡萄酒杯，细长的是白葡萄酒杯。根据情况而定，有时也会摆放香槟酒或雪利酒杯。其方法是沿斜线排列最外侧是白葡萄酒杯，中间是红葡萄酒杯，最里面是清水杯。面包盘和奶油刀摆在食盘的左上方，刀刃向内，食盘正前方摆咖啡和吃点心用的小汤匙和刀叉。刀叉的数目应与上菜的道数相同，并按上菜的顺序由外向内排列，刀口向内。餐具摆放如图10-10所示。

图 10-10　西餐餐具摆放示意图

（二）餐具的使用

1. 刀叉的选用

在正式的西餐宴会中，每吃一道菜都要用一副刀叉，因此，都要用专门的刀叉，不能乱拿乱用，也不能只用一副刀叉。

（1）刀叉的使用方式

分英式与美式两种。英式刀叉的使用，在进餐过程中始终右手拿刀，左手拿叉，一边切割一边叉而食用。这种方式通常被认为比较文雅，美式的使用方法是先右手拿刀，左手拿叉。把要吃的食物在餐盘中切好，然后把右手的餐刀斜放在餐盘前方，将左手的餐叉换到右手开始进食。

（2）刀叉的暗示作用

刀叉的不同摆放形式，通常能传达客人的真实意图。如果在就餐过程中需要暂时离开或者与他人聊天时，应放下手中的刀叉，其方法是，刀右叉左，刀刃向内，叉齿向上。两者呈八字形状摆放在餐盘上，这种

　　进餐中　　　　　进餐结束

图 10-11　刀叉的暗示语言

方法表示正在用餐中。表示用餐结束，其方法是，将叉齿向上，刀刃向内，并排放在餐盘上或刀上叉下并排横放在餐桌上。这种方法示意服务员请将餐盘一并收掉。如图 10-11 所示。

2. 餐巾的使用

用餐时，餐巾应该折成三角形或折叠放于腿上。用餐完之后，将其折叠好放于餐盘的左侧。餐巾的主要用途是美化席面，防止汤汁弄脏衣物以及起暗示的作用。

（1）美化席面

可折叠出各种花形装点席面，使就餐的客人心情愉快。

（2）防止弄脏衣物

在就餐过程中，餐巾可以防止汤汁洒落到衣物上，可以使客人避免弄脏衣物，但入座后，打开餐巾应隐蔽，以免影响他人。

（3）擦拭口部

餐巾还可以擦拭口部，通常用餐巾内侧，但不能擦脸、擦汗及擦餐具，但可以用来掩口遮羞。

3. 餐匙的使用

餐匙可分为两种，一种是汤匙，另一种是甜品匙。形状大的是汤匙，反之是甜品匙。餐匙的用途不同，所以不能代替。餐匙除了饮汤与取甜品外，不能用于取其他食物。不要用餐匙在汤或甜品之中搅拌。而且取食时餐匙不宜过满，一旦入口，就应当一次性用完。使用过程中不要把餐匙全部放入口中，使用完毕，餐匙不能放回原位，也不能叉立在菜肴当中或其他餐具中。

三、西餐礼仪

（一）上菜的次序

西餐在菜单的安排上和中餐有很大的不同。以举办宴会为例，中餐宴会除冷菜外，还要有热菜6~8种，再加上甜点和水果，显得十分丰富。而西餐虽然看着似乎很繁琐，但每道一般只有一种，下面就将其上菜顺序进行简单介绍。

1. 头盘

西餐的第一道菜是头盘，也称为开胃品。开胃品的内容一般有冷头盘或热头盘之分，常见的品种有鱼子酱、鹅肝酱、熏鲑鱼、鸡尾杯、奶油鸡酥盒、焗蜗牛等。因为是要开胃，所以开胃菜一般都具有特色风味，味道以咸和酸为主，而且数量较少，质量较高。

2. 汤

与中餐有极大不同的是，西餐的第二道菜就是汤。西餐的汤大致可分为清汤、奶油汤、蔬菜汤和冷汤四类。品种有牛尾清汤、各式奶油汤、海鲜汤、美式蛤蜊汤、意式蔬菜汤、俄式罗宋汤、法式焗葱头汤等。其中冷汤的品种较少，有德式冷汤、俄式冷汤等。喝汤意味着西餐的正式开始。

3. 副菜

鱼类菜肴一般作为西餐的第三道菜，也称为副菜。品种包括各种淡水鱼类、海水鱼类、贝类及软体动物类。通常水产类菜肴与蛋类、面包类、酥盒菜肴品均称为副菜。因为鱼类等菜肴的肉质鲜嫩，比较容易消化，所以放在肉类菜肴的前面，叫法上也和肉类菜肴主菜有区别，西餐吃鱼类菜肴讲究使用专用的调味汁，品种有荷兰汁、酒店汁、白奶油汁、大主教汁、美国汁和水手鱼汁等。

4. 主菜

肉、禽类菜肴是西餐的第四道菜，也称为主菜。肉类菜肴的原料取自牛、羊、猪等各个部位的肉，其中最有代表性的是牛肉或牛排。牛排按其部位又可分为沙朗牛排（也称西冷牛排）、菲力牛排、"T"骨牛排、薄牛排等。其烹调方法常用烤、煎、铁扒等。肉类菜肴配用的调味汁主要有西班牙汁、浓烧汁精、蘑菇汁、白尼斯汁等。禽类菜肴的原料取自鸡、鸭、鹅，通常将兔肉和鹿肉等野味也归入禽类菜肴。禽类菜肴品种最多的是鸡，有山鸡、火鸡、竹鸡，做法上可煮、炸、烤、焖，主要的调味汁有黄肉汁、咖喱汁、奶汁等。

知识链接

牛排知识

一、牛排的历史

根据记载，食用牛肉的习惯最早来源于欧洲中世纪时期，猪肉及羊肉是平民百姓的食用肉，牛肉则是王公贵族们的高级肉品，尊贵的牛肉被他们搭配上了当时也是享有尊贵身份的胡椒及香辛料一起烹调，并在特殊场合中供应，以彰显主人的尊贵身份。到了18世纪，英国已经成了著名的牛肉食用大国。今天，美国是消费牛肉的最大国家，牛排则早于在19世纪中叶成了美国人最爱的食用方式。但在亚洲，人们对牛肉有着两极化的反应，比如日本，可说是将牛肉发挥到了极致。

各国对牛肉的态度、习惯不同，所以牛肉的食用方法也不同：美国食用牛排的方式粗犷且豪迈，不拘小节，整块腓力牛排烧烤后再切片；罗马风味的佛跳墙则最让人津津乐道，料理后，用油煎至表面呈金黄色，并注入白葡萄酒，据说这样的料理可以防止夏天的过敏症；对英国人来说，仍习惯于将大块的牛排叉起来烤；法式牛排特别注重酱汁的调配，用各式的酱汁凸显牛排的尊贵地位；至于德国人吃牛排的方式非常奇特,"酸牛肉"光听名字就够让人匪夷所思,而生鲜牛肉则更是需要拿出勇气尝试的;在日本,一般烧烤店中常用的日式照烧烤酱被运用在西式牛排中,使照烧沙朗牛排口味别具一格。

目前,中国普通西餐馆中流行的牛排多数属于美式风味。

二、牛排熟度

牛排的熟度分为六个等级:

Blue:近生牛排,正反面热一小会儿,外层略熟是为了方便挂汁,一切开里面还是有血渗入。

Rare:相当于一成熟,煎的时间不超过4分钟,里面的肉几乎是凉的,据说这样做特别鲜嫩多汁。

Medium Rare:三成熟,时间为6~8分钟,热度已经传到里面了,但肉质还是红色的。

Medium:五成熟,8~10分钟,外表已经是深褐色了,最里面肉质发红,吃起来已经是熟肉了。

Medium Well:七分熟,需要烤到12分钟,里面的肉也都是褐色,嚼起来显得有点儿老了。

Well Done:不要被这个看似美好的名字骗了。全熟牛肉,肉汁基本被烤干了,需要考验你的牙口。

三、牛排种类

Fillet:菲力牛排,小块腰内里脊肉,是牛脊上最嫩的部分,肌肉纤维很细,几乎没有肥肉。(推荐三分熟)

Sirloin:西冷牛排,在上腰部分,属于牛外脊肉,只在顶部有一条肥肉,口感韧度较强。(推荐三分或五分熟)

Rib-eye:肋眼牛排,在肋骨附近的肉,最大特点就是中心有一条肥肉,大理石纹路比较多也分布均匀。(推荐五分熟以下)

T-bone:T骨牛排,取自牛背脊骨,T形的骨头一侧是Sirloin,一侧是Fillet,比较适合综合征患者。(推荐五成熟)

5. 蔬菜类菜肴

蔬菜类菜肴可以安排在肉类菜肴之后,也可以与肉类菜肴同时上桌,所以可以算为一道菜,或称之为一种配菜。蔬菜类菜肴在西餐中称为沙拉。与主菜同时提供的沙拉，称为生蔬菜沙拉，一般用生菜、西红柿、黄瓜、芦笋等制作。沙拉的主要调味汁有醋油汁、法国汁、千岛汁、奶酪沙拉汁等。沙拉除了蔬菜之外，还有一类是用鱼、肉、蛋类制作的，这类沙拉一般不加味汁，在进餐顺序上可以作为头盘食用。还有一些蔬菜是熟食的，如花椰菜、煮菠菜、炸土豆条。熟食的蔬菜通常是与主菜的肉食类菜肴一同摆放在餐盘中上桌，称之为配菜。

6. 甜品

西餐的甜品是主菜后食用的，可以算作是第六道菜。从真正意义上讲，它包括所有主菜后的食物，如布丁、煎饼、冰激凌、奶酪、水果等。

7. 咖啡、茶

西餐的最后一道饮料是咖啡或茶。饮咖啡一般要加糖和淡奶油。茶一般要加香桃片和糖。正式的全套餐点没有必要全部都点，点太多却吃不完反而失礼。稍有水准的餐厅都不欢迎只点前菜的人。前菜、主菜（鱼或肉择其一）加甜点是最恰当的组合。点菜并不是由前菜开始点，而是先选一样最想吃的主菜，再配上适合主菜的汤。

（二）西餐的禁忌：

西餐的禁忌具体表现如下：

（1）就座后不能翘足，不能两脚交叉，不要随意玩餐桌上的餐具。

（2）用餐时，腹部和桌子应有一拳距离，在食物送入口时不能弯腰来吃食物，应抬头挺胸。

（3）用餐时，不能把盘子端起来，吃东西时应闭嘴嚼食物，不能发出声响。喝汤时也不允许发出声响。

（4）就餐过程中不可当众解开纽扣，拉松领带或脱下衣服。

（5）不允许用自己的餐具为别人取菜、盛汤或选取其他食物。

（6）用餐过程中掉在地上的餐具和其他物品是不用捡的，应当请服务员帮忙。

（7）西餐讲究干净，在就餐过程中不允许有拨头发、挖鼻孔等行为，打喷嚏或咳嗽应当用餐巾挡一挡并对其他人说对不起。如果有汤汁洒落在台布上应用餐巾盖住脏的地方。

（8）用餐过程中不可当众剔牙，如果非剔不可应找无人的地方。

（9）男士勿自顾自地吃起来而忽略了与女性聊天，也不可很快吃完。音量要保持对方能听见的程度，不要影响到邻桌。

（10）要喝水时应把口中的食物先吞下去，不要用水冲嘴里的食物，用玻璃杯喝水时要注意先擦去嘴上的油渍，以免弄脏杯子。

（11）口中有食物不可说话，不可用刀叉比画，谈话时应先放下刀叉。

（12）西餐席间不允许吸烟，只能当热饮上来后表示宴会结束时方可吸烟。吸烟时也要观察桌面上是否有烟灰缸，如果没有则表示禁止吸烟，如果有的话，也应当征求左右邻座的同意。

（13）用餐过程中不能拒绝对方的敬酒。即使不能喝酒也要热情回应对方，并端起酒杯回敬对方。与对方碰一下杯子表示尊重，然后把杯子送到嘴边表示去喝的动作即可。

知识链接

西餐宴请酒水的选用

一、餐前酒

也称"开胃酒"，一般是吃煮菜之前喝的，口味比较清淡，或者味道比较酸甜可口。其特点不但可以刺激食欲，还有滋养、健胃等功效。餐前酒有味美斯、比特酒、茴香酒等。

二、佐餐酒

主要是指葡萄酒，西方人就餐时一般只喝葡萄酒不喝其他类酒，如红葡萄酒、白葡萄酒、玫瑰花葡萄酒和有汽葡萄酒等。在正式西餐宴会中，佐餐酒就是指白葡萄酒与红葡萄酒两种。白葡萄酒是配合白肉的时候喝的，红葡萄酒是配合红肉时喝的。白肉是指鸡肉、鱼肉、海鲜等，这些食材烹制好后，味道比较淡，而白葡萄酒的味道也比较淡。红肉是指牛肉、羊肉、猪肉等。这些食材烹制好后，味道比较浓，而红葡萄酒的味道也比较浓郁，可配合饮用。

三、餐后酒

餐后酒主要指的是餐后饮用的可帮助消化的酒水类，如白兰地、利口酒等。

知识链接

鸡尾酒小知识

人们最初开始饮用混合酒只是在酒中加入一些辅料，如柠檬等。到19世纪，制冰技术的发展使冰块的使用不受季节限制，为鸡尾酒的迅速发展奠定了基础。现代鸡尾酒起源于17世纪，第一次在文字上把"鸡尾酒"一词定义为酒精、糖、水和苦味酒的混合饮料，是在1806年出版的一本美国杂志上。第一部真正关于鸡尾酒的书是《如何配制饮料》，由杰里·托马所著，1862年出版。20年之后出现了哈里·约翰逊的《酒吧员手册》以及《如何配制流行的饮料》等图书。

鸡尾酒的英文写法为：由英文Cock（公鸡）和tail（尾）两词组成的。鸡尾酒是一种含酒精的混合饮品，它的出现几乎是和酒的历史一样久远。鸡尾酒是一种以蒸馏酒为酒基，再配以果汁、汽水、利口酒等辅料调制而成的色、香、味、形俱佳的艺术酒品。具体地说，鸡尾酒是用基本成分、添加成分、香料、添色剂及特别调味用品，按照一定比例配制而成的一种混合饮品。

美国的《韦氏词典》是这样解释的：鸡尾酒是一种量少而冰镇的酒，它是以朗姆酒、威士忌、伏特加或其他烈酒、葡萄酒为基酒，再配以其他辅料，如果汁、蛋清、牛奶等，以搅拌或摇晃法调制而成的，最后再以柠檬片或薄荷叶等装点。

本章小结

商务宴请是商务交往中与宾客沟通的重要方式之一，随着市场竞争不断加剧，商务宴请已经成为商家与客户沟通的重要渠道。商务宴请礼仪就是指在商务宴请中应当熟悉和遵循的礼仪要求和规范。宴请的礼仪程序从组织宴请开始，就需要精心设计，包括宴请的种类、规格、范围、时间等，并根据实际情况需要提前发出邀请。比较大型的宴会场所，需要根据中西餐的不同要求，对桌次、位次进行必要的、准确的排列；餐桌上餐具的摆法也要有所讲究；无论是中餐还是西餐，无论出席酒会还是宴会、冷餐会，进餐时都要服从一定的规范；餐具的使用也不能太随意，特别是西式餐具，有刀、叉、勺、匙、碟等多种，更要遵循各种约定俗成的使用方法，避免在宴会场合失礼。

练习题

一、单项选择

1. 工作期间，为了让大家休息而准备的食品招待为（　　　　）。
   A. 自助餐　　　　　B. 酒会　　　　　C. 茶会　　　　　D. 工作餐
2. 西餐进餐时，中途离开可将刀叉放成（　　　　）。
   A. 八字形　　　　　B. 二字形　　　　　C. 十字形　　　　　D. 随意形状

3. 以下说法正确的是（　　　）。

　　A. 冷餐会以酒水为主，略备小吃　　　　B. 酒会都在晚上举行

　　C. 工作餐需事先发请柬　　　　　　　　D. 自助餐客人可以自由活动

4. 用餐时应将餐巾（　　　）。

　　A. 围在胸前　　　B. 放膝盖上　　　C. 放在椅子上　　　D. 随意

5. 下面关于西餐的礼仪哪项是错误的（　　　）。

　　A. 掉在地上的餐具和其他物品必须立即捡起来

　　B. 就餐过程不可当中解开纽扣

　　C. 不可当众剔牙，可以找个无人的地方剔牙

　　D. 就餐时不能端起盘子吃东西

6. 下列不符合宴会席位排列原则的是（　　　）。

　　A. 左高右低　　　B. 中座为尊　　　C. 面门为上　　　D. 观景为佳

二、多项选择

1. 下列关于西餐礼仪描述不正确的是（　　　）。

　　A. 开胃菜量少，主打开胃功能

　　B. 牙口好的人可以选择T骨牛排

　　C. 红葡萄酒配白肉时喝

　　D. 西餐中的黄油刀一般摆放在正餐盘的右侧

　　E. 当叉子与刀子并排放在餐盘上时意味着自己用餐结束

2. 以下关于西餐说法正确的是（　　　）。

　　A. 主客间隔而坐

　　B. 男女间隔而坐

　　C. 夫妻分开而坐

　　D. 女主人把其餐巾打开表示宴会的正式开始

3. 参加宴会时下面哪种情况是错误的（　　　）。

　　A. 使用汤匙时应同时将筷子交换到左手拿住

　　B. 需要处理骨、鱼刺时，应用筷子取出放到桌上

　　C. 在进餐过程中，不可只品尝自己喜欢的菜肴，不宜议论菜肴的优劣

　　D. 不宜当众剔牙，更不可用指甲剔牙

思考题

1. 西餐座次排列的一般法则是什么？
2. 西餐上菜的次序是什么？
3. 中餐上菜的次序是什么？
4. 中餐座次排列的要点是什么？并以图的形式展示一个主人，九个客人可以采用的座次排列如何排？
5. 酒水的大致分类有哪几种？

小组活动

1. 小组内讨论中餐宴请桌次与座次的安排。
2. 小组内讨论餐具的使用礼仪。

案例分析

杨小姐订餐

一天，某公司老总准备宴请新员工，让秘书杨小姐去酒店预订包房并点菜。杨小姐到了酒店，面对服务员递上来的菜谱眼花缭乱，不知点什么菜好。点太好的菜，担心老总说太浪费；点一般的菜吧，又怕老总说"小家子气"。最后，只是按服务员的推荐点了菜，结果因搭配不当，许多菜竟无人动筷子，以致造成了很大的浪费。饭后，老总对杨小姐十分不满。

思考：

如果你是杨小姐，你应该怎样订餐呢？

第十一章　商务求职礼仪

学习目标

- 了解求职前应做哪些准备工作，学会进行职业规划
- 掌握求职简历和求职信的写作
- 了解面试时即求职中的具体礼仪
- 了解求职后的具体礼仪

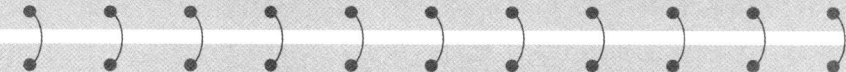

关键词

职业规划　求职简历　面试礼仪　求职后礼仪

引导案例

面试的装扮

曾有一名女生因穿着超短裙参加招聘面试而惨败而归。主考官这样评价她："如果她有职业水准的话，就不会那样穿着，虽然未必在工作的时候一定要穿得非常正式，但在面试时的标准应该提高。"

案例分析

装扮要得体：关于"面试的时候应该穿什么？"的问题，负责招聘人员的答案几乎是一致的："穿适合该行业的和该职业的服装参加面试。"面试礼仪是每个人在求职的过程中所表现出的由里到外的一种涵养，外表的礼仪是对招聘单位和招聘人员最起码的尊重。

从面试中看工作态度：某家公司的总裁曾经说过："我希望看到对方比较认真付出的努力，因为那是一种针对工作的负责态度。如果有人申请我公司的职位，却不屑于在第一次表现出他们最好的一面，那么他们肯定不会在任职期间做到最好。"在面试有限的时间里把握每一个细微的言行，展现出最好的一面，才能为面试赢得成功的机会。

有不少大学生在应对面试时，常常会因为经验不足而丢掉一些重要的求职机会，影响求职结果。

第一节　求职前的礼仪

一、审视自己与分析形势

（一）进行职业规划

职业规划是对职业生涯乃至人生进行持续的系统的计划过程。一种有效的职业规划有利于明确人生未来的奋斗目标，它能帮助一个人认清自己，找到适合他们发展的职业目标与发展机会并在以后面对困境时能百折不挠，最终走向成功。

1.分析自己，把握自己，为自己准确定位

择业前有必要正确审视一下自己。一定要从自己的理想、兴趣、爱好和特长出发去选择自己的职业。客观地认识自己和评价自己，千万不要把高薪和生活舒适作为择业的唯一目标。

2.全面考虑，选择单位

单位是否在走上坡路是选择单位要考虑的因素之一，应把发展态势较好的单位作为首选，而不要投身于正在萎缩、衰落的单位。另外，要考虑用人单位的岗位，看哪一个单位能给自己一个施展才能、拓展事业的空间，发展是最重要的。当然，在正规的大企业里工作能接受到正规的职业训练，能学习到过硬的本领和技术，对一个人以后的发展是受益匪浅的。当你在一个大公司有过工作经验，不论你将来干什么，都是你人生的重要阅历和资本。

（二）兴趣

兴趣对职业的影响是显而易见的。虽然一个人对某一特定的职业感兴趣并不意味着他一定能做好这项工作，但如果他对某一职业不感兴趣，那么做好这项工作的希望就很小。兴趣是人们最好的老师，它可以使人们主动去对某一领域进行研究，并且乐在其中，从而较容易地取得突出的成绩。

（三）气质

不同气质的人对应的性格特点不尽相同，进而适合的工作也会千差万别。了解和找准自己的气质对选择正确的职业也有很大的帮助。例如：

胆汁质的人适合做内容不断变化、环境不断转移的工作，如导游、推销员、节目主持人、演员等，对那些长期、细致的工作则较难适应。

多血质的人往往具有较强的交往能力，容易适应新的环境，工作适应面较广，尤其适合做导游、公关、谈判、外交、推销、宣传咨询等工作，但是不适合做过于细致或过于单调的机械性工作。

黏液质的人很适合做外科医生、法官、会计、出纳、播音员等长时间专注于某些严谨事物的工作。

抑郁质的人特别适合做耐心细致的工作，如打字、排版、登记、化验、刺绣、雕刻、文秘等。

（四）了解市场就业信息

如今，是信息高速发展的时代，要找一个最符合自己实力、最接近择业目标的单位，首先必须获取市场就业信息。就业信息是指有关求职就业方面的消息和情况，一般内容包括国家政治经济状况、就业指导计划、社会各部门需求情况以及未来各产业、职业的发展趋势等宏观情况。再具体些还包括某些行业、部门对就业者素质的要求，某一职业的发展情况，地区的差异性，单位的具体情况，如规模、前途、人际关系、待遇，还有大学毕业生的供需状况等。

（五）能力准备

初步确定职业目标之后，要客观地分析自己的能力是否有可能实现这个目标。每个人的能力侧重点不同，并不是所有人的能力都足以实现其职业目标。一般认为，与人的职业有关的主要能力有观察能力、思维能力、记忆能力、想象能力、操作动手能力、语言表达能力、组织管理能力和社交能力等。

（六）了解用人单位需求及用人单位情况

应聘者可以通过报纸、电台、电视台、杂志、网络等媒体了解招聘信息，也可以通过劳务市场、人才交流会、职业介绍所等专业场所了解招聘信息，还可以到用人单位登门拜访，借助亲朋好友和熟人了解用人单位信息等方法，获得公司的发展前景、人际公关、所聘职务、上班时间、服务地点、薪金待遇等信息，来决定自己是否应聘该公司。

（七）求职心理准备

1. 培养积极主动的择业意识

随着市场经济体制的逐步建立，以及劳动、人事制度的重大变化，现在的就业趋势是人才自由选择职业、单位，用人单位择优录取。对于这种趋势，求职者应该及早地做好求职准备，将过去的那种被动等待就业的意识调整为现在的主动择业意识。求职者面对整个社会的变革，应树立起新的择业意识，做到未雨绸缪，不断调整自己的知识结构，跟上社会前进的步伐。树立正确积极的择业意识应该包括两个方面：一方面是求职者以主动者的身份去选择适合自己的兴趣、特长爱好的工作；另一方面是在选择自己职业的同时，也要以被动者的身份去接受用人单位的选择。

2. 培养积极的竞争意识

在一个充满竞争的社会，一个求职者只有具有较强的竞争心理，才能抓住那些稍纵即逝的机会，才能找到一份令自己真正满意的工作，才能展示自己的才能和抱负。虽然在机会面前人人平等，但机会还是偏爱那些做了准备且具有竞争心理的人。因此每一个求职者在走上社会择业之前，都应积极地培养自己的竞争心理、竞争意识，以便在激烈的求职竞争中取得成功。

3. 培养自信心理

任何一个求职者，无论在什么样的情况下，都应该坚定地相信自己，相信自己能够面对挑战，并且最终会战胜挑战。在求职过程中，求职者随时都可能遭受到变化无常的命运折磨，以及突如其来的失败打击，但是，至关重要的是不管命运多么残酷，都不能丧失信心，都要相信自己，去创造奇迹。

4. 培养今后工作所需要的心理素质

不同的工作是需要不同的心理素质的。在明确了个人的职业意向和心理特点之后，就要按照今后的职业要求，不断调整和培养自己适合未来工作的心理素质，以便走上工作岗位之后顺利地适应新的工作。

二、离开原单位前应做的准备

未找到新的职业前不要辞职，一来自己生活无保障，二来会让新单位觉得你是走投无路才来的，会低估你的能力；避免在公司繁忙、缺人手的时候辞职，否则不近人情，表明此人个性不成熟、不负责任；在辞职前，要保持有始有终的工作态度，业务的交接要负责尽职；辞职要以书面报告形式，写辞职信要用白色信纸，理由简明列出，如健康不佳、家庭原因等。注意辞职的时候不要指责单位或攻击某人。辞职信要直接交到上司手上，不要越级辞职，无视上司。

三、求职信与求职简历写作

（一）求职信

求职信是求职者写给用人单位的信，目的是让对方了解自己、相信自己、录用自己，它是一种私人对公并有求于公的信函。求职信要有规范性和专业性，需要注意以下几个方面：

1. 明确招聘者的期望

要想写一封成功的求职信，一定要明确对方的要求。

招聘条件一般来说有两种：一种是直接能从招聘启事上读到的，诸如年龄、学历等，大多数求职者都能够有所注意。另一种招聘条件则是隐性的，这些信息在招聘启事上不能直接读到，它们隐藏在具体要求的背后，要理解这些隐性条件，就需要对招聘者、招聘工种、招聘条件进行一个系统的分析，从而找到那些字面下的含义。

有一些招聘条件是大部分招聘者都希望在招聘启事上读到的，这类条件大部分是关于性格和人格方面的。如具有严格的分析和推理能力，具有吃苦肯干的精神，能够顾全大局，正直善良、无私等。对于这些条件，求职者必须要有所察觉，并且在求职信上要有所体现。

2. 求职信写法

（1）标题

标题是求职信的标志。一般写"求职信"即可，以表明信件的性质。

（2）称谓

在标题的下一行，顶格写用人单位的名称或负责人的姓名，职务。注意后面尽量不要写问候，寒暄的话语。通常用"您好""打扰了"等。

（3）正文

这是求职信的重点。写清楚自己求职的目标，介绍自己求职的条件及自己的特长等。

（4）附件

附件是证明自己的履历表，包括推荐信，获奖证书等。要在正文下一行空两格写明"附件"，要一一写清。

（5）落款

需要书写求职者的姓名及求职时间。注意格式要正确。

3. 求职信的内容

（1）个人情况

个人信息里最重要的是应试者能力的表现，应试者曾经做过什么工作，结果如何。这里体现了应试者的领导能力、学习能力、工作能力、专业知识的储备等。可以将学位证书、培训经历和其他证书都列在简历里。

（2）申请的工作岗位

（3）胜任工作的条件

应试者在什么方面能够胜任所申请的工作，应试者曾经做过这方面的哪些工作，有什么样的经验。

（4）附上精心选择的自己满意的照片

4. 撰写求职信的一般原则

（1）诚实不欺原则。写求职信务必要实事求是，切不可弄虚作假。

（2）简明扼要性原则。切忌冗长繁杂。

（3）多样性原则。写求职信没有什么现成的规则，只要能从实际出发，写出自己的特点、专长，而又能引起对方的兴趣就够了。

5. 写求职信时应注意的礼仪

（1）全面真实地介绍自己的情况。

（2）反复斟酌字句，不要写错别字。

（3）书写简明扼要，重点突出。

（4）不要过分强调学习成绩，应多强调自己完成工作的能力。

（5）介绍特长时应真实具体，不要泛泛而谈。

（6）书写纸张应用质地良好的信纸，用钢笔书写或用计算机打印。

（7）书写篇幅在2页以内。

（8）设置漂亮的字体打印，注意排版格式。

（9）附上有关证书的复印件。

（10）将电子信箱、传真号码、电话号码和居住地址详细列上，方便用人单位联系。

（二）求职简历

求职简历又称求职资历、个人履历等，是求职者将自己与所申请职位紧密相关的个人信息经过分析整理并清晰简要地表述出来的书面求职资料。求职简历类似推销自己的广告文稿，就像产品介绍一样，要能激起用人单位这个"客户"的购买欲望，说服招聘者给自己面试的机会。样本如图11-1所示。

个人简历

应聘职位：　　　　　　　　　　　　　　填表时间：　　年　　月　　日

姓名		性别		文化程度		照片
		身高		政治面貌		
籍贯				出生年月		
户口所在地				婚否		民族	
身份证号码				现居住地		
毕业院校				毕业时间		
学习专业				爱好特长		
个人简历						
就学时间	学校		学年	学历	专业	担任职务
英语应用水平				就业期望		
计算机应用水平				住宿要求		
工作经历	时间	工作地点			职务	
联系方式	移动电话			固定电话		
	邮编			地址		

图 11-1　简历样本

1. 简历的含义及其作用

简历，又称Resume，或称CV（curriculum vitae），CV一般是指学术简历，应届毕业生求职简历一般称为Resume，顾名思义，是对个人学历、经历、特长、爱好及其他有关情况所作的简明扼要的书面介绍。

对于求职者来说，简历是获取工作机会的敲门砖，当今社会求职找工作的方式很多，但是简历适用于每一种、每一阶段的面试，当招聘官打开招聘邮箱的第一刻开始，映入他眼帘的就是简历，所以简历的好坏与否，直接影响到求职的成败。制作出优秀的求职简历是迈向成功的第一步。

2. 简历的种类

常见的简历有以下几种。

（1）时间型简历

时间型简历强调的是求职者的工作经历，大多数应届毕业生都没有参加过工作，更谈不上工作经历了，所以，这种类型的简历不适合毕业生使用。

（2）功能型简历

功能型简历强调的是求职者的能力和特长，不注重工作经历，因此对毕业生来说是比较理想的简历类型。

（3）专业型简历

专业型简历强调的是求职者的专业、技术技能，比较适用于毕业生，尤其是申请那些对技术水平和专业能力要求比较高的职位，这种简历最为合适。

（4）业绩型简历

业绩型简历强调的是求职者在以前的工作中取得过什么成就、业绩，对于没有工作经历的应届毕业生来说，这种类型不适合。

（5）创意型简历

创意型简历强调的是与众不同的个性和标新立异，目的是表现求职者的创造力和想象力。这种类型的简历不是每个人都适用，它适合于广告策划、文案、美术设计、从事方向性研究的研发人员等职位。

3. 个人简历的内容

个人简历一般要包括以下内容：姓名、年龄、住址、电话号码、邮政编码、婚姻状况、健康状况、学历、工作经历、工作经验、个人特长、爱好和兴趣等。填好上述内容且保证正确无误后，就应该着手撰写下列内容。

（1）求职目标

简述个人追求的工作目标。如果不止一个，要确认它们都是互相联系的。如果自己的能力较强，面临的就业机会较多，那么就可以把自己的求职目标定位一个概括性目标。如果确实有些不相关但又有潜力的目标可以考虑，那么不妨为每一个工作目标拟定一份个人简历。要注意的是，既不要使自己的目标过于宽泛，也不要使自己的目标过于狭窄。

（2）工作经历和经验

首先，要列出个人最后一份工作，然后依次向前追溯，在每列一份工作的时候，要具体包括就业日期、就业单位、工作地点、工作岗位等。如果没有专职的工作经历可写，比如学生，那么也可以把业余时间打短工或假期兼职的经历写出来。不要小看这种打短工的经历，对于一个全日制学生来讲，它是一笔相当丰富的财产，如果个人的这种经历同所谋求的职位关系很近，那么情况会乐观很多。

（3）取得的成绩

主要突出大学阶段所担任的社团工作、职务及获得的各种奖励，从事各种兼职工作、实习和社会实践的内容与成果，也需要拿出个人在工作中取得的成绩来。描述成绩的时候，要尽量用那些表现能力的有一定分量的词语，诸如组织、指导、协调、演讲、写作、公关、增加、降低、挽回、开发、研制、创造等。在列出自己主要成绩的时候，还要找出体现这些成绩的主要例子，以应对面试时主考人员的提问。

（4）个人兴趣与爱好特长

在简历表上也可以写上有关个人的兴趣或者背景，这一点也很重要。如果和另外一名求职者才学相当，工作上也不相上下，那么这时候个人的兴趣与爱好就往往会起到举足轻重的作用。还有，在填写时也要对招聘者的兴趣和爱好有一个大体的了解。

（5）学历

在撰写自己学历的时候，可以首先列出最高的受教育经历，然后依次后推。还要明确写出受教育的时间和院校、获得的文凭和学位、主修或选修的科目，并且要注明平均分数，以及所有的奖状证书等。总之，要突出个人现有的经验和专业优势。

（6）其他方面

在简历上，也可以列出以下信息：性格倾向，所属的组织，家庭成员简单情况以及他们对你选择此工作的态度。

4. 撰写简历的原则

（1）要有重点

一个招聘者希望看到求职者对自己的事业采取的是认真负责的态度。不要忘记雇主在寻找的是适合某一特定职位的人，这个人将是数百名应聘者中最合适的一个。因此，如果简历的陈述没有工作和职位重点，或是把自己描写成一个适合于所有职位的求职者，你很可能将无法在任何求职竞争中胜出。

（2）把简历看作一份广告——推销自己

最成功的广告通常要求简短而且富有感召力，并且能够多次重复重要信息。个人的简历应该限制在一页以内，工作介绍不要以段落的形式出现；尽量运用动作性短语使语言鲜活有力；在简历页面上端写一段总结性语言，陈述个人在事业上最大的优势，然后在工作介绍中再将这些优势以工作经历和业绩的形式加以叙述。

（3）陈述有利信息，争取成功机会

尽量避免在简历阶段就遭到拒绝。为面试阶段所进行的简历筛选的过程就是一个删除不合适人选的过程。如果你把自己置身于招聘者的立场就会明白：招聘时每次面试都需要较长时间，因此对招聘者来说进入面试阶段的应聘者人数越少越好。招聘者对理想的应聘者也有要求：相应的教育背景，工作经历以及技术水平，这会是应聘者在新的职位上取得成功的关键。应聘者应该符合这些关键条件，这样才能打动招聘者并赢得面试机会。同时，简历中不要有其他无关信息，以免影响招聘者对你的看法。

5. 个人简历的撰写顺序

个人简历的撰写顺序主要有两种：时间顺序和工作顺序。按时间顺序是指以时间为序将工作经历写出，从当前从事的工作开始追溯到过去，也可以把二者倒过来写。以工作为序是指按工作的不同把自己的经历一一展示出来，在关键的标题下列出自己显著的成绩。这类简历又称为"实用性"简历。那些工作经历丰富或者工作成绩出色者使用此法最好。

四、服饰形象的选择

求职者的外表形象往往关系到应聘效果，因为人的第一印象中，70%是由外表决定的，所以应聘者必须注意自己在应聘、面试那一刻的形象。

（一）应聘者形象方面的注意事项

1. 男士服装及形象要求

在现代社会的公关活动中，"西装革履"被认为是现代职业男士的正规服饰。男士的穿着以正式的西服为宜，领带要打端正，若有领带夹应夹在衬衫第三与第四个扣子中间的位置。袜子颜色要配合西服颜色。

求职者最好穿深色的西服，传统的黑色、藏蓝色都是不错的选择，给人稳重、忠诚、朴实的印象。在领带的选择上，领带的色调、图案应配合衬衣和西装。领带的长短以刚刚超过腰际皮带为好。西裤注意不要太窄，要保留有一定的宽松度，也不宜太短，以恰好可以盖住皮鞋的鞋面为好。鞋袜的搭配在西装穿着上也非常重要，西服、正式套装必须穿皮鞋，皮鞋的颜色以黑色、深咖啡或深棕色较合适。黑色皮鞋适用于各色服装和各样场合。

在发型的设计上，男士以简单、利索、庄重的发型为好，最好是前不过眉，后不及领，两侧不遮耳朵，忌长发、光头、中分。

2.女士服装及形象要求

女士的着装要大方得体，应注意服饰的整体搭配，以简单朴素为主。不穿超短裙，也不穿极薄透明的或紧绷的衣服；可穿西服套装，西服应稍短，以充分体现腰部等的曲线美，裙子不宜太长，以免因紧张而不慎绊倒，但也不要穿太短；如果要配裤子，上装要稍长为宜，可将衬衫的下摆扎进裤子里。皮鞋要擦亮，鞋带要系紧。昂贵的珠宝及饰品绝不适合佩戴，饰品数量也不宜过多。若擦香水，则宜用香味清新的，而不要用香气过于浓烈或奇特的。

女士通常要化淡妆，这也是基本的礼仪规范，切忌浓妆艳抹，最好使用浅色的唇彩，避免大红、大紫或者黑色、蓝色等夸张的颜色。要注意手和指甲的卫生，保持整洁干净，指甲应修剪好，千万不要留太长的指甲，也不要涂艳丽的指甲油。

在发型的设计上，女士尽量不要选择夸张的颜色和发型，例如粉色头发、爆炸头等，自然就是美。

此外还应注意一些细节，面试当天除脸部清洗干净外，还应注意耳朵、脖子的清理，注意吃好早餐，否则会因空腹产生胃气，妨碍口气清新。清新自然的形象有助于取得面试成功。

（二）面试前的心理准备

谋职者在面试前必须做好心理准备，了解主考官一般在主持面试时会关心些什么，对应试者而言这是非常重要的第一步。主考官考核应聘者的内容往往包括以下几个方面：

（1）主考官会先评价一个应试者的仪表及行为举止。

（2）主考官通过提问或交谈对应试者的专业知识、口才、谈话技巧、反应灵敏度等做整体性的考核。有的时候，招聘者往往通过与应试者闲聊，感受应试者的反应灵敏与否，专业知识扎实与否等，建议应试者要顺其自然，不要志在必得，造成不必要的紧张，从而影响自身的正常发挥。因为有些问题本身就没有标准答案，仁者见仁智者见智。

（3）主考官可能会从与应试者短暂的谈话中去了解其性格及人际关系、情绪状况、人格成熟度。主考官可能会通过诸如"面对压力，你怎样工作？你能形容一下你自己吗？"等问题考察应试者，这些问题是很随意的，但是却能考察应试者的处理人际关系的能力和人格的成熟程度。所以如果一个人幸运地得到了一份别人追求了很长时间的工作，其原因在于应聘者看中了他的某一方面特长，这是一个人长期素质培养的结果，而不是短期能够培养的。

（4）主考官也会从面谈中观察应试者对工作的热诚度及责任心，了解应试者对人生的理想、抱负及上进心。一个人的专业知识和技术水平往往是在工作中磨炼出来的。而有没有责任心和对工作是否热爱则是决定他能否经受住工作中的各种困难考验的决定性因素。同样主考官也会问："你将来准备做什么，你人生的最终目标是什么？"等问题来考察应试者的上进心和抱负，一个没有上进心的人，很难不断学习和求上进，进而将工作做得完美。

第二节　求职中的礼仪

小付是快要毕业的大学生，得知一家电缆厂在招销售人员后，他认真准备了简历后，来到面试现场。"那次面试是在一个大教室，来了很多人，但同学们进教室后都选择距讲台较远的一些后排坐下了，随后就开始和旁边的同学或者与自己一起来的同学聊了起来。"小付回忆说。这时前排空荡荡的，而对于平时就喜欢坐在第一排听课的小付来说，在这样的场合要勇敢地坐在第一排也算是个挑战，但她还是决定坐在第一排去。理由很简单："这样面试老师提出的问题我能听得清楚些。"此时的教室"坐阵"形成了两个极端，第一排一个人，后面直到第四排才开始有同学坐并且也没有坐满。正在大家都在窃窃私语等待面试开始时，面试官说话了，"第一排这位同学，你被录取了。"这让大家感到有些惊讶甚至不解。录取理由为：宣布录取之后，面试官告诉现场的同学，求职者的积极性非常重要，尤其是销售岗位的人员，更应该主动接近我们的目标客户，在面试现场，我们就是求职者的目标客户。就这样，小付顺利进入了这家公司。

案例分析

面试中，小付发现偌大的教室虽然面试的人很多，但第一排却没有人，小付选择勇敢地坐在第一排，从而获得面试成功。由此可见，求职中面试过程中，礼仪礼节显得尤为重要。求职者给面试官的第一印象尤为重要，在求职中展现自己的积极性也是很有必要的。

面试，是一种在特定场景下，经过精心设计，通过考官与应试者双方面对面地观察、交谈等双向沟通方式，科学测评应试者能力素质、个性品质等要素的人员甄选方式。

面试主要测评应试者的能力素质、个性品质等要素，可以考查到笔试等测评甄选手段难以考查到的内容。能力即运用知识的本领，但知识本身并没有告诉人怎样运用，运用的智慧在书本之外。笔试是以文字媒介来考查一个人的素质水平，但很多素质特征很难通过文字表现出来。有些素质特征不能够通过文字形式来表达，但却可以通过面试来考查，面试可以灵活地考查应试者的知识、能力、工作经验及其他素质特征，有效地避免"高分低能"现象。

一、面试中礼仪的要求

（一）时间观念

守时是尊重对方的一种表现，准时到场不仅意味着诚意、信任，而且还给人以讲究效率，懂得礼貌的良好印象。面试者应提前10分钟赶到。面试当天，应根据交通状况拟定好出门时间应比原定时间早，五至十分钟到达面试地点，这样既可以先熟悉这家公司附近环境并整理仪容，又可免去迟到的尴尬，但如果早到10分钟以上，千万别在招待区走来走去，此时可向别人询问洗手间在哪里，以便再一次检查自己的服装仪容。

（二）举止得体

1. 就坐前的行为礼仪

（1）进入室内时，如果门是关着的，应先敲两下门，等对方应答后方可进入；如果门是开着的，也应先敲门，以便给人以提示。

（2）进入后要向对方行点头礼或者鞠躬礼，然后随手轻轻关上门，进入面试场所并就坐。这段时间是求职者给主考人员留下深刻印象的时间。对于面试的结果影响极大，此时应注意步态要稳健，从容而坚定的步态往往是最能体现出一个人的信心和勇气的。因此，求职者应神态自然，保持微笑地注视着主考官。并走上前去与他们打招呼，打招呼时要热情，握手要专业。

（3）如果有指定位置则坐在指定的位置，若无指定位置时，可以选择主考官对面的位子采取桌角座次，和主考官呈桌角位落座。如此方便与主考官面对面交谈。

（4）当对方请你坐下时说声"谢谢"再坐下，如对方未请你坐下，应礼貌地询问："我可以坐下吗"，然后应等着主考官示意坐下才可就座。

2. 就座后的礼仪要求

入座后，求职者应注意使自己的坐姿符合礼仪规范。同时要注意运用好体态语言。在主考官面前，无论坐、站、走，都要得体雅观，成熟庄重，给人以有教养、有知识、有礼貌的印象。尤其是要运用好目光语。以安然柔和的目光注视主考人的眼睛或鼻眼三角区，神情镇定自若。

（1）坐姿端正，两手自然轻放在膝上，千万不要两手下垂或放在胸前和背后交叉。双眼注视对方讲话的神情，静心聆听问题的内容，然后从容回答，不可半途插嘴、反问。

（2）说话时声音不要太大或太小，要注意讲话的节奏，控制好语速，保证对方能够听得清楚明白。同时要注意语言表述的逻辑性，做到层次分明，重点突出。另外，说话时尽量不要使用方言土语，并尽量控制不说口头语。

（3）简明扼要地回答一切问题，如果谈论自己的设想、建议、计划等，则可详细谈论，但言谈必须有礼貌，提到公司要称"贵公司"。

（4）面带微笑，举止得体，不要紧张。称呼准确，"小姐""先生""女士"，这些称呼在公司里普遍使用。

（5）在面试过程中不要与主考人员争辩，不要抢话和插话，不要开玩笑或试图与其攀关系。不管主考官的态度如何，在面试结束时都应保持心态平和，自始至终以礼待人。

二、面试中回答提问的技巧

（一）问题的发问方式

1. 封闭的问题

对封闭的问题回答时只有既定的选择，不能自由发挥，这个问题只要求应试者简单作答，有些时候应试者觉得适宜的话也可以主动地提问有关的、合适的补充资料，例如在问到应试者住处时，如果应试者的住处确实离该单位较远，应试者可以顺便说明如被该单位录用后的打算。

2. 引导式提问

引导式谈话中，一方面是特定的问题，另一方只能做特定的回答。主考官问一句，应试者答一句。这类问题主要用于征询面试者的某些意向、需要一些较为肯定的回答。

举例来说，主考官："你担任车间主任期间，车间有多少工人？主要生产什么产品？"这就是典型的引导式提问，应试者只要回答一个数字，说出产品名称即可，而不必发表其他任何解释。

3. 开放的问题

开放的问题没有可供选择答案，应试者有机会自由发挥。这类问题是应试者表现自己的最好机会，不容错过，因此最需要预先预备，否则可能不知道从何说起。

4. 清单式提问

这类提问中，主考官除了提出问题外，还给出几种不同的可供选择的答案。目的是鼓励应试者从多种角度来看这个问题，并提出了思考问题的参考角度。比如，"你所在的企业中最主要的问题是什么？营业额、缺勤、产品质量差还是其他？"这样就为应试者提供了思考问题的参考，使问题易于回答，不致让应试者错误理解主考官意图，不至于让应试者回答的离题万里。

5. 假设性的问题

假设性的问题多用于测试应试者的反应，主要目的是考察其应变能力。应付这类问题的技巧可归纳为：（1）随机应变，不要立即毫不考虑，但也不要太久都没有反应。（2）先分析问题的症结所在。（3）应提出实际可行的解决方法，千万要注意不可太虚，要有实际内容。（4）可提出超过一种的解决办法，并评论其优劣，但不要长篇大论使事情复杂化。（5）如果主考人员提出另外一个可行的办法不应盲目地加以否定。（6）除解决当前问题外，如能提出比较长远的而又能改善情况的办法则更佳。

6. 压迫式提问

一般来说，主考官要尽力为应试者创造一个亲切、轻松、自然的环境，以使应试者能够消除紧张、充分发挥。但有些情况下，主考官会故意制造一种紧张的气氛，给应试者一定压力，通过观察应试者在压力情况下的反应来测定其反应能力、自制力、情绪稳定性等等。

例如："这次公务员考试，很多人都托了关系，听说你也走后门了""从你的专业来看，你似乎不适合这项工作，你认为呢？""这个问题你没有给我们满意的答复，你被录用的可能性很小。"此时只要你明白了这是主考官故意对应试者施加压力，就能够迅速调整自己的心态，泰然地应付主考官的提问。另外，千万不能面对主考官的"刁难"而发怒，甚至指责主考官。

7. 重复式提问

重复式提问是主考官向应试者返回信息以检验其是否是对方真正意图，或检验自己得到的信息是否准确。例如："你是说……""根据我的理解，你的意思是……"对于这类问题，应试者可以给出简单的回答"是"或"不是"。如果主考官有误解，应试者应该再说明一遍。

8. 确认式提问

确认式提问表达出主考官对应试者提供的信息的关心和理解，目的在于鼓励应试者继续与之进行交流。比如，"我明白了，这很有趣"之类的话。对于这类问题应试者可以不直接做出反应，而按原来的话题继续往下讲。

9. 投射式提问

投射式提问让应试者在特定条件下对各种模糊的情况做出反应。这种方式又可以分两种：一是图片描述式，对面试者展示各种图片，然后让应试者说出他们个人的反应。由于这些图片形象朦胧，主体模糊，应试者对图片的感受、想象和反应各有差异，任何描绘都有可能，这样可以从应试者的描述中分析出人格特性。二是句子完成式。完成式是指呈现给应试者仅有句首而没有句尾的句子，让应试者按照自己的感觉、思维来完成整个句子。例如：我们希望……我不相信……我最难容忍的是……对于陌生人，我通常的态度是……

（二）面试时的常规问答

1. 请做一下自我介绍

这个问题往往作为开场白，俗话说"良好的开始是成功的一半"，如何把握好这个重要机会便显得格外重要。事先做好充分准备自然理所应当，但须提醒面试者在呈现"腹稿"时切忌洋洋洒洒，面面俱到。简明扼要、直截了当是面试官最希望看到的表现。对于简历上已有的信息，仍应该有重点地一语带过，比如名字、来自哪所学校等，这会使你的自我介绍更加清晰明了。

2. 你有什么优缺点

切忌在介绍优点时夸夸其谈，而介绍缺点时避而不谈或者用"我的缺点是追求完美"来搪塞，这都会显得毫无诚意，令人怀疑。

首先在谈论优点时应该客观公正。其次在谈论缺点时，避重就轻或者转换表达方式都是很好的办法。比如，在表达自己的缺点时可以说"我可能比较理想化"，这样就显得真实自然很多。再者，可以说自己"有些粗心""经验不足"等无伤大雅的小缺点，但是"做事不负责，不认真"则绝对会对你的个人形象产生负面影响。

3. 如何评价你的大学生活

面试官非常看重这一方面，所以需要面试者能够详细地阐述，而非泛泛而谈，你可以从在大学生活中的收获这个角度着手，以突出个人的"成长经历"，这是面试官喜闻乐见的形式。

4. 你有什么特长和爱好

有些面试者认为自己的特长爱好过于平凡，便编造一些"美丽的谎言"，而且一时还无法验证。殊不知，面试官"火眼金睛"，能从你的个人谈吐与气质"一目了然"你的底蕴，随之而来的则是对你诚信的质疑。

5. 你担任过何种社会工作，组织参加过何种社会实践和社会活动

需要重点强调，如果实习经历过于"丰富多彩"未必是件好事。这是指某些学生在找实习工作时缺乏目的性，每一次工作都和前次风马牛不相及。首先这会让用人单位怀疑你的稳定性，其次他们会联想到你是否有个人问题以致这些工作都干不好，最终推断你无法胜任现在应聘的职位。

6. 你找工作考虑的重要因素是什么

薪酬，往往是一个很重要的因素。若面试者过于直接，会显得急功近利；避讳又会带来"虚假"的尴尬。在回答时，可以把它同个人发展空间、兴趣等其他重要因素一起告诉面试官，相信他会理解你的。

7. 如果本单位和另外一个单位同时聘用你，你将如何选择

这是个棘手的问题，面试官希望得到的回答并非是一味地称赞本单位好，同时把别的单位贬得一文不值。就同一领域的其他单位，面试官的了解绝对比应聘者更加深刻，若这般不分青红皂白，则会给人留下"不良"印象。较妥帖的方法是，浅谈两家单位的特点，而应着重表述自己的个性、理想与本单位的发展更契合。

（三）学会适当讨价还价的技巧

1. 面试前先演练

"在应聘前，先好好想想你提出薪金的要求和理由，打好底稿，预测一下用人单位的反应，然后和朋友家人先演练一番。"资深人力资源管理经理表示，在面试谈薪前，先演练一遍，应聘者的信心会提升很多，因此到真正面试的时候，无论对话的走向如何，一般都可以从容面对。

2. 显示自己的价值

面试谈薪时，常常会夹杂着很严重的情绪因素。有时，求职者会因为慌张而把事情过分复杂化。"当自己开始出现慌张情绪的时候，要学会抽离自己的主观情绪，把自身技能换算为客观数据，摆出事实，让对方知道自己的价值所在。"资深人力资源管理经理表示，在阐述自我价值的时候，需要详细列举你做过什么？你在其中发挥了多少价值？你又将为用人单位直接和间接带来什么价值？

3. 换个谈判要求

当薪酬确实没有商量的余地，此时可以换个谈判的要求。你可以和用人单位说："好吧，既然不能达到理想薪金的要求，那可以增加工作的弹性吗？这对我的意义也很大。"据相关调查表明，发现工作中有30%左右的雇主愿意协商工作的弹性，20%

的雇主愿意不加薪而增加休假时间，这表明，除了加薪之外，还有很多东西是可以协商的。

4. 学会适可而止

面试谈薪也会遭遇讨价还价，但需要注意的是，讨价还价的回合必须有个底线。当用人单位拒绝再谈时，就应该适可而止。

第三节　求职后的礼仪

现场面试过程结束并不意味着真正的结束，就求职阶段来说，良好的后续礼仪是必要的。作为一个求职者，要想在严酷的就业市场立于不败之地，理应恰到好处地表现自己的智慧和修养，避免出现任何过失，把握住每一次展现自己、推销自己的机会，尽一切努力争取自己满意的工作岗位。

一、感谢

为了加深招聘人员对应试者的印象，增加求职成功的可能性，面试后两天内，应试者最好给招聘人员打个电话或写封信表示谢意。

感谢电话要简短，最好不要超过5分钟。

感谢信要简洁，最好不超过一页。感谢信的开头应提及个人的姓名及简单情况。然后提及面试时间，并对招聘人员表示感谢。感谢信的中间部分要重申应试者对该公司、该职位的兴趣，增加对求职成功有用的事实内容，尽量修正你可能留给招聘人员的不良印象。感谢信的结尾可以表示应试者对自己的素质能符合公司要求的信心，主动提供更多的材料，或表示能有机会为公司的发展壮大做出贡献。

面试后表示感谢是十分重要的，因为这不仅是礼貌之举，也会使主考官在作出决定之时对你有印象。据调查，十名求职者往往有九名不回感谢信，如果应试者没有忽略这个环节，则显得"鹤立鸡群"，格外突出，说不定会使对方改变初衷。

二、忌过早打探结果

在一般情况下，考官们每天面试结束后都要进行讨论和投票，然后送人事部门汇总，最后确定录用人选可能要等3～5天。求职者在这段时间内一定要耐心等候消息，不要过早打探面试结果。

三、收拾心情

面试结束只是完成一个阶段。如果应试者已向多家公司求职,则必须收拾心情,全身心投入应付第二家的面试,因为,未收到聘书之前仍未算成功,应试者不应放弃其他机会。

四、适时查询结果

一般来说,如果在面试两周后或在用人单位许诺的通知时间已到时还没有收到对方的答复,就应该写信或打电话给用人单位或主考官,询问是否已做出了决定。但要注意,询问时措辞应该礼貌,谦逊。

五、做好再次冲刺的思想准备

应聘中不可能个个都是成功者,万一应试者在竞争中失败了,也不要气馁。这一次失败了,还有下一次,就业机会不止一个,关键是必须总结经验教训,找出失败的原因,并针对这些不足重新做准备,"吃一堑,长一智",谋求"东山再起"。

本章小结

求职应聘要讲究三个阶段的礼仪,即应聘前、应聘过程中和应聘后。很多人在求职过程中都只注重了应聘过程中的礼仪而忽略了应聘前的准备礼仪和应聘后的善后礼仪。其实无论是应聘前还是应聘后礼仪同样重要,每个环节的礼仪都不应该被忽视。

求职前,机会总是青睐那些准备好的人,求职前的每项准备工作都应该注重不提倡不拘小节。求职中,完成了一些前期的准备工作之后求职者就要在面试过程中与招聘者相见、交谈,这个阶段中求职者给对方印象的好坏直接就影响了求职的成败。面试结束并不意味着求职过程就结束了,等待面试结果的同时也还要做一些必要的工作来完善自己的形象。

练习题

一、单项选择

1. 关于求职前的礼仪有误的是（　　）。
   A. 应把发展态势较好的单位作为首选
   B. 应讲求"以和为贵",不应有较强的竞争心理
   C. 明确个人职业意向后,要按所选意向调节自己的心理素质
   D. 辞职信要直接交到上司手中

2. 关于自我介绍描述错误的是（　　）。
   A. 及时、清楚地报出自己的姓名和身份　　B. 介绍时可以贬低自己
   C. 一定要力求简洁　　D. 语气要自然

3. 关于职场男士的着装有误的是（　　）。
   A. 应把衬衣的下摆塞进西裤
   B. 袖口的扣子要扣上
   C. 衬衣的衣袖以露出西装衣袖3～4厘米为宜
   D. 衬衣领子要高出西装领子1厘米为宜

4. 坐姿的基本要求不正确的是（　　）。
   A. 着裙装的女士入座时用双手将裙摆内拢
   B. 女士不能采用双腿重叠式坐姿
   C. 在采用前伸式坐法时,脚尖不能翘起
   D. 男士采用重叠式坐姿时左右腿可以变换位置互叠

5. 对于求职者参加面试时的礼仪,下列描述不妥当的是（　　）。
   A. 不做空洞的慷慨陈词　　B. 要善于打破沉默
   C. 要有比较明确的职业发展规划　　D. 主动与面试官"套近乎"

6. 求职准备阶段的工作主要包括预备个人资料和（　　）两个方面。
   A. 撰写求职信　　B. 自我形象设计
   C. 准备合适的服装　　D. 设计个人简历

二、多项选择

1. 求职面试礼仪包括（　　）。
   A. 恰当的自我介绍　　B. 得体的称呼

C. 真诚的交谈　　　　　　　　　　D. 准时赴约
2. 在求职交谈中需要引起注意的是（　　　）。
   A. 以下都不对
   B. 注意交谈时的语速、语气及谈话主题
   C. 注意倾听主试官的谈话
   D. 注意口齿清晰，语言简练、易懂

思考题

1. 求职信的写法是怎样的？
2. 面试时应注意哪些问题？
3. 面试后应怎样与人力资源管理经理联系？
4. 应聘者在形象方面应该注意哪些问题？

小组活动

1. 小组内讨论求职简历的写法。
2. 小组内讨论求职面试时服饰的选择。

案例分析

王林海的面试

　　王林海接到了某家电生产企业的面试通知。面试结束之前，主考官请他提问。他并无问题，但不回答怕给主考官留下不好的印象，就随口问了一个问题："贵公司的产品有哪些？"

　　考官甚觉诧异，隐隐有些不快，"这个嘛……"

　　其实，该公司是生产家电的国内知名企业，其产品基本上可以说是家喻户晓，数年的报纸、杂志及电视宣传不断。王林海对其"企业介绍"不曾浏览，故此发问。

思考：

请问王林海会通过面试吗？原因是什么？

第十二章　涉外商务礼仪

学习目标

- 掌握涉外商务礼仪的概念和基本原则
- 了解世界各大洲部分国家的礼俗习惯和禁忌

关键词

涉外商务礼仪　隐私　国际惯例　禁忌

引导案例

记住女士的生日，忘却女士的年龄

某旅行社员工小王曾经接待了一位82岁高龄的美国加州老太太，她是来华旅游并参加短期汉语学习班的，见面时小王对老太太说："您这么大年纪了，还来外国旅游、学习，可真不容易呀！"这话要是让同样高龄的中国老太太听了，准会眉开眼笑，高兴一番。可是那位美国老太太一听，脸色立刻晴转多云，冷冷地应了一句："噢，是吗？你认为老人出国旅游是很奇怪的事情吗？"弄得小王十分尴尬。

案例分析

小王的本意是表示尊重，效果却事与愿违，原因在于西方人对年龄，对"老"的忌讳。在外国，人们最不希望他人了解自己的年龄，所以有这样一种说法：一位真正的绅士，应当永远"记住女士的生日，忘却女士的年龄"。

第一节　涉外商务礼仪的基本原则

一、涉外商务礼仪的概念

文化差异必然导致行为差异，不同的文化环境下形成不同的商务礼仪。在涉外商务活动中，由于东西方不同的价值观，时间观，饮食观以及语言习惯等造成了商务礼仪的差异。随着我国不断融入世界现代化潮流，特别是政治，经济，文化与世界的接轨，商务活动越来越多地体现出其跨国性的特征。因此，商务人员了解和掌握交往中的涉外礼仪就变得愈加重要。

涉外商务礼仪就是指商务人员在参与涉外活动中必须遵守的基本行为准则和规范，它强调涉外交往中的规范性、对象性、技巧性。

二、涉外商务礼仪的基本原则

（一）维护形象

在国际交往之中，人们普遍对交往对象的个人形象倍加关注，并且都十分重视遵照规范的、得体的方式塑造、维护自己的个人形象。个人形象在国际交往中深受人们的重视。在涉外交往中，每个人都必须时时刻刻注意维护自身形象，特别是要注意维护自己在正式场合留给初次见面的外国友人的第一印象。个人形象在构成上主要包括六个方面，它们亦称个人形象六要素。其一是仪容。即指一个人个人形体的基本外观。其二是表情。通常主要是一个人的面部表情。其三是举止。指的是人们的肢体动作。其四是服饰。指的是对人们穿着的服装和佩戴的首饰的统称。其五是谈吐。即一个人的言谈话语。其六是待人接物。所谓待人接物，具体是指与他人相处时的表现，亦即为人处世的态度。

（二）不卑不亢

每一个人在参与国际交往时，都必须意识到自己在外国人的眼里是代表着自己的国家，代表着自己的民族，代表着自己的所在单位的。因此，其言行应当从容得体，堂堂正正。在外国人面前既不应该表现得畏惧自卑，低三下四，也不应该表现得自大狂傲，放肆嚣张。周恩来同志曾经要求我国的涉外人员"具备高度的社会主义觉悟。坚定的政治立场和严格的组织纪律，在任何复杂艰险的情况下，对祖国赤胆忠心，为维护国家利益和民族尊严，甚至不惜牺牲个人一切"。这些具体要求，应当成为我国一切涉外人员的行为准则。

（三）求同存异

对于应当如何对待中外礼仪与习俗的差异性？在国际交往中，到底应当遵守何种礼仪为好？我们的态度首先应该是承认中外礼仪与习俗的差异性。再者，在涉外交往中，对我国与交往对象所在国之间的礼仪与习俗的差异性重要的是要了解，而不是要评判是非，鉴定优劣。至于在国际交往中，究竟遵守哪一种礼仪为好？一般而论，目前大体有三种主要的可行方法。其一，是"以我为主"。所谓"以我为主"即在涉外交往中，依旧基本上采用本国礼仪。其二，是"兼及他方"。所谓"兼及他方"，即涉外交往中基本采用本国礼仪的同时，适当地采用一些交往对象所在国现行的礼仪。其三，则是"求同存异"。所谓"求同存异"是指在涉外交往中为了减少麻烦，避免误会，是最为可行的做法，是既对交往对象所在国的礼仪与习俗有所了解并予以尊重，更要对于国际上所通行的礼仪惯例认真地加以遵守。

（四）入乡随俗

"入乡随俗"的原则是指在涉外交往中，要真正做到尊重交往对象，首先就必须尊重对方所独有的风俗习惯。之所以必须认真遵守"入乡随俗"原则，主要是出于以下两面的原因。原因之一，是因为世界上的各个国家、各个地区、各个民族在其历史发展的具体进程中，形成各自的宗教、语言、文化、风俗和习惯，并且存在着不同程度的差异。这种"十里不同风，百里不同俗"的局面，是不以人的主观意志为转移的，也是世间任何人都难以强求统一的。原因之二，是因为在涉外交往中注意尊重外国友人所特有的习俗，容易增进中外双方之间的理解和沟通，有助于更好地、恰如其分地向外国友人表达我方的亲善友好之意。

（五）信守约定

"信守约定"的原则是指在一切正式的国际交往之中，都必须认真而严格地遵守自己的所有承诺。说话务必要算数，许诺一定要兑现，约会必须要如约而至。在一切有关时间方面的正式约定之中，尤其需要恪守不怠。在涉外交往中，要真正做到"信守约定"，对一般人而言，尤须在下列三个方面身体力行，严格地要求自己。第一，在人际交往中，许诺必须谨慎。第二，对于自己已经作出的约定，务必要认真地加以遵守。第三，万一由于难以抗拒的因素致使自己单方面失约，或是有约难行，需要尽早向有关各方进行通报，如实地解释，并且还要郑重其事向对方致以歉意，并且主动地赔偿按照规定和惯例而给对方所造成的某些物质方面的损失。

（六）热情有度

"热情有度"的原则是指人们在参与国际交往，直接同外国人打交道时，不仅待人要热情而友好。更为重要的是,要把握好待人热情友好的具体分寸。否则就会事与愿违,过犹不及。我们在涉外交往中要遵守好"热情有度"这一基本原则,关键是要掌握好下列四个方面的具体的"度"。即"关心有度""批评有度""距离有度""举止有度"。

（七）不必过谦

"不必过谦"的原则是指在国际交往中涉及自我评价时,虽然不应该自吹自擂,自我标榜,一味地抬高自己,但是也绝对没有必要妄自菲薄,自我贬低,自轻自贱,过度地对外国人谦虚、客套。

（八）不宜先为

"不宜先为"原则,也被有些人称作"不为先"的原则。是指在涉外交往中,面对自己一时难以应付、举棋不定的情况时,最明智的做法,是尽量不要急于采取行动,尤其是不宜急于抢先,冒昧行事。也就是讲,若有可能的话,面对这种情况时,不妨先按兵不动,然后再静观一下周围人的所作所为,并与之采取一致的行动。"不宜先为"的原则具有双重的含义。一方面,它要求人们在难以确定如何行动才好时,应当尽可能地避免采取任何行动,免得出丑露怯。另外一方面,它又要求人们在不知道到底怎么做而又必须采取行动时,最好是先观察一些其他人的正确做法,然后加以模仿,或是同当时的绝大多数在场者在行动上保持一致。

（九）尊重隐私

个人隐私,指的就是一个人出于个人尊严和其他某些方面的考虑而不愿公开,不希望外人了解或是打听的个人秘密、私人事宜。在国际交往过程中,人们普遍讲究尊重个人隐私,并且将尊重个人隐私与否视作一个人在待人接物方面有没有教养,能不能尊重和体谅交往对象的重要标志之一。

知识链接

个人隐私"八不问"

在涉外交往中,人们普遍讲究尊重个人隐私,并且将尊重个人隐私与否视作一个人在待人接物方面有没有教养,能不能尊重和体谅交际对象的重要标志之一。在涉外交往中首先要避免与对方交谈时涉及个人隐私,做到"八不问"。

1. 年龄不问

在西方,人们普遍将自己的实际年龄当作"核心机密",不会轻易告知于人。这主要是因为外国人,尤其是欧美人对年龄都十分敏感,希望自己永远年轻，对"老"字则讳莫如深，对年龄守口如瓶。因而与外国人交往，打听对方的年龄，说对方老，都属于不礼貌的行为。我国的传统向来对年龄比较随意，不仅如此，社会交往中还习惯于拔高对方的辈分，以示尊重。比如为了表示尊重人们时使用"老人家""老先生""老夫人"等一类尊称。实际上，这一类尊称在外国人听起来却似诅咒谩骂一般，在涉外交往中，照套我国的传统，会使对方十分难堪。

2. 收入不问

在国际社会里，人们普遍认为：任何一个人的实际收入均与其个人能力和社会地位有直接的关系。所以，个人收入的多寡，一向被外国人看作自己的脸面，十分忌讳他人进行直接、间接地打听。如果一位中国人问一位外国人："您一个月挣多少钱？"那位外国人会觉得："这个中国人真没有教养，怎么会问我的工资呢！"另外，工资收入、纳税数额、银行存款、股票收益、私宅面积、汽车型号、服饰品牌、娱乐方式、度假地点等，因与个人收入相关，所以在与外国人交往时也不宜提及。

3. 婚姻不问

中国人的习惯，是对亲友、晚辈的恋爱、婚姻、家庭生活时时牵挂在心，但是绝大多数外国人对此不以为然。西方人将此视为纯粹的个人隐私，向他人询问是不礼貌的。在一些国家，跟异性谈论此类问题，会被对方视为无聊之举，甚至还会因此被对方控告为"性骚扰"，从而吃官司。

4. 所忙何事不问

在我国人们相见会询问对方："您正在忙些什么""上哪里去""怎么好久不见你了"等问题，其实这只是些习惯性的问题，是否回答并不重要。但若拿这些问题问外国人，他们会觉得是不是好奇心过盛，不懂得尊重别人，或是别有用心。因为这些问题在外国人看来都属个人隐私，不足为外人道。

5. 住址不问

对于家庭住址、私宅电话，中国人在人际交往中都是愿意告知于人的，是不保密的。但是在外国却恰恰相反，外国人大都视自己的私人居所为私生活领地，非常忌讳别人无端干扰其宁静。西方人认为，留给他人自己的住址，就是该邀请其上门做客，在一般情况下，他们一般不大可能邀请外人前往其居所做客。他们都不喜欢轻易将个人住址、住宅电话号码等纯私人信息"泄密"。为此在他们常用的名片上也没有此项内容。

6. 经历不问

初次见面，中国人之间往往会喜欢打听一下交往对象"是哪里人？""在哪一所学校毕业的？""以前干过什么？"，总之是想了解一下对方的"出处"，打探一下对方的"背景"，然而外国人大都将此项内容视为自己的"底牌"，不愿意轻易让别人知道。外国人甚至认为一个人动辄对初次交往的对象"忆往昔峥嵘岁月稠"，并不见得是坦诚相见，相反却大有可能是别有用心。

7. 信仰不问

在国际交往中，由于人们所处的社会制度、政治体系和意识形态多有不同，所以要真正实现交往的顺利、合作的成功，就必须不以社会制度划线，而以友谊为重、以信仰为重。不要轻易对交往对象的宗教信仰、政治见解评头论足，更不要将自己的政治观点、见解强加于人，这样做对交往对象来说都是不友好、不礼貌、不尊重的表现。所以对宗教信仰、政治见解这些在外国人看来非常严肃的话题，还是避而不谈为好。

8. 健康不问

中国人彼此相见人们会问候："身体好吗？"，如果已知对方曾经一度身体欠安，还会问："病好了没有？"，如果彼此双方关系密切的话，还会询问："吃了些什么药？""怎么治疗的？"，还会向对方推荐名医或偏方。

可是在外国，人们在闲聊时一般都是"讳疾忌医"，非常反感其他人对自己的健康状况关注过多，对他人的这种过分关心，外国人是会觉得不自在的。另外，在西方竞争激烈的工作环境中，个人身体健康状况也是个人能力的一个重要组成部分，外国人是忌讳别人随意打探这方面情况的。

（十）女士优先

"女士优先"，是国际社会公认的一条重要的礼仪原则，它主要适用于成年的异性进行社交活动之时。"女士优先"的含义是指：在一切社交场合，每一名成年男子都有义务自觉主动地以自己实际行动去尊重妇女、照顾妇女、体谅妇女、关心妇女、保护妇女，并且还要想方设法、尽心竭力地去为妇女排忧解难。倘若因为男士的不慎而使妇女陷于尴尬、困难的处境，便意味着男士的失职。"女士优先"原则还要求，在尊重、照顾、体谅、关心、保护妇女方面，男士们对所有的妇女都要一视同仁。

（十一）爱护环境

"爱护环境"的原则是指在日常生活里，每一个人都有义务对人类所赖以生存的环境自觉地加以爱惜和保护。在涉外交往中，之所以要特别地讨论"爱护环境"的问题，除了因为它是作为人所应具备的基本的社会公德之外，还在于在当今国际舞台上，它已经成为舆论倍加关注的焦点问题之一。在国际交往中与此有涉时，需要特别注意的问题有两点。第一，要明白，光有"爱护环境"的意识是远远不够的。更为重要的是要有实际行动。第二，与外国人打交道时，在"爱护环境"的具体问题上要好自为之，严于自律。具体而言，中国人在涉外交往中特别需要在"爱护环境"方面倍加注意的细节问题，它又可分为下列八个方面。其一，不可毁损自然环境。其二，不可虐待动物。其三，不可损坏公物。其四，不可乱堆乱挂私人物品。其五，不可乱扔乱丢废弃物品。其六，不可随地吐痰。其七，不可到处随意吸烟。其八，不可任意制造噪声。

（十二）以右为尊

正式的国际交往中，依照国际惯例，将多人进行并排排列时，最基本的规则是右高左低，即以右为上，以左为下；以右为尊，以左为卑。大到政治磋商、商务往来、文化交流，小到私人接触、社交应酬，但凡有必要确定并排列时的具体位置的主次尊卑，"以右为尊"都是普遍适用的。

第二节　世界主要国家的礼俗概述

所谓礼俗，是指礼仪礼节方面的风俗习惯，它是一个社会经过长期的文化沉积而形成的不易改变的风尚、习惯、习俗、行为的总称。在与不同国家的人进行交往，特别是进行商务交往时一定要了解相应国家的礼俗与禁忌，否则就会出现失礼的行为。

一、亚洲主要国家的礼俗

（一）日本

1. 礼节礼貌

日常交往中，日本人见面多以鞠躬为礼。一般人们相互之间是行30度和45度的鞠躬礼。鞠躬礼的度数、鞠躬的时间以及鞠躬的次数，往往同向对方所表示尊敬的程度成正比。在行见面礼时，必须同时态度恭谦地问候交往对象。与他人初次见面，通常都要互换名片，名片交换是以地位低或者年轻的一方先给对方，递交名片时，要将名片正对着对方。称呼日本人时，可称之为"先生""小姐"或"夫人"，也可以在其姓氏之后加上一个"君"字，将其尊称为"某某君"。在交际场合，日本人的信条是"不给别人添麻烦"，忌讳高声谈笑。

日本人在正式场合，通常穿西式服装。在隆重的社交场合或节庆日，时常穿着自己的国服和服。到日本人家里做客时，进门前要脱下大衣、风衣和鞋子。脱下的鞋要整齐放好，鞋尖对着房间门的方向。拜访日本人时，切勿未经主人许可而自行脱去外衣。参加庆典或仪式时，都要穿套装或套裙。

2. 饮食习惯

受地理、气候等客观环境的影响，日本饮食，一般称之为和食或日本料理。主食以大米为主，副食多用海鲜、蔬菜，讲究清淡与味鲜，忌讳油腻。典型的和食有寿司、拉面、刺身、天妇罗、铁板烧、煮物、蒸物、酢物、酱汤等。此外，还有饭团与便当，其中，尤以刺身，即生鱼片最为著名。

日本人非常爱喝酒，斟酒讲究满杯。日本人普遍爱好饮茶，特别喜欢喝绿茶，讲究"和、敬、清、寂"四规的茶道，有一整套点茶、泡茶、献茶、饮茶的具体方法。

3. 节庆习俗

日本的节假日较多。新年1月1日，庆祝方式类似我国的春节。前一天晚上吃过年阖家团圆面，"守岁"听午夜钟声，新年第一天早上吃年糕汤，下午举家走亲访友。1月15日是成人节，是庆祝年满20周岁的男女青年成人自立的节日，女子过成人节时都要穿和服。女孩节是3月3日，又称"雏祭"，凡有女孩子的家庭都要陈设民族服装和玩具女娃娃。3月15日至4月15日是樱花节，此期间人们多倾城出动赏花游园，饮酒跳舞，喜迎春天。5月5日是男孩节，旧称"端午节"，习俗类似我国的端午节，此时家家户户都要挂菖叶、吃粽子。9月15日是敬老节，社会各界和晚辈会向高龄者赠送纪念品。11月3日是文化节。

（二）韩国

1. 礼节礼貌

韩国人见面时的传统礼节是鞠躬。晚辈、下级路遇长辈或上级应鞠躬、问候，站在一旁让其先行，以示敬意。男人之间见面打招呼时互相鞠躬并握手。在行握手礼时，讲究使用双手或单独使用右手。当晚辈、下属与长辈、上级握手时，后者伸出手来之后，前者须先以右手握手，随后再将自己的左手轻置于后者的右手之上。韩国人的这种做法，是为了表示自己对对方的特殊尊重。韩国妇女在一般情况下不与男子握手，代之以鞠躬或者点头致意。韩国小孩子向成年人所行的见面礼大多如此。称呼他人时常用尊称和敬语，很少直接叫出对方的名字；喜欢称呼对方能够反映其社会地位的头衔。与外人初次打交道时，韩国人非常讲究预先约定，遵守时间，并且十分重视名片的使用。

韩国人在交际应酬时通常都穿西式服装，着装朴素整洁、庄重保守。在某些特定的场合，尤其是在逢年过节的时候，韩国人喜欢穿本民族的传统服装。韩国人的民族传统服装是：男子上身穿袄，下身穿宽大的长裆裤，外面有时还会加上一件坎肩，甚至再披上一件长袍；妇女则大多穿短袄，下着齐胸长裙。

韩国人进屋之前需要脱鞋时，不准将鞋尖直对房间之内，否则会令对方极度不满。

2. 饮食习惯

韩国人饮食的主要特点是辣和酸。主食主要是米饭、冷面。爱吃的菜肴主要有泡菜、烤牛肉、烧狗肉、人参鸡等。一般都不吃过腻、过油、过甜的东西，并且不吃鸭子、羊肉和猪肥肉。男子通常喜爱烧酒、清酒、啤酒等，妇女则多不饮酒。韩国人与长辈同桌就餐时不许先动筷子，不可用筷子对别人指指点点；在用餐完毕后要将筷子整齐地放在餐桌的桌面上。吃饭的时候不宜边吃边谈、高谈阔论。吃东西时，嘴里忌讳发出响声。

3. 节庆习俗

韩国节庆较多。农历正月初一到正月十五的节日活动类似我国春节。农历正月十五为元宵节。传统饮食是种果（栗子、核桃、松子等）、药膳、五谷饭、陈茶饭等。农历四月初八为佛诞节及颂扬女性的春香节。农历五月初五为端午节，家家户户都以食青篙糕、挂菖蒲来过节。农历八月十五为中秋节，农历九月初九为重阳节。

（三）泰国

1. 礼节礼貌

在泰国，最多的见面礼是带有浓厚佛门色彩的合十礼。一般的交际应酬中泰国人不喜欢与人握手。

行合十礼时，需站好立正，低眉欠身，双手十指互相合拢，并且同时问候对方"您好"。行合十礼的最大讲究，是合十与身前的双手所举的高度不同，给予交往对象的礼遇便有所不同。通常，合十的双手举得越高，越表示对对方的尊重。目前，泰国人所行的合十礼大致可以分为四种方式。其一，双手举于胸前，多用于长辈向晚辈还礼。其二，双手举到鼻下，一般在平辈相见时使用。其三，双手举到前额之下，仅用于晚辈向长辈行礼。其四，双手举过头顶，只用于平民拜见泰王之时。

在一些正式场合，泰国人都讲究穿着自己本民族的传统服饰，且服饰喜用鲜艳之色。在泰国，有用不同的色彩表示不同的日期的讲究。在参观王宫、佛寺时，禁止穿背心、短裤和超短裙。去泰国人家里做客，或是进入佛寺之前，要在门口脱下鞋子。另外，在泰国人面前，不管是站是坐，忌讳把鞋底露出来，尤其不能以其朝向对方。

2. 饮食习惯

泰国人主食为米饭，副食主要是鱼和蔬菜，喜食辛辣、鲜嫩之物，不爱吃过咸或过甜的食物，也不吃红烧的菜肴。在用餐时，泰国人习惯围着小圆桌跪膝而坐，用手抓食，不用筷子，但现在有用叉子和勺子的，喜欢在菜肴中加入辣酱、鱼露或味精。最爱吃的食物，当数具有其民族特色的"咖喱饭"。泰国人不喝热茶，而习惯在茶里放冰块，称为"冰茶"。

3. 节庆习俗

泰历一月一日，是泰国人的元旦，这一天举国欢庆。泰历四月十三日到十五日为宋干节，即求雨节，也叫泼水节。此是正当干热时节，急需降雨。人们可以毫无顾忌地互相泼水。泰历五月九日是春耕节，这一天由国王主持典礼，农业大臣开犁试耕，祈求风调雨顺、五谷丰登。泰历十二月十五日是水灯节，也叫佛光节，人们用香蕉叶或香蕉树皮和蜡烛做成船型灯，放进河里，让其随波逐流，以感谢水神，祈求保佑。

（四）印度

1. 礼节礼貌

印度人见面礼节所用较多的是传统的合十礼，其具体做法同其他国家大同小异。印度人较有特色的见面礼节有以下三种：

一是贴面礼。它流行于印度的东南部地区。具体做法是：与客人相见时，将自己的鼻子与嘴巴紧贴在对方的面颊上，并且用力吸气，同时还有口念道："嗅一嗅我"。

二是摸脚礼。它在印度是一种礼遇极高的见面礼。具体做法是：晚辈在拜见长辈时，首先弯腰用右手触摸长辈的脚尖，然后再用它去摸一下自己的前额，以示用自己的头部接触对方的脚部。

三是举手礼。它是合十礼的一种变通。当一手持物，难以合十时，则举起右手，指尖向上，掌心向内，向交往对象致敬。与此同时，还须问候对方"您好"。

目前，印度也流行握手礼。但在一般情况下印度妇女不同异性握手。在迎接嘉宾时，印度人往往要向对方敬献用鲜花编织而成的花环。为了表示诚意，主人通常要亲自将其挂在客人的脖子上。

印度人的着装讲究朴素、清洁。在一般场合，印度男子的着装是：上身穿一件"吉尔达"，即一种宽松的圆领长衫；下身则穿一条"陀地"，即一种以一块白布缠绕在下身、垂至脚面的围裤。在极其正规的活动中，他们习惯在"吉尔达"之外再加上一件外套。印度妇女最具民族特色的服装是纱丽。它实际上是一大块丝制长巾，披在内衣之外，好似一件长袍。其具体穿法是：从腰部一直围到脚跟，使之形成筒裙状；然后将其末端下摆披搭在肩头，自成活褶。印度妇女所穿的纱丽颜色鲜艳，图案优美，非常漂亮。

出门在外时，尤其是在正式场合，印度人大都讲究不露出头顶。印度的妇女，大都习惯在自己的前额上以红色点上一个"吉祥痣"。过去，它用于表示妇女已婚，而今则主要用于装扮。

2. 饮食习惯

印度人主食为大米、面食。在做饭的时候，他们喜欢加入各种各样的香料，尤其是喜欢加入辛辣类香料，如咖喱粉等。印度人在饮食方面最大的特点，就是食素的人特别多，而且社会地位越高的人越忌荤食。大多数印度人都不吸烟，也不喜欢饮酒，不太爱喝汤。用餐的时候，一般不用任何餐具，而习惯用右手抓食。许多印度人认为白开水是最好的饮料，红茶也是他们的主要饮料。

3. 节庆习俗

印度国庆节为1月26日。独立日为8月15日，为庆祝印度实现独立。酒红节也称泼水节，在印历十二月（公历2～3月）举行。十胜节是印度教三大节日之一，于每年9月、10月举行。灯节在印历九月（公历10～11月）举行，富有浓厚的东方色彩，前后要庆祝3天。众多节日尤以"屠妊节"为最，它是印度教徒的新年，在印历八月见不到月亮后的第15天举行（大约在公历10月下旬或11月上旬）。

二、欧洲、美洲主要国家的礼俗

（一）英国

1. 礼节礼貌

英国人十分注重个人的教养，及其强调所谓的"绅士风度"。主要体现在对妇女的尊重与照顾、仪表整洁、服饰得体和举止大方。握手礼是英国使用最多的见面礼节。"请""谢谢""对不起""你好""再见"一类的礼貌用语，他们是天天不离口的。在进行交谈时，对英国人要避免说"English"（英格兰人），而要说"British"（不列颠人），因为他可能是英格兰人或苏格兰人。英国人，特别是那些上年纪的英国人，喜欢别人称呼其世袭的爵位或荣誉的头衔，或称之为"阁下""先生""小姐""夫人"。

英国人在正式场合的穿着十分庄重而保守。男士要穿三件套的深色西服，女士则要穿深色的套裙，或者素雅的连衣裙。庄重、肃穆的黑色服装往往是英国人优先的选择。英国男子讲究天天刮脸，留胡须者往往会令人反感。

2. 饮食习惯

英国人的饮食具有"轻食重饮"的特点。"轻食"，主要是因为英国人日常的饮食基本上没有变化。除了面包、火腿、牛肉之外，英国人平时常吃的基本上是土豆、炸鱼和煮菜。"重饮"，即讲究饮料。英国名气最大的饮料当推红茶与威士忌。绝大多数英国人喜欢饮茶，所喝的茶是红茶。在饮茶时，他们首先要在茶杯里倒入一些牛奶，然后再依次冲茶、加糖。早上便要在床上先喝一杯茶，在上班期间，还要专门挤出时间去休"茶休"，即去喝"下午茶"。在英国，喝"下午茶"既是午餐与晚餐之间的一顿小吃，也是"以茶会友"的一种社交方式。苏格兰生产的威士忌，曾与法国的白兰地、中国的茅台酒并列为世界三大名酒。

3. 节庆习俗

英国除了宗教节日外还有不少全国性和地方性的节日。在全国性的节日中，国庆和除夕之夜是最热闹的。英国国庆按历史惯例定在英王生日的那一天。除夕之夜全家团聚、举杯畅饮，欢快地唱"辞岁歌"。除夕之夜必须瓶中有酒，盘中有肉，象征来年富裕有余。丈夫在除夕还赠给妻子一笔钱，作为新的一年缝制衣物的针线钱，以表示在新的一年里能得到家庭温暖。在苏格兰，人们常提着一块煤炭去拜年，把煤块放在亲友家的炉子里，并说上一些吉利话。

（二）法国

1. 礼貌礼节

法国人性格比较乐观、热情、健谈，谈问题开门见山，说话时喜欢用手势加强语气。法国人采用的见面礼节主要有握手礼、拥抱礼和吻面礼，其中吻面礼使用的最多、最广泛。法国人与交往对象行吻面礼，意在表示亲切友好，为了体现这一点，在行礼中往往要同交往对象在对方的双颊上交替互吻三四次，而且还讲究亲吻时一定要连连发出声响。常用的敬称主要有三种：其一，是对一般人称第二人称复数，其含义为"您"，其二，是对官员、贵族、有身份者称"阁下"；其三是对陌生人称"先生""小姐"或"夫人"。"老人家""老先生""老太太"都是法国人忌讳的称呼。

在正式场合，法国人通常穿西服、套裙或连衣裙。法国人所穿的西服或套裙多为蓝色、灰色或黑色，质地多为纯毛。在他们看来，棕色服装或化纤面料的服装是难登大雅之堂的。对于穿着打扮，法国人认为重在搭配是否得法。在选择发型、手袋、帽子、鞋子、手表、眼镜时，法国人都十分强调要使之与自己着装相协调。妇女在参加社交活动时，一定要化妆，并且要佩戴首饰，而且佩戴的首饰一定要选"真材实料"。男士对自己仪表的修饰相当看重，在正式场合亮相时，剃须修面，头发梳理整齐，身上略洒一些香水。

2. 饮食习惯

在西餐之中，法国菜可以说是最讲究的。平时，法国人爱吃面食。在法国，面包的种类之多令人难以计数。在肉食方面，他们爱吃牛肉、猪肉、鸡肉、鱼子酱、蜗牛、鹅肝，不吃肝脏之外的动物内脏、无鳞鱼和带刺带骨的鱼。喜欢浓郁多汁的食物，偏爱鲜嫩、新鲜的食物。有不少菜，他们甚至还直接生食。法国人特别善饮，几乎餐餐必喝酒，而且讲究在餐桌上要以不同品种的酒水搭配不同的菜肴各自选用，无劝酒的习惯。对于鸡尾酒，法国人大都不太欣赏。

3. 节庆习俗

法国节日以宗教节日为主，每个节日都是纪念某一圣徒之日。1月1日是元旦，这一天也是亲友聚会的日子，家中酒瓶里不能有隔年酒，否则被认为不吉利。元旦的天气还被认为新年光景的预兆。每年3月21日月圆后的第一个星期天为复活节。复活节后40天为耶稣升天节，复活节后50天为圣灵降临节。4月1日为愚人节，11月1日为万灵节，祭奠先人及为国捐躯者。12月25日为圣诞节，是法国最重大的节日。另外，7月14日为国庆节，全国放假一天，首都将举行阅兵式；5月30日是民族英雄贞德就义纪念日；11月1日是第一次世界大战停战日；5月8日是反法西斯战争胜利日；3月中旬第一个星期天是体育节，人们都自愿地为健康而跑步。

（三）德国

1. 礼貌礼节

在德国人的人际交往中，准时赴约被看得很重。在社交场合，德国人通常都采用握手礼作为见面礼节。与德国人握手时，需要特别注意下述两点。一是握手时务必要坦然地注视对方；二是握手的时间宜稍长一些，晃动的次数宜稍多一些，握手时所用的力量宜稍大一些。此外，亲朋好友见面时，往往会行拥抱礼。亲吻礼多用于夫妻、情侣之间。有些上了年纪的人与人相逢时，往往习惯于脱帽致意。对德国人称呼不当，通常会令对方大为不快。在一般情况下，切勿直呼德国人的名字。称其全称，或仅称其姓则大都可行。德国人看重职衔、学衔、军衔，对于有此类头衔者，在进行称呼时一定要使用其头衔。

德国人在穿着打扮上的总体风格是庄重、朴素、整洁。在一般情况下，男士大多爱穿西服、夹克，并且喜欢戴呢帽。妇女们则大都爱穿翻领长衫和色彩、图案都淡雅的长裙。在日常生活中，各国妇女的化妆以淡妆为主。对于浓妆艳抹者，德国人往往是看不起的。在正式场合露面时，必须要穿戴整齐，衣着一般多为深色。

2. 饮食习惯

德国人餐桌上的主角是肉食，他们最爱吃猪肉，其次是牛肉，还爱吃以猪肉制成的各种香肠。德国人不太爱吃羊肉。除猪、牛肝脏外，其他动物内脏也不为其接受。除北部地区的少数居民之外，德国人大都不爱吃鱼、虾，这是德国的一种特殊的民俗，其原因恐怕主要是担心被鱼刺扎伤。德国人一般胃口较大，喜食油腻之物，所以胖人极多。在口味方面，德国人爱吃冷菜和偏甜、偏酸的菜肴，不爱吃辣的和过咸的菜肴。在饮料方面，德国人最爱喝啤酒而且普遍海量；对咖啡、红茶、矿泉水也很喜爱。

3. 节庆习俗

除传统的宗教节日外，德国人是世界上最爱喝啤酒的，所以还有举世闻名的"慕尼黑啤酒节"，每年9月的最后一周到10月的第一周连续要过半个月，热闹非凡。3月8日是妇女节，妇女们这一天不但可以坐市长的椅子，还可以拿着剪刀在大街上公然剪下男子的领带。元旦，也是德国人的重大节日。新年夜，男子按传统习俗聚在屋里，喝酒打牌，将近零点时，大家纷纷跳到桌子上和椅子上，钟声一响，就意味着"跳迎"新年，接着就扔棍子，表示辞岁。

(四) 美国

1. 礼貌礼节

在一般情况下同外人见面时，美国人往往以点头、微笑为礼，或者只是向对方"嗨"上一声作罢。不是特别正式的场合，美国人甚至连国际上最为通行的握手礼也略去不用了，若非亲朋好友，美国人一般不会主动与对方亲吻、拥抱。在称呼别人时，美国人极少使用全称。他们更喜欢对交往对象直呼其名，以表示双方关系密切。若非官方的正式交往，美国人一般不喜欢称呼官衔，或是以"阁下"相称。对于能反映其成就与地位的学衔、职称，如"博士""教授""律师""法官""医生"等，他们却是乐于在人际交往中用作称呼的。在一般情况下，对于一位拥有博士学位的美国议员而言，称其为"博士"肯定比称其为"议员"更受对方的欢迎。

美国人穿着打扮的基本特征是尊尚自然，偏爱宽松，讲究着装体现个性。在日常生活中，美国人大多穿着随意。拜访美国人时，进了门一定要脱下帽子和外套。女士不要随随便便在男士面前脱下自己的鞋子，或者撩动自己裙子的下摆，否则会令人认为不雅。

2. 饮食习惯

美国人一般以食用肉类为主，牛肉是他们的最爱，鸡肉、鱼肉、火鸡肉也受其欢迎。他们喜食"生""冷""淡"的食物，不刻意讲究形式与排场，强调营养搭配。他们不吃狗肉、蛇肉、鸽肉等，不吃动物的头、爪及其内脏，不吃生蒜、韭菜、皮蛋等。

美国人的饮食日趋简单便捷，热狗、炸鸡、土豆片、三明治、汉堡包、面包圈、比萨饼、冰激凌等食品是其平日餐桌上的主角。他们爱喝的饮料有冰水、矿泉水、红茶、咖啡、可乐与红酒。

美国人用餐时讲究斯文，其用餐的戒条主要有：不允许用餐时发出声响；不允许替他人取菜；不允许吸烟；不允许向别人劝酒；不允许当众宽衣解带；不允许议论令人作呕之事。

3. 节庆习俗

7月4日为美国独立日。美国的政治性节日还有国旗日、华盛顿诞辰纪念日、林肯诞辰纪念日、阵亡将士纪念日等。在2月14日情人节这一天，恋人之间都要互赠卡片和鲜花。5月第二个星期日的母亲节和6月第三个星期日的父亲节是美国的法定节日。11月第四个星期四是感恩节，也叫火鸡节，是美国特有的节日。这一天也是家人团聚、亲朋欢聚的日子，还要进行化装游行、劳作比赛、体育比赛、戏剧表演等活动，十分热闹；火鸡、红梅苔子果酱、甘薯、玉米汁、南瓜派等节日佳肴让人大饱口福。12月25日的圣诞节是美国最盛大的节日，全城通宵欢庆，教徒们跟随教堂唱诗班挨家挨户唱圣诞颂歌，装饰圣诞树，吃圣诞蛋糕。

知识链接

圣诞节的由来及习俗

圣诞节（Christmas）一词，源于古英文的Cristemmaesse，意思是基督弥撒。

圣诞节是基督教的一个重要的节日，定于每年12月25日，纪念耶稣基督的诞生，同时也是普遍庆祝的世俗节日。纪念耶稣诞生的节期与时值仲冬的农节和太阳节这两个非基督教节日巧合，因此庆祝习俗来源不一。在罗马帝国范围之内，12月17日农神节是寻欢取乐，互相馈赠的日子。12月25日是古伊朗人所崇奉的正义之神密特拉的生日。

古罗马人在元旦用青枝绿叶和灯火装饰房屋，并向儿童和穷人赠送礼物。条顿人各部族渗入高卢、不列颠和中欧等地，又带来日耳曼人和凯尔特人的宗教仪式。于是，有了团聚欢宴、燃烧大块柴木、品尝大木形糕饼、张挂树枝、陈放枞树、访亲问友、来往馈赠等庆祝活动。象征温暖和长寿的火与灯光，一向是冬季节日庆祝活动中的内容，在基督教和非基督教习俗都是如此。常青树象征奋斗生存，自中世纪以来就与耶稣圣诞节庆祝活动发生联系。由于历法不同，东正教及其他东欧教会的圣诞节日期相当于公历1月6日或7日。

西方人以红、绿、白三色为圣诞色，圣诞节来临时家家户户都要用圣诞色来装饰。红色的有圣诞花和圣诞蜡烛。绿色的是圣诞树。它是圣诞节的主要装饰品，用砍伐来的杉、柏一类呈塔形的常青树装饰而成。上面悬挂着五颜六色的彩灯、礼物和纸花，还点燃着圣诞蜡烛。红色与白色相映成趣的是圣诞老人，他是圣诞节活动中最受欢迎的人物。西方儿童在圣诞夜临睡之前，要在壁炉前或枕头旁放上一只袜子，等候圣诞老人在他们入睡后把礼物放在袜子内。在西方，扮演圣诞老人也是一种习俗。

知识链接

圣诞节的七大传统习俗

圣诞节一直是个美好的节日。这是上帝之子诞生的日子，因此对世界各地的基督徒来说，这一天是非常神圣的。圣诞节自然少不了各种圣诞传统。下面这些传统，是几个世纪以来一直世界各地的人们一直热闹欢庆的习俗。

1. 装扮圣诞树

这个传统指的是用彩灯、金箔、花环、饰品、糖果条等装扮松树。现如今，圣诞树也是欢庆节日不可或缺的一部分。

2. 点燃圣诞蜡烛

这个传统指的是人们会在圣诞节期间在屋子外面放一支点燃的蜡烛。即便在最黑暗的屋子，蜡烛也能带来光明，寓意希望。早些年代，也就是基督徒深受迫害的时候，他们被禁止布道祷告。因此，基督徒们在屋外放一支蜡烛，暗示他们仍在心里默默祷告。

3. 烘烤圣诞蛋糕

这项英式传统早在几个世纪以前就流传开了，以前人们在平安夜喝梅花粥。随着时间慢慢推移，人们还会享用果脯、蜂蜜及香料食物等，随后圣诞蛋糕便代替梅花粥出现了。圣诞蛋糕由鸡蛋、黄油、甜点、水果等烘制而成。现如今，圣诞蛋糕已成为圣诞菜谱不可或缺的一部分。

4. 给亲友送礼物

这个传统源自一个传说：三位智者在圣诞节给婴儿耶稣送出了礼物。每年圣诞节，亲朋好友尤其是孩子们都会互赠礼物，圣诞老人的故事也源自这个传统。

5. 唱圣诞颂歌

这是一个古老的习俗：圣诞期间总是回荡着一首又一首圣诞传统歌曲。歌曲给人们带来欢乐，也增添了节日的气氛。每年欢度圣诞之际，《第一个圣诞节》《铃儿响叮当》《普世欢腾》等各种圣诞圣歌或颂歌都会奏响旋律。

6. 制作圣诞马槽

这也是一个古老的圣诞习俗。人们用小雕像和马槽营造耶稣诞生的场景。第一个马槽建在圣法兰西斯一所教堂外面，意在向孩子们展示耶稣诞生的场景。从那以后这个习俗便一直流传了下来。

7. 分发圣诞糖果

这是所有传统中最有趣的一个。圣诞节当天向邻居们分发圣诞糖果；所有误会与仇恨统统化解，邻里之间团结一致共同庆祝耶稣的诞生。这些传统沿袭已有几十年，一年比一年热闹，盛况可谓有增无减。相信随着时间的推移，人们对传统习俗的热情只会越来越高。

（五）墨西哥

1. 礼貌礼节

在墨西哥，熟人相见之时所采用的见面礼节主要是拥抱礼与亲吻礼。在上流社会中，男士们往往还会温文尔雅地向女士们行吻手礼。与不熟的人打交道时，宜采用的见面礼节是握手或微笑。在正式场合不宜直接去称呼交往对象的名字，只有彼此之间十分熟悉的人才会有例外，其称呼方式是在姓氏之前加上"先生""小姐"或"夫人"之类的尊称。他们极爱使用某些可以体现出具有一定的社会地位的头衔，如"博士""教授""医生""法官""律师""议员""工程师"等。

拜访墨西哥人要事先进行预约，否则是不会受到对方欢迎的。前去赴约的时候，墨西哥人一般都不习惯于准时到达约会地点，通常会比双方约定的时间迟到一刻钟到半个小时左右。

墨西哥的传统服装之中，名气最大的是"恰鲁"和"支那波婆兰那"。前者是一种类似于骑士服的男装，由白衬衣、黑礼服、红领结、大檐帽、宽皮带、紧身裤、高筒靴所组成，看起来又帅又酷。后者为一种裙式的女装，它多以黑色为底，金色绲边，并以红、白、绿三色绣花，无袖、窄腰，长可及地，穿起来令人显得既高贵又大方。

在十分正规的场合，墨西哥人才讲究穿西服套装或西式套裙。出入于公共场所时，男子穿长裤，妇女穿长裙。在日常生活里，男子爱穿格子衬衫，紧身裤。妇女爱穿色调明快、艳丽的秀花衬衣和图案、款式多变的长裙。出门在外时，还喜爱披上一块用途多样的披巾。

2. 饮食习惯

墨西哥人的传统食物主要是玉米、菜豆和辣椒。墨西哥乃是玉米之乡。墨西哥人不仅爱吃玉米，而且还可以用它制作各式各样的风味食品。其中最有特色的是玉米面饼、玉米面糊、玉米饺子、玉米粽子等。墨西哥菜的特色是以辣为主，有的人甚至在吃水果时也非要加入一些辣椒粉不可。除了爱以菜豆做菜之外，仙人掌、蚂蚱、蚂蚁、蟋蟀等都可以成为墨西哥人享用的美味佳肴。墨西哥人颇为好酒，但不劝酒。他们大都不吃过分油腻的菜肴。

3. 节庆习俗

墨西哥人喜爱仙人掌，每年的仙人掌展览会总是盛况空前。墨西哥国庆节为9月16日。10月玉米收获时节有玉米粽子节，用嫩玉米包粽子，并举行盛大舞会。11月1~2日为墨西哥达拉斯戈尼族的亡人节，与我国清明节的习俗相似。

三、大洋洲主要国家的礼俗与禁忌

（一）澳大利亚

1. 礼节礼貌

澳大利亚人的时间观念强，但女性比较保守，接触时要谨慎。其见面礼节既有拥抱礼、亲吻礼，也有合十礼、鞠躬礼、握手礼、拱手礼和点头礼。土著居民在见面时所行的勾指礼极具特色，做法是：相见的双方各自伸出手来，令双方的中指紧紧勾住，然后再轻轻地往自己身边一拉，以示相亲、相敬。

在极为正式的场合要求穿西服、套裙，平时的一般穿着大多是T恤、短裤或者牛仔裤、夹克衫。由于阳光强烈，他们在出门之时，通常喜欢戴上一顶棒球帽来遮挡阳光。澳大利亚的土著居民平时习惯于赤身裸体，至多是在腰上扎上一块围布遮羞而已。

2. 饮食习惯

澳大利亚人的饮食习惯多种多样。就主流社会而言，人们一般喜欢英式西餐，其特点是口味清淡，不喜油腻，忌食辣味；有不少的澳大利亚人还不吃味道酸的东西；大多爱吃牛、羊肉，对于鸡肉、鱼肉、禽蛋也比较爱吃。他们的主食是面包，爱喝的饮料则有牛奶、咖啡、啤酒等。他们十分厌恶加了味精的食物，认为味精好似毒药，令人作呕。澳大利亚土著居民目前大多数尚不会耕种粮食、饲养家畜。他们靠渔猎为生，并且经常采食野果。他们的食物品种繁多，制作方法也各具特色。在进食的时候经常生食，并且惯于以手抓食。

3. 节庆习俗

澳大利亚的国庆日是1月26日。圣诞节时，澳大利亚正处盛夏，商店橱窗里特意装扮的冰雪及圣诞老人和满街的夏装形成鲜明的对比，成为澳大利亚圣诞节的特色。圣诞节来临时，人们带着饮料到森林里露宿，迎接圣诞老人的到来。南太平洋艺术节（每隔四年举行一次），是南太平洋地区的国家为"庆祝太平洋的觉醒"，鼓励太平洋传统文化的保持和新生，并在"整个太平洋地区加强团结"的口号下举行的具有浓厚地方色彩的节日。

（二）新西兰

1. 礼貌礼节

新西兰人的见面礼节主要有3种。其一是握手礼。其二鞠躬礼，新西兰在向尊长行礼时有时会采用此礼。他们行鞠躬礼的具体做法十分独特，即鞠躬时是抬着头、挺着胸的。其三是注目礼，路遇他人，包括不相识者时，新西兰人往往会向对方行注目礼，即面含微笑目视对方，同时问候对方："你好！"。称呼新西兰人，直呼其名常受欢迎，称呼官衔却往往令人侧目。新西兰的土著毛利人能歌善舞讲礼仪，当远方客人来访，致以"碰鼻礼"。碰鼻次数越多，时间越长，说明礼遇规格越高。

新西兰欧洲移民的后裔在日常生活里通常以穿着欧式服装为主。在服饰方面，新西兰人看重质量，讲究庄重，偏爱舒适，强调因场合而异。外出参加交际应酬时，新西兰妇女不但要身着盛装，而且一定要化妆。

2. 饮食习惯

在新西兰，欧洲移民的后裔通常习惯于吃英式的西餐。他们的口味比较清淡，对动物蛋白和乳制品的需求量很大，牛肉、羊肉、鸡肉、鱼肉都是他们所爱吃的。在用餐时，他们以刀叉取食，忌讳吃饭时频频与人交谈。除了爱吃瘦肉之外，欧洲移民的后裔们还爱喝浓汤，并且对红茶一日不可或缺。受英国习俗的影响，他们也养成了"一日六饮"的习惯，即每天要喝六次茶，它们分别被称为早茶、早餐茶、午餐茶、下午茶、晚餐茶和晚茶。新西兰人爱喝酒，不管是威士忌之类的烈性酒还是啤酒或葡萄酒，都非常喜欢。

3. 节庆习俗

新西兰的主要节日有：国庆日（怀坦吉日）是2月6日，为纪念1840年签订《怀坦吉日条约》。新年是1月1日。复活节是4月14~17日。澳新军团日是4月25日，该军团日为纪念澳新军团在加利波利登陆的日子。女王诞辰日是6月5日。劳动节是10月25日。

知识链接

世界各地圣诞节习俗

1. 北欧圣诞节习俗

在瑞典，传统上公司会在圣诞节前一星期邀请员工参加一个圣诞午餐（julbord或jullunch）。为了防止圣诞节期间可能导致的食物中毒，瑞典报纸传统上每年都要不遗余力地做一些实验室试验有关的报道，警告市民冷肉和蛋黄酱这些东西不要放在室温条件下以防变质。圣诞节在瑞典任何一个地方都是享受美食时节，圣诞节盛宴上的重点还是以烘烤火腿为主，但是哪一天享用它在不同的地方却也不同。不过在瑞典有一个约定俗成的惯例，那就是圣诞前夜这一天也就是12月24日下午3点准时收看迪士尼的特别节目。

挪威的圣诞大餐会在12月24日举行，挪威各个地区都有自己特定的食物作为圣诞晚餐，然后"Julenissen"（jule是圣诞的意思，nissen是挪威传说中的精灵）会带礼物给表现好的小朋友。经过安静地与家人团聚的12月25日，进而会有另一场大型庆祝，儿童们会在此时在邻居中挨家挨户接受款待。Joulupukki（或圣诞山羊）是芬兰版的圣诞老人。他坐在驯鹿拉的雪橇里给表现好的小朋友发送礼物。

2. 南欧圣诞节习俗

意大利人的圣诞节糅合了现代传统及罗马祖先遗留下、庆祝Natale（圣诞节的意大利文）的习俗。圣诞的降临节有从古罗马的神农节（Saturnalia）中的异教徒庆典由来的可能性，而他们的假期就从这天开始一直到显现节。食物、宗教仪式、圣诞摆设和送礼都是重点项目。在某些地区，礼物是由La Befana（意大利传说送礼物给小朋友的老妇）于显现节时送出的，其他的地区则由小耶稣于圣诞节或平安夜送出。而近年，他们的位置渐渐被BabboNatale——一个像圣诞老人的人物取代。

3. 中欧圣诞节习俗

在捷克，人们主要是在12月24日或圣诞夜庆祝圣诞节，这天晚上大家会相互赠送礼物。虽在12月25号和26号也可以根据传统，礼物是由"小耶稣"带来的。为了使节日更丰富有趣，很多古老的圣诞传统保存了下来。人们被告诫在正式的晚宴准备好前圣诞夜里不能吃任何东西，这是为了能看见闪闪发亮的烤猪。礼物被安置在圣诞树下（通常是云杉或松树）。人们将会在晚餐后开启自己的礼物。

另外捷克的圣诞传统习俗还包括对来年的预测。他们将苹果切开，如果第一下能看见苹果核就预示来年具有好运气，如果没有就表示来年的不顺。女孩们将她们的鞋子从肩头抛过，如果鞋尖指向门的方向，就预示着女孩来年将会出嫁。另一个传统是将一点熔铅倒入水中，根据铅在水中形成的形状来猜测来年的运势。

在波兰，圣诞夜是宴会的第一天。宴会是从圣诞夜第一颗星星出现时开始的，然后大家开始互赠礼物。在第二天人们会走访亲戚朋友们。

4. 东欧圣诞节习俗

在东欧，斯拉夫的乡村有个传统称为"森林爷爷"（DedMoroz）。根据传说，他乘着神奇的"三驾马车"（一种装饰华丽由三只马拉动的雪橇）旅行，并且分送礼物给小孩子们。他被认为是圣诞老人更胜于是圣尼古拉斯的后代。从1991年苏联解体后开始，圣诞节日在俄罗斯重新复苏。圣诞夜的"神圣晚餐"包含12道菜肴，每一道都是为了纪念耶稣的门徒。虽然俄国的传统有些被转移到新年，但大多数仍被保留至今日，例如：拜访并给"森林爷爷"和他的"雪女"的礼物。许多现存的俄国圣诞节习俗，包括圣诞树，都在彼得大帝18世纪末期的西游之后流传开。

在波兰，圣诞夜是斋戒的第一天，然后，在第一颗星星出现，交换礼物之后人们便开始享受。而接下来的日子通常是用来拜访朋友的。

5. 西欧圣诞节习俗

在英国，圣诞拉炮（Christmas cracker）是一种庆祝圣诞节不可或缺的形式，而圣诞童话闹剧（pantomime）更是风行于年轻的家庭中。自从西元1947年开始每年挪威首都奥斯陆都会赠送一棵云杉树给英国人民作为表示英国于二战中支援挪威的感谢之意。这棵树立于伦敦的特拉法加广场（鸽子广场，Trafalgar Square）而且是全英国最知名的圣诞树，象征着英国和挪威人民之间的友谊。

Sinterklaas（圣诞老公公）这一形象是由真实的圣尼古拉斯和英国以及美洲的圣诞老人综合演化而来，Sinterklaas会在12月5日给祈求礼物的小朋友带来礼物。他的装束是红色的主教外套和主教发冠，骑着一匹白色骏马在房顶间穿梭，Sinterklaas有一群被称为"zwartePieten"（黑彼得）的喜爱恶作剧的助手。

6. 北美洲圣诞节习俗

除了在加拿大魁北克省出现法国式的圣诞老人Pere Noel之外，在美国和加拿大，圣诞老人的习俗基本上是相同的。纽约洛克菲勒中心摆放圣诞树和滑冰场的盛大溜冰活动、华盛顿的给白宫上圣诞装饰的活动，是美国圣诞节中最亮丽的风景线。北美防空联合司令部在每年都会跟踪圣诞老人在全球的行程，这引起了众多媒体的关注和报道。

在墨西哥，posada是诸多非宗教式的圣诞节庆祝活动中的最亮点。在9天中，一群群城镇市民挨家挨户地走访，象征着拜访刚出生的耶稣的拜访者。人们还在特定时间在家中玩从piñata中打出圣诞礼物的小游戏。

7. 南美洲圣诞节习俗

在天主教盛行的南美洲，圣诞节的庆祝活动充满着宗教主题。在这些国家，世俗的风俗和互赠礼物是欧洲和美洲土著人传统的混合体，并且正越来越多地受到了美国文化的影响。

在哥伦比亚，赠送礼物的传统中有一个为孩子们带来礼物的"El Niño Jesus"（小基督），在智利成了"ViejoPasquero"（圣诞老人），在巴西又被称为"Papai Noel"，后两者与通常意义上的圣诞老人有很大联系。南美洲的圣诞老人穿得更加凉快，这或许与南美温暖的圣诞节有关。圣诞老人可以通过很多方法在晚上进入孩子们的房间，从梯子到跳跃床，应有尽有。在阿根廷，人们在1月6日，当地的"三圣节"（"Three Kings Day"）赠送圣诞礼物，那时是孩子们在去伯利恒朝圣的路上遇见的圣者用点心和小礼物装满了孩子们放在床下的鞋子。

无论在人们的家中还是在公共场合，耶稣形象在南美洲的圣诞庆祝中都扮演着重要角色。在像秘鲁这样有着大量南美原住民后裔的地区，耶稣形象会使用历史悠久的技法手工雕刻。全家一起享用圣诞大餐是非常重要的，饭菜内容各有不同。但圣诞烛光却几乎是夏夜中都有的一景，特别在巴西城市中还常常可以在这天观赏烟火表演。

8. 亚洲圣诞节习俗

在日本，圣诞节不属于国定假日（但学生一般正在放冬休假期，而比较巧的是，接近圣诞节的12月23日是天皇诞生日国定假日），但民众完全接受了西方圣诞老人来庆祝圣诞节，但是他们的新年是更重要的节日。

在印度，大部分教育机构有圣诞假期，假期在圣诞节前几天开始在元旦几天后结束。圣诞节因为圣诞老人礼物和购物在印度语里被叫"bada din"（大日子）。

属于天主教国家的菲律宾，拥有世界上最长的圣诞季。传统上，菲律宾的圣诞节从12月16日开始。传统上被西班牙人被称作"Misas de Aguinaldo"（礼物弥撒），他们更通俗的菲律宾名字是"SimbangGabi"。12月24日的平安夜会有预先准备好的"nochebuena"——在午夜弥撒后的传统圣诞盛宴。家庭成员坐在一起尽情享用传统"nochebuena"，菜主要包括"queso de bola"（干酪球，通常使用伊丹奶酪做成）和"jamon"（圣诞火腿）。节日里孩子们会向他们的神父要"aguinaldos"（礼物），神父则会快乐地赠予礼物然后祝福他们繁荣快乐。

在韩国、新加坡和东帝汶等国家，圣诞节也是官方假日。

9. 其他南半球地区圣诞节习俗

南半球的英联邦国家，如澳大利亚和新西兰，圣诞节依然是在12月25日庆祝，虽然其时正值他们夏季的酷暑时节，与圣诞节通常的冬季冰天雪地形象完全相反，结果出现圣诞老人穿着红色毛皮大氅，却乘着冲浪板到海滩去吃露天火鸡烧烤的奇怪景象。

本章小结

文化差异必然导致行为差异，不同的文化环境下形成不同的商务礼仪。在涉外商务活动中，由于东西方不同的价值观、时间观、饮食观以及语言习惯等造成了商务礼仪的差异。

涉外商务交往中应遵循的基本原则有：维护形象，不卑不亢，求同存异，入乡随俗，信守约定，热情有度，不必过谦，不宜先为，尊重隐私，女士优先，爱护环境，以右为尊。

在与不同国家的人进行交往，特别是进行商务交往时一定要了解相应国家的礼俗与禁忌。

练习题

一、单项选择

1. 关于涉外商务礼仪的基本原则有误的是（　　）。
   A. 维护形象　　　B. 入乡随俗　　　C. 高度热情　　　D. 不必过谦
2. 以下对英国礼俗认识有误的是（　　）。
   A. 强调"绅士风度"　　　　　　　　B. 避免称呼他们"British"
   C. 轻食重饮　　　　　　　　　　　D. 英国王的生日为英国国庆日
3. 泰国的春耕节是（　　）。
   A. 泰历5月7日　　　　　　　　　　B. 泰历5月9日
   C. 泰历5月8日　　　　　　　　　　D. 泰历5月10日
4. 以下哪项不是圣诞节的传统习俗（　　）。
   A. 装饰圣诞树　　B. 送礼物　　　C. 制作圣诞马槽　　D. 放烟花

二、多项选择

1. 日本人讲究的茶道为（　　）。
   A. 和　　　　　　B. 敬　　　　　C. 尚　　　　　　　D. 清
   E. 寂
2. 新西兰人的"一日六饮"包括（　　）。
   A. 早茶　　　　　B. 早餐茶　　　C. 午餐茶　　　　　D. 下午茶
   E. 浓汤

思考题

1. 涉外商务礼仪的概念是什么？
2. 涉外商务礼仪的"八不问"有哪些？
3. 涉外商务礼仪应遵守的基本原则有哪些？
4. 主要商务国家的礼俗都有哪些？举例说明。

小组活动

1. 课后查找资料，深入理解涉外商务礼仪的含义和原则。
2. 举例说明社会交往中女士优先原则是怎样体现的。

案例分析

在曼谷的国际电讯公司

一家外国电讯公司在泰国曼谷设立一分公司选地址时，看中了一处房价适中，交通方便且游人众多的地段，而这幢楼的对面树着一尊并不十分高大，但又非常显眼的如来佛像，有人警告公司经理说，贵公司若在此开业，生意会很糟糕的。但公司经理非常自信，认为不可能，因为公司在中东地区开设的另外几家公司业务开展都很红火。所以该公司没听劝阻，就在这里如期开业了。

几年下来，这家公司果然生意清淡。公司经理终于面对现实，不得不迁了公司地址，生意这才明显地好起来，经理本人对此始终大惑不解，到处打听原因，得到的解释是，业务不景气的根源在于公司的大楼高度超过了对面的如来佛像两层，也就是说，公司的位置在如来佛像之上。这在一个信仰佛教的国家是严重犯忌的，没有尊重当地人对佛像的信仰和敬畏，他们自然产生感情上的不快甚至愤怒，当然不愿与公司做生意了。

思考：

1. 在涉外商务交往中如何理解尊重原则？
2. 在涉外的商业活动中，礼仪的重要性可以有多大？

参考文献

[1] 金正昆.商务礼仪教程(第五版).北京:中国人民大学出版社,2016年版.
[2] 金正昆.社交礼仪教程(第五版).北京:中国人民大学出版社,2016年版.
[3] 金正昆.服务礼仪教程(第五版).北京:中国人民大学出版社,2016年版.
[4] 金正昆.政务礼仪教程(第五版).北京:中国人民大学出版社,2016年版.
[5] 金正昆.涉外礼仪教程(第五版).北京:中国人民大学出版社,2016年版.
[6] 孙毅,万海霞.现代商务礼仪(第2版).北京:人民邮电出版社,2015年版.
[7] 李荣建.社交礼仪(第4版).北京:清华大学出版社,2018年版.
[8] 李洪勇,李聪聪.礼仪全攻略.北京:清华大学出版社,2010年版.
[9] 袁涤非.商务礼仪实用教程.北京:高等教育出版社,2016年版.
[10] 陈济,王霁,彭程,蔡少惠.中华文明礼仪.北京:高等教育出版社,2017年版.
[11] 王旭.看电影学礼仪.广州:南方日报出版社,2012年版.
[12] 周思敏.你的礼仪价值百万.北京:中国纺织出版社,2012年版.
[13] 张晓梅.晓梅说商务礼仪.北京:中国青年出版社,2014年版.
[14] 杨路.高端商务礼仪.北京:北京联合出版公司,2013年版.
[15] (日)北条九美子.商务礼仪解剖图鉴.南京:江苏凤凰文艺出版社,2018年版.
[16] 王玉苓.商务礼仪案例与实践.北京:人民邮电出版社,2018年版.
[17] (美)多丽丝·普瑟,张玲.商务礼仪.北京:科学出版社,2017年版.
[18] 靳斓.商务礼仪与形象魅力.北京:中国经济出版社,2018年版.
[19] (美)蒋佩蓉,李佩仪.佩蓉谈商务礼仪和沟通.北京:中华工商联合出版社,2012年版.
[20] 金正昆.职场礼仪.北京:北京联合出版公司,2013年版.
[21] 杨金波.政务礼仪.北京:中华工商联合出版社,2018年版.
[22] 何佩嵘,生而优雅.北京:中信出版社,2016年版.
[23] 吕艳芝.公务礼仪标准培训.北京:中国纺织出版社,2016年版.
[24] (美)杰奎琳·惠特摩尔.优雅的力量.北京:机械工业出版社,2013年版.

［25］（美）杰奎琳·惠特摩尔.礼仪的价值.北京：机械工业出版社，2016年版.

［26］张国斌，周加李.新编公务员外事礼仪.济南：济南出版社，2017年版.

［27］金正昆.外事礼仪（第五版）.北京：首都经贸大学出版社，2017年版.

［28］蓝天.有礼走遍天下.北京：北京大学出版社，2010年版.

［29］马瑛.旅游服务礼仪.北京：中国旅游出版社，2016年版.

［30］徐凌.公共服务礼仪.北京：北京大学出版社，2014年版.

［31］张舒哲，何霞.旅游服务礼仪与形体训练.北京：旅游教育出版社，2009年版.

［32］人力资源和社会保障部教材办公室.饭店服务礼仪（第三版）.北京：中国劳动和社会保障出版社，2016年版.

［33］廖丽娟，徐兰.现代礼仪.武昌：武汉大学出版社，2015年版.

［34］刘辉.商务礼仪（第2版）.大连：大连理工大学出版社，2011年版.

［35］刘筏筏，李兵.旅游服务礼仪.大连：大连理工大学出版社，2015年版.

［36］张海军，戚牧.商务沟通与礼仪.北京：北京交通大学出版社，2016年版.